高校创业教育引论

——应用型院校创业教育对策研究

陈春晓　著

北京邮电大学出版社
www.buptpress.com

内 容 简 介

创业活动是创业活动主体能动作用于创业活动客体的对象性活动，创业成功就是创业者能力作用的结果。以创业者的能力素质为切入点，分析提取出创业者的能力素质构成，以此作为高校创业教育目标，构建起高校创业教育体系，由此扩延，探索创业教育的模式与途径，提出创业师资队伍建设、创业孵化平台建设的对策。

本书集中探讨的问题有：应用型院校创业教育概述、理论基础与创业教育实践、应用型院校大学生创业胜任素质的构成、应用型院校创业教育体系的构建、应用型院校创业教育模式的探索、应用型院校创业教育途径的探索、应用型院校创业教育师资队伍融合机制的构建、应用型院校创业孵化平台协同机制的构建。

图书在版编目(CIP)数据

高校创业教育引论 ：应用型院校创业教育对策研究 / 陈春晓著. -- 北京 ：北京邮电大学出版社，2018.1

ISBN 978-7-5635-5308-2

Ⅰ. ①高… Ⅱ. ①陈… Ⅲ. ①高等学校－创造教育－研究 Ⅳ. ①G640

中国版本图书馆 CIP 数据核字(2017)第 259028 号

书　　　名：高校创业教育引论——应用型院校创业教育对策研究
著作责任者：陈春晓　著
责 任 编 辑：毋燕燕　孙宏颖
出 版 发 行：北京邮电大学出版社
社　　　址：北京市海淀区西土城路 10 号(邮编：100876)
发　行　部：电话：010-62282185　传真：010-62283578
E-mail：publish@bupt. edu. cn
经　　　销：各地新华书店
印　　　刷：北京九州迅驰传媒文化有限公司
开　　　本：720 mm×1 000 mm　1/16
印　　　张：14. 5
字　　　数：289 千字
版　　　次：2018 年 1 月第 1 版　2018 年 1 月第 1 次印刷

ISBN 978-7-5635-5308-2　　定价：52. 00 元

前　言

目前，深化高校创新创业教育改革既是推进高等教育综合改革的重要举措，也是培养创新创业型人才、造就“大众创业、万众创新”生力军的重要途径。由于我国经济社会发展的现实需要，辅之以政府政策的大力推动，创业教育已经成为高校教育的重要内容。特别是随着国务院办公厅《关于大力推进大众创业万众创新若干政策措施的意见》《关于深化高等学校创新创业教育改革的实施意见》等一系列政策的出台，高校创业教育被提升到前所未有的高度，从原有边缘性的创业实践活动，纳入高等教育人才培养的全过程，融入学校教育教学体系中。但在现实实践中，创业教育实施受到多种因素的困扰，以至在面上看来轰轰烈烈，实则参差不齐、差强人意。

创业型人才的培养，不仅是教育形式和教育内容的改革，更是高等教育人才培养模式功能的重新定位，是带有全局性、结构性的教育重构和发展。它是一个系统工程，从组织到条件、从内容到体系、从师资到平台、从实践到理论，都需要全面的把握与思考。高校迫切需要树立科学先进、广泛认同、具有中国特色的创新创业教育理念；立足国情校情，借鉴国际先进经验，形成顺应发展、符合实际、运转高效的创新创业教育体系。

创业活动是创业活动主体能动作用于创业活动客体的对象性活动，创业成功就是创业者能力作用的结果。以创业者的能力素质为切入点，分析提取出创业者的能力素质构成，以此作为高校创业教育目标，构建起高校创业教育体系，由此扩延，探索创业教育的模式与途径，提出创业师资队伍建设、创业孵化平台建设的对策。

本书集中探讨了如下问题。

① 应用型院校创业教育概述。对创业、创业教育、应用型等相关概念进行理

论辨析，对应用型院校创业教育的现状进行了梳理，对存在的问题进行了归因分析。

② 理论基础与创业教育实践。对马克思主义关于人的全面发展理论、党的“大众创业、万众创新”方略、顶层设计理论、胜任素质模型理论、班杜拉社会学习理论、杜威“做中学”理论的内涵进行了介绍，并分析它们对创业教育的指导意义。

③ 应用型院校大学生创业胜任素质的构成。首先确立大学生创业能力素质要素，构建大学生创业能力素质的假想模型，通过验证、修正和分析，构建大学生创业能力素质模型。

④ 应用型院校创业教育体系的构建。大学生创业教育基本模型勾勒出大学生创业教育内部主要因素的基本结构和相互关系。它包含3个维度：一是大学生创业教育的目标与内容；二是大学生创业教育的方式与方法；三是大学生创业教育的领域与范围。

⑤ 应用型院校创业教育模式的探索。论述了构建创业教育模式需要基本遵循的3项原则：特色发展原则、校地企三元合作原则、全真模拟二元结合原则。对“全程化加个性化”综合式创业教育模式进行了理论思考和路径设计。

⑥ 应用型院校创业教育途径的探索。把影响大学生创业胜任力获得的变量分成4个层次，即微观层面的个体层次变量和群体层次变量，宏观层面的学校层次变量和社会层次变量。对这4个变量因素进行分析，进一步研究创业教育的实施途径。

⑦ 应用型院校创业教育师资队伍融合机制的构建。针对地方高校创业教育师资队伍建设面临的困境，借鉴国外创业教育师资队伍建设的经验，基于问题导向，对创业教育师资队伍建设遵循的原则、机制融合与体系重构展开探讨。

⑧ 应用型院校创业孵化平台协同机制的构建。对国外创业孵化平台发展概况进行了概述，对国内创业孵化平台发展的概况，特别是对应用型院校创业孵化平台的发展现状进行研究梳理，对发展困境进行了研究分析，提出了应用型院校创业孵化平台构建协同机制的建设对策，并论述了基于协同学理论的高校创业孵化平台协同机制的构建思考。

创业教育是个复杂系统，研究难度大。本书是作者对近年来大学生创业教育的理论成果和工作经验的总结和提炼，主要创新点在于：

① 在研究视角上的创新。目前，国内外学者所构建的创业能力素质模型及特征维度，都是指向普通创业群体的，具有普遍和通用意义。本书以应用型院校为指

向，以大学生创业者为中心，以应用型院校大学生创业能力素质为研究基点，对应用型院校创业教育进行系统的、专门的研究。

② 在研究思路上的创新。根据大学生成长规律、具有的创业环境、具备的创业资源等因素，构建具有应用型院校特点的大学生能力素质模型；根据大学生创业能力素质，结合高校教育教学的实际，构建出应用型高校创业教育基本体系、教育模式，提出应用型院校创业教育的实施途径，以及师资队伍、创业平台建设的对策。

希望提出的观点、思路，对于推动我国高校创新创业教育的研究发展，破解创新创业教育的实践难题，改革人才培养模式，提升人才培养质量能够起到一定作用。

限于作者的学术素养，本书定有不少疏漏与谬误，敬请各位同仁和读者不吝指正。

陈春晓

目　录

第 1 章　应用型院校创业教育概述

1.1　创业教育相关概念辨析

1.1.1　创业

创业（entrepreneurship）作为一个有独立意义的词汇早在 200 多年前就有人在经济文献中提出，当时主要是指开创崭新的事业，此后虽然各个学科领域包括管理学、教育学等都基于不同的角度、不同的目的对创业领域进行了相应的研究，分别提出了各自对“创业”概念的界定，但是迄今仍然没有形成统一的概念认识。

当前学术界较为认同的“创业”的概念是 20 世纪 30 年代由 Schumpeter 提出的，他从创业的本质和根本手段方面对创业概念进行了界定：创业就是创新。熊彼特从产品研发、生产革新、原材料供应、市场开拓、组织建设 5 个方面提出了关于企业创新的理论。1985 年 Gartner 从机会的角度定义创业，将创业定义为新组织的创建过程，对机会的追求是这个过程的核心要素，这一过程中创业者的个人特征和实施行为的结果是主要体现。

20 世纪 90 年代欧美地区诸多学者纷纷在各类核心期刊上发表自己对创业的界定和诠释，Morri 经过对其中 77 种不同学者的观点进行归纳和总结，从对创业概念进行诠释的各种关键词中提炼出高频度出现的词汇，主要有体现创业本质的“开创新的事业”、体现组织建设的“建立新的组织”、资源配置角度的“对资源进行组合创新”、管理与市场运营角度的“捕捉机会”和“承担风险”，以及体现创业目的和结果的“创造价值”等，给予“创业”的内涵以全面综合的诠释。

我国的学者立足我国国情从各自的研究角度对“创业”提出了各自不同的观点。有代表性的主要有：浙江大学王重鸣于 2003 年提出创业的重点在于“新”，可以是用新的方法做事情，也可以是做原来没有做过的新事情；厦门大学的木志荣于2008年从过程论的角度定义创业，认为创业是一个复杂的动态过程，这一过程包含市场机会的识别和捕捉，依靠对创业者所掌握或可获得的资源进行评估与获取，进而进行新组织的创建，并对新组织的新业务进行管理。

目前对“创业”概念的界定分为广义创业、狭义创业两种，狭义创业从组织创建的角度仅仅指创建新的企业，广义创业则将在现存企业内的再次创业涵盖进来。我国学者的创业研究多在狭义创业范围内，本书的研究也在狭义创业的范围内。

大学生作为创业主体虽然有其独特之处，但是创业过程与社会上非大学生创业主体的创业过程并没有本质的不同。因此综合国内目前有代表性的“创业”概念，从创业过程的角度将“大学生创业”定义为：大学生创业者识别并捕捉市场机会，评估所掌握或可获得的资源，并能够获取相应资源，进而创建新的组织，并对新组织的新业务进行管理的动态过程。

随着创业活动的兴起，创业研究也随之活跃起来。对创业研究的发展过程进行分析，可以发现国外创业研究主要集中在创业主体、创业过程、创业环境以及由这3个要素形成的交集区域。

初期的创业理论研究主要集中在创业主体，研究的内容集中在创业主体的创业意识、创业者的个性特征、社会风险投资、新企业生成机制、创业的融资渠道、创业的资源整合方式等。

杰弗里·蒂蒙斯教授系统地研究了创业管理、新企业生成、创业融资、风险投资、创新性课程开发等一系列问题，形成了独树一帜的理论体系；美国的戴维·西尔弗曼提出了创业资本定律；日本索尼集团总裁盛田昭夫提出了“空隙理论”，等等。到20世纪90年代后，美国等国的创业研究方向已由关注个人能力培养转向团队、公司、行业和社会。

各国的学者进行创业研究的范围也从微观向宏观不断扩展，在新企业构建方面有了大量研究成果，还从管理环境角度对企业风险投资的外部支撑环境做了大量深入的研究。

1.1.2 创业教育

联合国教科文组织是这样定义的：“创业教育，从广义上来说是指培养具有开创性的个人，它对于拿薪水的人同样重要，因为用人机构或个人除了要求受雇者在事业上有所成就外，正在越来越重视受雇者的首创、冒险精神、创业和独立工作能力以及技术、社交、管理技能。”

范志毅从实施创业教育的目的出发，将创业教育定义为：以提高学生自我就业能力为目的，使较多的毕业生成为职业岗位创造者的教育；是开发和提高大学生创业基本胜任素质、培养具有创业精神和创业能力的高胜任素质社会主义现代化建设者的教育[①]。吴金秋认为：大学生创业教育是指以创造性和创新性为基本内涵，以课程教学与实践活动为主要载体，以开发和提高受教育者综合胜任素质为目标，培养其未来从事创业实践活动所必备的意识、知识、能力的胜任素质教育[②]。

综上所述，结合我国高校大学生创业教育的现实情况，本书认为，大学生创业教育按照受众人群的不同，有广义和狭义之分。广义的是指以培养创业意识、创业精神为主要目标，面向全体学生开展的普及型的胜任素质教育。狭义的是指面向有创业意向的学生，集中开展的以课程教学与实践活动为主要载体，以提升受教育者创业胜任素质为目标，培养创业胜任素质与能力的专项教育。

自 20 世纪 60 年代兴起，到 20 世纪 80 年代，随着美国开始进入知识经济时代，美国国内高校的创业教育以及大学生的创业活动趋于活跃。经过不断的发展与完善，创业学已经成为美国各商学院和工程学院发展最快的学科领域，形成了从初中开始直到研究生的全覆盖式教育体系。同时，创业教育已经迅速扩展到世界其他国家。欧洲的德国、法国、英国等，亚洲的新加坡、韩国、日本等，都在美国经验的基础上，结合本国实际开展创业教育活动，倡导和鼓励本国大学生进行创业，并给予相应的政策支持。

创业教育研究的内容主要包括创业教育的含义、创业教育的重要性、课程设计与教学方法、创业教育的评估与未来发展等方面。创业理念已得到社会大众普遍接受，创业教育、教学、实践体系已较为完备和系统，高校为社会培养出一批批创业型人才。

1.1.3　创业胜任素质

胜任素质，最早是美国哈佛大学 McClelland 教授于 1973 年提出的。

McClelland 从如何更好地识别工作能力与工作绩效的关系方面，提出知识、技能、能力、特征或动机等因为与工作绩效直接相关，从而可以较好地通过对这些胜任素质要素的考察来预测未来在实际工作中的工作绩效。

在 McClelland 之后各国学者从不同的角度对胜任素质的内涵进行了研究，提出各自不同的观点。

1980 年 MeLagan 提出胜任素质是一连串的、足以使人完成主要工作任务，达到工作结果的知识、技能与能力。Klemp 将一个人能够有效地或者出色地完

① 范志毅．高校创业教育的现状及发展思路［J］．商业时代，2006（35）：7-8.

② 吴金秋．创业教育的目标与功能［J］．黑龙江高教研究，2004（11）：99-101.

成工作所具有的内在基本特点称为胜任素质。1993 年 Spencer 从与取得有效或出色的工作绩效相关这一视角，认为胜任素质是特质、自我认知、动机、知识与技能等个人潜在的特征。其后 Mirabile、Parry 等都从个人的特征与工作或职位的高绩效高度相关的角度提出了胜任素质的定义，Parry 还提出根据这些个人的特征可以制订相应的可接受的标准，依据标准来进行衡量。

2000 年 Jorgen Sandberg 对胜任素质中的知识与技能进行研究后，提出只有在工作过程中为了取得工作绩效而使用到的知识和技能才能被界定为胜任素质。

我国学者王重鸣认为胜任素质包含一个人的个性、价值观、动机、知识、技能和能力等致使管理者取得高的管理绩效的个人特征。

到目前为止，对胜任素质的研究主要集中在对员工所具备的个人特质与完成工作任务、取得高工作绩效方面。综合国内外学者的研究成果，本书认为胜任素质是知识、能力、自我概念、特质和动机等个人特征，其内涵应当涵盖以下几个方面：在完成工作任务的过程中发挥作用；是导致取得高工作绩效的关键因素；可以显著区分绩效优秀者与绩效一般者。

“创业胜任素质”最早于 1994 年出现在 Chandler 和 Hanks 发表的研究文献中，他们认为创业胜任素质是创业的核心能力，是创业者能够识别市场机会、预见市场趋势，并能够利用市场机会的能力，创业者经过不断的学习与努力会逐渐把握市场规律而不断地提高这种核心能力。

Bird 于 1995 年提出创业胜任素质是创业者成功实现其角色的全部能力的总和，包含知识、能力和个性特质等高水平综合特征。他还认为这些能力的获得会受到培训教育、家庭背景、从业经验等方面因素的影响。Truls Erikson 于 2002 年提出创业胜任素质不仅包含识别市场机会和追求市场机会的能力，还应包含获取和整合资源的能力，创业胜任素质是一种综合能力。

我国有多位学者，如刘帮成、唐宁玉、陶祁等从组织层面、个人层面两个方面开展创业胜任素质研究。2005 年冯华、杜红等学者将创业胜任素质的具有者界定为绩效优秀的创业主体，指出创业胜任素质是能够取得优秀的创业绩效所必须具备的必不可少的知识、技能、特质等个体特征。创业胜任素质集中表现为创业者识别并捕捉市场机会，评估所掌握或可获得的资源，并能够取得相应资源、整合这些资源的能力。

创业胜任素质是取得优秀的创业绩效，也就是创业成功所必须具备的能力，因此，鉴于本书的目的与范围，可以将“创业胜任素质”定义为：创业者不断提升创业绩效、达成创业成功所必须具备的个体特征。

创业胜任素质研究经历两个阶段。

首先，创业胜任素质的概念界定。“创业胜任素质”最早于 1994 年出现在 Chandler 和 Hanks 发表的研究文献中，被界定为成功创业所必备的核心能力，是创业者能够识别市场机会、预见市场趋势，并能够利用市场机会的能力。其后各国学者在此基础上对创业胜任素质从不同的研究角度提出自己的见解。

其次，对创业胜任素质模型及特征维度的研究。Bird 提出创业胜任素质包含个性特质、技能和知识的高水平综合特征；Thomas W. Y. Man 认为应当包含机会、关系、概念、组织、战略、承诺 6 个方面的胜任素质特征。Kirzner 于 1979 年用“创业机敏”这一专业术语来描述创业者具备的敏锐发现市场机会的能力。Woodward 于 1988 年提出在帮助创业者新创企业进一步成长方面最能起到有效助长作用的是创业者个人所拥有的社会网络。Stermberg 于 1999 年发表观点，认为对于创业者而言分析智能、实践智能和创造智能是成功的必备要素。Shane 于 2000 年基于认知科学来研究创业者存储信息和使用信息的心智结构，研究如何提高创业者的创造力和机会识别能力。

1.1.4 创业平台

创业平台顺应创业兴起而兴起，伴随创业发展而勃发。但是，时至今日，国际上还没有对创业平台给出明确的定义。在已有的文献中，美国竞争力委员会 1999 年在题为《走向全球：美国创新新形势》的研究报告中提出，创新平台（platform for innovation）包括创新基础设施、人才、前沿研究成果、资本、相关法律法规、促进创意转化为财富的产品和服务，以及保障创新者投资收益的市场准入政策和知识产权保护制度等。创业平台一般是指为具有较强技术创新能力和发展潜力的初创企业提供办公场地、设备等设施与条件，以及创业辅导、法律、金融、政策申报、行政支持等服务和资源，帮助初创企业快速成长的资源、信息共享平台。概况来说，创业平台就是为促进创新创业而搭建的资源整合平台。在实践中，创新平台与创业平台紧密结合，你中有我，我中有你，尤其科技园区、孵化器等最为显著，它们通过搭建创新创业基础设施，整合优秀的人才、资金、科技成果、法律政策等创业资源，促进信息交流与共享，深化各类创新创业资源的专业分工与协作，成为推进各类创新成果转化、孵化的加速器，对完善国家和区域创新体系、提升自主创新能力有着十分重要的作用。

1.1.5 应用型院校

应用型院校是在我国高等教育进入大众化阶段，为适应经济社会发展需要、培养社会亟须的应用型人才而产生和发展起来的一种院校类型。应用型本科教育是指以应用型人才培养为主要培养目标、任务和特色的本科教育。在培养规格上，应用型本科培养的不是学科型、学术型、研究型人才，而是培养适应生产、建设、管理、服务第一线需要的高等技术型人才；在培养模式上，应用型本科以适应社会需要为目标，以培养技术应用能力为主线设计学生的知识、能力、素质结构和培养方案，以“应用”为主旨和特征构建课程和教学内容体系，重视学生技术应用能力的培养。

应用型本科教育是高等教育的一种重要体系，是与传统科学教育体系相对应的应用教育体系。应用型本科教育是一种人本主义的教育理念，它关注的是为“人类未来职业生涯做准备”的教育，是实用主义教育理念在现实中的弘扬和发展，因而其培养目标不是传统的学科和学术本位的，而是以对接现实、满足社会需求为导向，是理论与实践相结合、生产与劳动相结合、学校与企业相结合的教育。这一类型的教育更加强调学生自主学习能力和岗位适应性，强调具备胜任某种职业岗位的技能，强调能够解决生产实际中的具体实际问题，而且具有技术创新和技术二次开发的就业竞争能力，具备更高的适应社会多种岗位的综合素质，即生活、生存和发展的能力。

应用型本科教育是应用型教育的主体。应用型本科教育是随着科学和技术知识在社会发展中的作用而不断演化提升的产物。随着第一次工业革命的发展，科学和技术在社会经济领域中所发挥的作用日益显著，但是由于当时的科学和技术在社会经济发展中的应用尚处于初级阶段，因此决定了此时的应用型人才是生产过程中的中低端技术工人，并相应地产生了以初级和中级技术人才培养为主的应用型教育。随着知识经济和信息时代的到来，技术研发成为推动知识经济产业和信息社会进步的原动力，因此，在当今及未来，需要更强调那些处于基础自然科学与应用型科目之间的技术型科学学科。高新技术的广泛应用和社会生产结构的变革、技术职业的能级和层次的提高，促进了应用型教育层次的高移，产生了本科层次的应用型教育。作为一种专业性技术人才类型，高级专业技术人才是应用型人才的主体和核心，相应的以本科层次的应用型高级专业人才培养为主体的应用型本科教育就成为应用型教育的主体和中心环节。

应用型本科教育从组织形式及培养过程上高度关注与社会的融合。应用型本科教育是适应和满足我国走新型工业化发展道路需求的直接面向生产、建设、管理、服务等第一线的技术实践需求的教育，建立以社会发展需要为目标的教育思想。应用型本科教育从办学机制和人才培养模式上应高度重视与企业的深层联合。作为以技术教育及技术研发为己任的应用型教育开展技术研发、服务于企业，是知识经济时代对于应用型本科教育的必然要求。

1.2　应用型院校创业教育的问题与成因

通过调研，可以发现我国高校创业教育在实施过程中问题较为突出，存在着制度缺陷与机制缺陷，这就需要我们深入分析，探究问题的根源。

1.2.1　创业教育理念不透彻

在推进创新型国家建设的进程中，高等学校发挥了重要作用，成绩突出，问题也十分突出与紧迫。

一是高等教育的理念创新不足。

随着新时期改革的不断深入，社会在不断地进行重大转型，作为教育对象的青年在这一进程中也在不断地社会化和现代化。高等学校必须主动适应变化，进行准确的办学定位与服务定位，按照发展型社会的需要，促进教育理念向促进人的主体性与社会性的有机融通上转化，向促进人的全面发展的目标上转化，更加重视学生的主体意识的彰显、人格结构的完善、社会责任感的养成，使创新型人才不断涌现。创新创造是高等教育的本源，是大学的起点，同时，创新创造是创业的基因与源泉，没有创新创造教育，就没有创业教育，创新创造创业当然是现代高等教育的本职与使命。在一定意义上讲，高等教育要面向未来，其改革与发展就要以创业教育为价值取向。这种教育理念上的模糊不清，是当下制约高校创业教育开展的主要因素。办学定位里没有体现创业教育的理念，实施的教育中缺乏创业教育的功能，在一定程度上扼杀了创业精神的发展，当然也就丢失了高等教育的本体价值与大学的本源。

二是高等教育的制度创新不足。

建设“创新型国家”已经提升为国家战略，“创业型”社会的目标业已形成，担当创新创业型人才培养大任的高等教育，其创业教育的实施仍没有充分凸显，尤其在制度的顶层设计上没有及时跟进，缺乏系统性、整体性。在当前的办学模式下，特别是地方院校没有主管部门制度的顶层设计，各高校的制度创新能力十分有限。

三是创业教育的实践创新不足。

高校应随着经济与社会的发展，按照大学生创业教育的特点，结合自身实际，主动从教育观念、教学方法、教学内容、教学质量评价体系等方面对整个人才培养模式进行改革，创新内部运行机制，在学校内部的制度安排、资源配置、运行管理上，充分体现创业教育的因素，进行专业课程的调整、实习实训的强化、双师型师资的培养等，形成有效的创业教育体系。但在目前的教育实践中，这种探索明显不足。

可以用“重理论轻实践”这么一句话来描述大部分高校的教育模式，理论不能跟实践结合使得创业教育与学科专业教育无法相辅相成。我国高校的创业教育还处于初期发展阶段，并没有被合理整合到学校育人系统中，教育课程很多时候都是利用课外时间进行的，没能够让学生专门系统地去学习研究，导致创业教育与学科教育不能有机结合。在这种教育模式下，学生对创业有激情而没能力，很多人想创业却不知道如何开始创业，结果创业人数远远低于有创业意愿的人。

1.2.2 创业教育目标不清晰

创业教育目标是创业教育实施的方向和标准，既是创业教育课程设置的依据，又是创业教育效果评价的导向①，必须引起教育者与受教育者的高度重视。让决策者进一步认清创业教育的内涵，避免创业教育的目标定位过于狭隘而阻碍创业教育的深入开展。高校开展创业教育，其教育目标应该定位在培养学生的创业精神、创业意识，锻造凝练“企业家精神”，提升大学生的创业胜任素质上。我们不仅要培养几个企业家，更应当着眼于“为未来的几代人设定‘创业遗传代码’，以造就最具革命性的创业一代作为其基本价值取向”②，在广大学生中根植创业的种子。认识到创业教育是一个系统工程，要站在培养创新型人才的高度，要有勇于改革的气度，改革人才培养方案，完善人才培养体系。要让学生们认识到，不要一谈创业，就是要成立一个公司，创办一个企业，创业是一种思考和行为方式，是意识与精神的凝练，是能力的提升，创业精神是企业发展的主导与灵魂，也是从事各项事业的动力之源。

创业教育的目标是指通过创业教育能够实现的标准和目的。这些标准与目的的界定随着创业教育理论研究与现实实践的不断深化而发展变化，目前仍然没有统一的结论。因此不少高校把创业教育当成创新教育、通识教育或就业教育等，决策者对创业教育的目标定位不一。在走访调查中，笔者发现有的高等院校把创业教育的目标定位为培养学生的创业意识和创新精神；有的定位于进行大学生创业技能和创业兴趣培养的通识教育；有的则认为创业教育是素质教育，着力于培养学生创业的基本素质；有的高等院校直接定位成即将毕业大学生的就业教育；还有的高等院校将其定位于对学生进行企业家精神的教育，等等。

---

① 刘帆，徐林，刘川．中国创业教育的兴起发展和挑战［J］．中国青年研究，2007（9）：5-9.

② 向东春，肖云龙．美国百森创业教育的特点及其启示［J］．现代大学教育，2003（2）：79-82.

1.2.3　创业教育内容不明确

创业教育的内容，是为实现创业教育目标服务的。应该说，一般包括创业意识类、创业知识类、创业能力类、创业心理品质类四方面的内容。

从调查数据及其访谈调研来看，目前，大多高校创业教育的内容不明确、不科学，表现出很强的随意性。有的集中在创业知识的教育上，讲授市场相关知识、融资相关知识等；有的集中在创业实务的教育上，讲授如何创办企业、如何促进新企业扩张与成长；有的集中在创业意识的培养上，请成功企业家进校进行励志讲座，等等，各有侧重，零碎而不全面，随机而不系统。创业教育是项复杂的系统工程，由于创业教育目标定位不清晰，自然导致创业教育的内容不明确。高校只有先行确定创业教育的目标，是全校普及性的，还是个别学生重点培育式的，才能对应确定创业教育的内容，使创业教育采取的措施有的放矢，确保实效。

1.2.4　创业教育课程不完善

目前我国高校在创业教育相关课程的设置上还并不完善，现有课程体系单一，专业化程度不高，存在孤立化、学科课程跟实践课程不能兼容和师资力量不足等问题。

实现创业教育目标的主要途径和手段是完善创业教育课程体系，像国外创业教育发展比较早，到现在已经形成了成熟的教育体系，而国内高校创业教育起步晚，发展慢，到目前为止课程结构和体系的探索和构建停留在初期阶段，课程体系存在局限性，90％以上高校的创业教育课程没有专门开设，仅在大三、大四才稍微提及，属于大学生职业规划和就业指导的范畴。课程没有以创业教育的基本价值观为制定标准，体系单一，没有纵向联系，没有形成属于自己的课程和系统。在教学中，学校设置的课程缺少系统性、针对性和操作性，不能与职业课程互相渗透，与实践环节存在脱节现象。

1.2.5　创业教育师资不充足

创业教育的核心是培养学生的创业胜任素质，关键是培养学生的实践应用能力，也就是实战能力，创业教育的过程具有较强的参与性、实践性，创业教育的师资自然要有一定的创业实际经验和实践能力。国外创业学院的执教教师大多具有成功创业的经历，连接创业的整个运作过程。创业教育是比较特殊的实践型课程，担任这门课的教师不仅仅需要有扎实的理论功底，还需要有切切实实的创业经验。而在我国，很少有商界人士加入到创业教育的行业中来，那些开设创业教育课程的高校只能聘请两类教师：一类是校内有商科、管理学科学历背景的教师；另一类则是各学院就业指导服务的学生工作干部。这两种师资各有所长，但也存在共同的问题，将创业教育课程化、学术化，重视理论知识，缺乏创业经历和实践能力，并不能把握创业教育的精髓和实质，靠传授理论知识的“纸上谈兵”教学方法是不能达到应有的教育效果的。原教育部副部长赵沁平就曾提出：“要培养具有创业素质的学生，教师就必须有过创业实践。”但就目前的情况来看，多数高校对这类实践型教育课程不重视，兼备两种素质的“双师型”教师还相当匮乏，导致目前高校普遍缺乏有效师资的积累，使得创业教育效果大打折扣。

1.2.6 创业教育实践条件不具备

欧洲和美国等地区的经验告诉我们，创业教育不是某个高校能够独立完成的，它需要一个成熟的基础教育体系作为依托。按照现在的高校发展形势看，各高校的创业教育环境、人才的培养方式和评价体系均没能为创业教育的开展提供良好基础。重视考公务员的社会环境因素对大学毕业生产生了一定负面影响，压制了大学生的团结协作、勇于创新和不断进取的人生理念。中国社会非常在乎人际交往，要创业首先要有背景的传统文化惯性，这也给高校毕业生的创业带来了沉重负担。从政策上看，其对大学生的创业活动并无太多的关注和支持，这一现状的改善还需得到高校、政府和社会的共同支持①。

作为构建创业教育体系的重要组成部分，创业实践基地是将理论转化为能力的最好平台，是学生将课堂所学转化为自身领悟的最佳手段。目前山东各高校对其重视程度参差不齐，实践基地的建设不尽如人意。目前有部分学校投入资金建设了大学生创业基地，还有一些学校设立创业孵化基地，但仍有些学校在制订计划阶段停滞不前。目前，入驻学校创业基地（如产业孵化园等）、自己成立企业、加盟代理已有的商业品牌、在虚拟网络中开淘宝店等，均是学生较为常见的创业实践方式。在个别高校，创业教育没有独立地设置在人才培育计划中，加上受创业教育政策、资金等因素制约，使得部分高校的创业实践基地形同虚设，加之学生实践的时间大多不足，高校的实践基地已大多成为形式主义，制约了创业教育的进一步发展。

---

① 张月．大学生创业教育问题思考［J］．吉林工商学院学报，2009，25（3）：100-101.

案例与阅读材料

重庆文理学院：孵化创业梦想，夯实就业根基[①]

前不久，教育部评选的“2012—2013 年度 50 所全国毕业生就业典型经验高校”榜单揭晓，重庆文理学院名列其中，成功跻身高校就业工作的前沿方阵。

2010—2012 年，该校的本科毕业生年底就业率保持较高水平。

重庆文理学院是一所离重庆主城区有大约 1 小时车程、偏居西南一隅的高校，升级为本科院校只有 12 年。

重庆文理学院学生就业工作异军突起，是该校近年来深入推进教学改革的结果，也得益于该校成功的创新创业教育工作。各用人单位热捧该校毕业生，体现出对学校办学理念的高度认同，也意味着莘莘学子有了规划人生蓝图、触摸璀璨梦想的机会。

1. 开展创新创业教育，孵化大学生创业梦想

重庆文理学院为何有如此出类拔萃的就业成绩？

重庆文理学院将培养学生的创新创业和适应社会需求的能力视为教育教学工作最重要的目标之一，将其看成检验办学成败的主要试金石。

正是因为达成了这样的共识，重庆文理学院成立了创新创业教育与指导中心，全面负责学校大学生的创新创业教育与指导工作。

中心由分管校长挂帅，还建立了大学生创业指导专家库，囊括了校内 27 名创业指导教师和校外 20 余名创业指导专家。

中心重点围绕创新创业课程建设、模拟实验室建设、实践基地建设、创新创业教学等开展工作，既让同学们懂得理论知识，又能提升实践操作能力。

2009 年，学校将位于学校南边的几十间临街门面无偿提供给学生作为创业孵化园，面积有 3 000 平方米，另有生产研发基地 1 500 平方米；同时拨付 50 万元作为启动资金。

在这片洋溢着激情和冲劲的孵化园内，很多大学生打开了通往梦想的大门。目前，共有大学生创办的微型企业 40 余家（其中工商部门正式注册颁发执照的有 33 家），带动 300 余人创业就业。2011 年，园区微型企业纳税 4 万元。

孵化园卓有成效的工作得到社会各界的广泛认同，先后被评为“重庆市级创业孵化基地”“重庆市重点微型企业孵化基地”，获得财政帮扶资金 130 万元。

---

① 资料来源：中国青年报，2013 年 6 月 24 日，第 7 版。

目前，孵化园已经成功孵化出13家有前景的大学生科技企业，“重庆棠城动画有限责任公司”成为重庆永川区第一家注册的动漫产业公司，“重庆商动文化传播有限公司”成为重庆永川区团委“一对一”重点打造的大学生创业典型企业，“重庆熠佳节能灯有限公司”被评为“重庆市十佳微型企业”（这也是唯一由在校大学生创办的微型企业），产生了较好的社会效益和经济效益。

2. 系统培训创业实务，教师倾力扶助学生成长

“罗马不是一天建成的”，在重庆文理学院，对创新创业意识和能力的培养，纳入了教学教育工作的细节。

重庆文理学院将创新创业纳入了本科人才培养方案。面向全校学生开设《大学生就业创业指导》必修课（2学分），还推出了《大学生创业理论与实践》《创造心理学》《成功心理学》等公选课程。实现创业教育进课堂，提升了学生创新创业能力。

学校还编写了校本教材《大学生就业创业指导》《创造发明学导论》。

重庆文理学院还组建了特色人才培养实验班——“创业先锋班”，对有志于创业的学生进行重点培养。

“创业先锋班”学制为1年，学时328个。从“创业能力、创业实验和创业实务”三大模块对学生创业进行系统培训。目前已开设“创业先锋班”两期，106名学生获得“创业先锋班”结业证书。

学校动员、鼓励党员、干部和教职工以结对帮扶的方式从学习、生活和就业方面帮扶家庭经济困难学生。校领导带头，各单位负责人和教职工积极响应。两年来，全校共有758人次的教职工参与此项活动，捐助金额49.5万元，帮扶学生513人。这种帮扶不仅是经济上的，还包括了学业和就业的全面帮助。

3. 成立区域就业联盟，全方位拓展学生就业通道

永川被称为“重庆职教城”，曾创造出全国关注的“永川经验”，现有20余所职业院校，学生近11万人。

2009年，作为永川教育界的龙头老大，重庆文理学院牵头组建成立了重庆职教城就业联盟。这个就业联盟满足了企业多样化的人才需求，举办招聘会时，参与招聘的企业比各所学校各自为政时要多得多，三年来，参与就业联盟招聘的企业达2 000余家，提供就业岗位5万余个。

依托就业联盟平台，重庆文理学院与数十家企业建立了校企合作关系，与350余家单位签订实习就业基地协议，千方百计拓展学生的就业渠道。

学校充分利用近60个地方校友分会和16个二级学院校友分会的资源，助推就业工作。2013年，校友总会举办了26场校友论坛，帮助学生树立正确的择业就业观，引导学生就业；举办校友单位专场招聘会，共有50多家校友单位来校

参会，提供近 300 个就业岗位，解决学生就业 216 人。

校友除利用自身优势帮助学校提供就业信息和招聘信息外，还积极参与帮扶工作，北碚颜宏齿轮公司、中国金果源进出口（泰国）公司、重庆移动、重庆新泰等 16 家企业为该校设立企业奖助学金，除了在经济上帮扶优秀的贫困生之外，还为他们提供了实习和就业的机会，一批贫困生顺利实现就业。

安徽理工大学：搭建特色平台，推进创新创业教育①

2016 年，教育部办公厅公布了“2016 年度全国创新创业典型经验高校”名单，安徽理工大学成功入选，成为全国首批“创新创业 50 强高校”，是安徽省唯一入选的高校。

近年来，安徽理工大学搭准时代脉搏，立足发展实际，把创新创业教育融入人才培养的全过程，形成了有利于培养和提升学生创新精神、创业意识和创新创业能力的创新创业教育特色。

1. “三结合”扶持大学生实现更高质量的创业

(1) 全面提升与重点扶持相结合

坚持全面提升学生的创新创业能力与重点扶持有创业意向的学生相结合。近年来，累计参加各类培训（实训）学生数近 10 000 人次。每年举办校级创新创业类学科竞赛近 40 项，多达 20 000 人次参与。近三年，获批大学生创新创业训练计划项目共 983 项，其中国家级 327 项，省级 656 项。在通过面向全体学生普遍性的创新创业培训，全面提升学生创新创业能力的基础上，每年遴选 30 个左右的学生创业项目，每个项目给予 5 000～8 000 元的基金扶持。对于确有很大发展潜力和市场潜力的项目（含模拟和实体企业），还可追加 5 万元扶持资金，重点扶持有创业意向学生正式开展创业。

(2) 理论培养与实践孵化相结合

面向全体学生，安徽理工大学开设了《职业发展（生涯规划）指导》《就业创业指导》《创新创业》等公共必修课，开设了《创造学》《创业管理》和《创新创业领导力》等一系列选修课程。在创新创业理论培养的基础上，引导创业大学生到校外就业创业基地实训，把相对成熟的大学生创业项目引入校大学生创业基地、创客空间、创新创业实验室进行孵化，近年来，部分孵化项目创办了企业。

(3) 一站式服务与持续帮扶相结合

学校成立了大学生创业服务导师团，为学生提供项目论证、公司注册、财务

① 资料来源：http://www.ahedu.gov.cn/26/view/312536.shtml。

管理等一站式服务。在此基础上，建立了创业校友档案，为创业校友在解决技术难题、开拓市场等方面提供帮助，实现持续帮扶、全程指导。

在“三结合”扶持大学生实现更高质量的创业中，涌现了一批创新创业校友。2012年校大学生创业基金扶持项目负责人梁亚注册淮南市绿威食用菌种植专业合作社，注册资金达到1 000万元，有16个标准化大棚，拥有食用菌初加工基地、冷藏仓储基地、种苗育种基地、产品质量检验室。2015年7月，梁亚获得了国家级“双创之星”荣誉称号，并且是安徽省入围的20名创客中最年轻的一名。2015年年底荣获第二批“安徽省创新创业领军人才特殊支持计划”创业领军人才，并获奖金50万元。多家媒体宣传报道过梁亚的创业事迹，在社会上产生了强烈的反响。

2. 实施“专业＋创新创业”模式，提升大学生创新创业能力

学校实施“专业＋创新创业”模式，将创新创业教育与专业人才培养紧密结合。

(1) 专业教育＋创新创业教育融合

学校立足专业实际，突出专业特点，将专业人才培养理念、标准、方法等与创新创业教育深入融合，深化创新创业教育，全面开展教育改革，提高人才培养质量。

(2) 专业特色＋创新创业品牌活动

由学校创新学院牵头，要求每个学院、每个专业根据各自特点，紧密结合专业特色和优势，放眼校内外资源平台，通过自行开发、牵头参赛、承办参与等多种形式，每个学院至少打造一项创新创业竞赛品牌活动，经过多年的积累打造，目前校级品牌活动已有40余项。

(3) 专业实践＋四个层次教学体系

创新创业知识认知实践层次，采取课程和基础课程实验及认识实习的形式展开，主要通过开设创业素质测试、职业生涯规划等实验项目对学生创新创业天赋予以评测，并通过基础课程实验及认识实习培养学生的创新创业意识和精神。创新创业素质养成实践层次，通过专业基础课程和专业课程实验、生产实习、毕业实习、创新创业训练计划项目、各类创新创业大赛等不同类型的实践训练项目展开，培养学生的创新创业素质。创新创业模拟实训层次，借助于创业实训软件，进行创业全程的仿真模拟，在虚拟环境中开展创业各阶段工作的模拟运作，使学生掌握创业基本技能。创新创业实践操作层次，使学生通过注册公司，开展实际生产管理运作等系列活动，真实运作企业，全面实现创业的实际运营。此教学体质形成了“理论认知→素质形成→综合能力模拟→实际运营操作”层层递进的创新创业实践教学体系。

(4) 专业改革＋教学考核评价办法

深化创新创业教学方式改革，采用研究性、讨论式、案例教学、项目与实务导向性等教学方法，激发学生基于创造性思维的创新创业灵感突破。改革学生学业考核评价办法，学生自主获得与专业相符合的成果如申请的专利、发表的论文、学科竞赛获奖等记入学分，在创新创业实践中表现突出的学生，在免试推荐研究生时给予优先推荐。

在“专业＋创新创业”模式的指导下，学校培养了一批又一批创新创业的优秀学生。祝云辉、祝二辉兄弟等就是其中的代表。祝云辉（2013 届毕业生）、祝二辉（2014 届毕业生）“专利兄弟”从 2011 年开始，兄弟俩获得了《新型延期雷管》等 40 多项国家专利，其中不仅有外观设计专利、实用新型专利，更有难度很大的发明专利。

3. 科研立项激发创新潜能，专利转化推进创业实践

2013 年年初，学校实施了大学生科研立项资助活动，激发了学生创新潜能，推进了专利转化和创业实践工作。

(1) 搭建科研实践平台，培养创新实践能力

科研立项旨在把学校大学生科技创新活动引向深入，进一步激发大学生的创新意识，培养大学生的实践能力，着力孵化出一批具有一定学术层次和学术内涵的学生科研成果，并努力推进成果产业化，不断提升实践育人成效。

(2) 制定立项管理制度，保证立项规范运行

学校先后制订了《大学生科研项目立项资助管理办法（试行）》和《大学生科研项目立项资助管理办法（修订）》，对立项条件、项目管理、中期检查、结题验收等做出了详细规定，保证了立项的规范运行。

(3) 开展立项评优表彰，营造立项氛围环境

学校按照年度已结题项目的 10%评选出优秀项目，并给予项目负责人和指导教师表彰和奖励；对管理得当、孵化出优秀学生科研成果的学院，也给予一定的表彰和奖励。这大大激发了师生和基层学院开展此项工作的热情和动力，营造了立项的良好氛围和环境。

科研立项成果丰硕，科技转化成绩喜人。2013 年至 2015 年共发表论文2 600多篇，190 多篇论文还被 SCI、EI 等核心期刊收录；申报专利 1 000 多项，学生在科研过程中激发了创新创业的潜能，在 2015 年中国大学专利技术转让排行榜中仅次于华南理工大学和浙江大学，排名全国第三。学校充分发挥专利技术转让的优势，推进了专利转化和创业实践工作。例如，2014 级研究生蒋云，荣获第五届全国高校采矿工程专业学生实践作品大赛二等奖（排名第一）等 12 项奖励；获《一种集测压与抽采功能于一体的瓦斯钻孔封孔装置》等 15 项专利授权或专利申请；发表《胶囊-聚氨酯联合封孔测压技术的研究与应用》等 4 篇学术论文。

在学校的指导下，蒋云和他的创业团队加快专利转化速度，于2015年11月创办淮南云泰安防科技有限责任公司，公司注册资本50万元，现拥有管理人员2人，研发人员2人，企业技术指导专家4人。公司依托安徽理工大学的技术、人才优势，用在校学习期间获得的专利，现已研发出一款新型广角紊流雾化降尘系统，该系统分别在国投新集等煤矿使用以来，效果显著，得到一致好评。公司现已和中煤亚太矿山机械设备有限公司签订产品外包生产合作，同时和安徽绿环电气股份有限公司达成资金和技术支持协议。

第 2 章　理论基础与创业教育实践

2.1　胜任素质模型理论

胜任素质模型又称胜任特征模型或胜任素质模型，是组织行为学和人力资源管理理论研究的前沿课题之一，是指要完成某一特定任务需要具备的胜任素质要素的总和。它主要包括 3 个要素，即胜任素质的名称、胜任素质的关键性特征和胜任素质指标的权重（反映胜任素质行为表现的差异）。其基本原理是辨别优秀员工与一般员工在知识、技能、自我认知、特质、动机等方面的差异，通过收集和分析数据，对数据进行科学的整合，从而建立起某个岗位工作的能力胜任素质特征模型架构。胜任素质模型首先是由哈佛大学麦克利兰教授于 1973 年提出的，随后，中西方学者对胜任素质模型的研究方兴未艾，从政府军队，到企业学校，都在自己的专业领域内建立相应的胜任素质模型。

2.1.1　冰山模型

麦克利兰认为胜任素质特征就像漂浮在大海上的一座冰山，露出海面的部分是基本知识、基本技能等一些外显的、易于观察和测评的特征，是胜任素质表层特征；而处于水面以下的部分，具有内隐性，代表的是深层胜任素质，包括自我认知、特质、动机等，如图 2-1 所示。

这一模型认为知识与技能这些表层特征，只是一个人胜任职位工作的基础，是现实的行为能力，并不能真正决定一个人在工作当中是否取得优秀绩效；自我认知、特质、动机等这些深层胜任素质，更多的是行为潜能，它们是真正决定一个人能否在工作中取得优秀绩效的关键性因素。

表层胜任素质更容易被观察与测量，这些胜任素质可以通过培训而获得；深层胜任素质不容易被观察与测量，这些胜任素质的获得往往需要长期学习、逐步积累才能形成，一般不易通过短期培训获得。

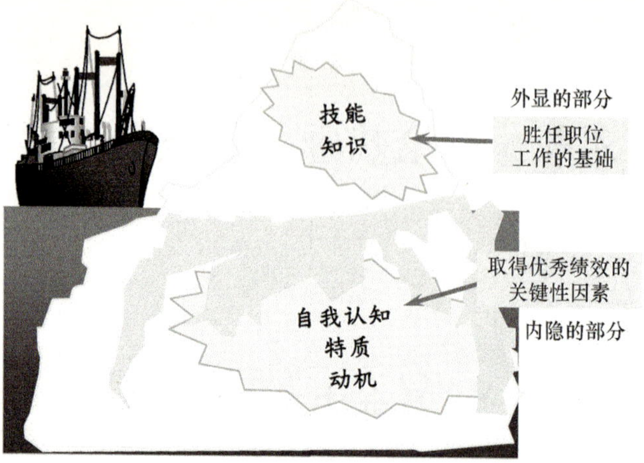

图 2-1　冰山模型

2.1.2　洋葱模型

美国学者理查德·博亚特兹在对麦克利兰的胜任特征模型进行了深入研究之后，从胜任要素构成和要素可被培训与测量的角度提出了胜任素质洋葱模型。

理查德·博亚特兹将胜任素质的结构界定为如同洋葱一般分层次、由内而外、由核心到外围的一系列能力的集合，如图 2-2 所示。处于核心位置的是个性、动机，后天习得的难度较高，也不易被观察和测量；向外一层为自我形象、价值观、社会角色、态度；再向外一层为知识和技能，相对于核心位置的胜任素质而言，易于后天习得，也易于观察与测量。

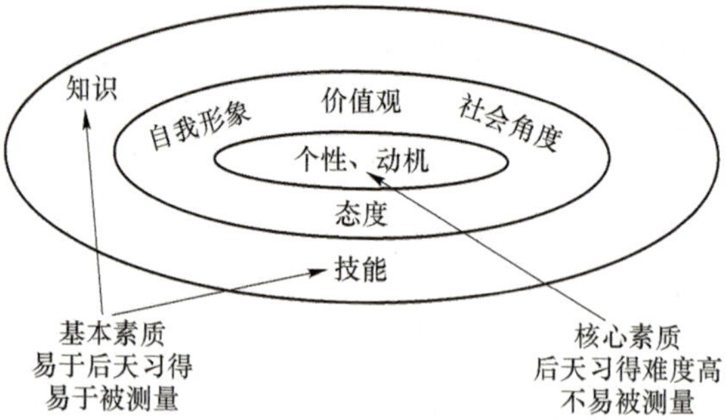

图 2-2　洋葱模型

1. 个性

个性是指个人所具有的，富有典型性、持续稳定性的心理胜任素质特征的总和，呈现出来的是他面对外在环境、复杂信息的应对方式、心理倾向与特质。它将个性倾向性与个性心理特征较为统一地融合为一体。

2. 动机

动机是指能够引发启动、持续推进和指导牵引人们实施相关行动的内在动力，它不断地指引和促进人们按照既定的目标前进，而不会出现方向的偏离。动机是行为效率与行为效果得以实现的决定因素，其强弱始终影响着行为过程，决定着行为的结果。譬如，具备较强发展动机的人，总喜欢为自身规划设定某些富有挑战性的目标，然后竭尽所能去努力达成，在这个过程中，能够接受意见与建议，主动修正自己，不断向着目标前行。

3. 自我形象

自我形象主要是指个体对自身所拥有的能力与价值的自我认识状态，是自身所期望在社会上构筑起的积极形象。自我形象的塑造表现为一个富含社会性与渐进性的复杂过程，只有依靠感知领域在同化与异化的渐进过程中凝练，才能构筑成功。自我形象具有较强的稳定性，一旦塑造完成，有抵制变化的倾向，若试图调整，必然会引起情绪的起伏波动。自我形象是个体内在动机的现实反映，通过自我形象，我们能够预测其在较短时期里的个人行为方式。

4. 社会角色

社会角色是指人们在社会中所处的地位、表征的身份，及其与这种地位、身份相符合的个体行为方式。个人对某种角色的接受和承载，显示出他对自我身份特征的定位，以及对社会期望的把握。社会角色以个体的动机、个性及其自我形象作为基础，呈现出较为持久稳定的处事方式和行为特征，甚至不会随着自身所处的社会群体及其社会组织的改变而发生实质性的改变。

5. 价值观

价值观是指人们对客观事物所负载的作用、意义及其重要性的总的看法和观点，它是人们认识事物价值的基础，也是人们实施行为的思想基础。在特定的时空条件下，个体的价值观呈现出相对的稳定性、持久性。但在相同的客观条件下，面对同样事物，因为个体价值观的相异，便会形成富有差异的行为结果。而对于社会和群体来说，其价值观是随着其中个体的调整更替、社会环境等客观条件的变化，而不断变化着的。

6. 态度

态度是人们对具体事物所形成的一种持久稳定的心理倾向和行为倾向，是个体所具有的自我形象、价值观念及其社会角色内生反应、不断外化的结果，其构成主要包括三个方面：认知要素，指个体对外在的人、事、物的认识与了解；情感要素，指个体对外在的人、事、物形成的好恶感受；行为要素，指个体对外在的人、事、物所形成的意向反应及行动态度。三个要素协调一致，共同作用，如果激发其中之一，其他要素都会做出相应反应。

7. 知识

所谓知识，一般泛指人们对客观世界的认识成果，它包括每个人在相关领域所掌握的陈述型知识和程序型知识。陈述型知识是用人们在社会实践中已经掌握了的现实事实、信息来构成，并且能够用语言来表述和传达，既有理论的，也有实践的；既是抽象的，也是意象的。程序型知识是指人们在社会实践中所掌握的生产生活技能，这类知识难以使用语言来表述和传达。知识是人类认识世界、改造世界的成果，是人类智慧的结晶。

8. 技能

技能是指人类能够较为系统地运用所掌握的知识，顺利完成工作任务的能力。技能在实际运用中所产生的绩效优异，由个体的心理动机、个性特征和价值观念等胜任素质要素决定。在现实实践中，人们对人才进行考察使用时，偏重于知识与技能的考察，却常常忽视了个体的自我概念、个性特质、心理动机等内在因素的考察。对个体来讲，拥有广博知识、专业技能自然重要，但要区别于绩效一般者，而成为事业的绩效优秀者，则必须从自我概念、核心的动机和个性特质等要素着手，特别是大学生创业者，要取得创业成功，仅仅凭着书本知识、学习技能，肯定是难以胜任的。因为这些处于内核的特质，深刻有效、始终持久地影响着外在表层的胜任素质，这也是当今人力资源管理中采用胜任素质方法比传统的智力测验更加有效的原因之一。

2.2 党的“大众创业、万众创新”方略的内涵与应用

2.2.1 党的“大众创业、万众创新”方略概述

“大众创业、万众创新”方略揭示了创新创业理论的科学内涵和本质要求。结合在一起，不仅突出要打造经济增长的引擎，而且突出要打造就业和社会发展的引擎，不仅突出精英创业，而且突出草根创业、实用性创新，体现了创业、创新、人和企业“四位一体”的创新发展总要求，揭示了创新创业理论的科学内涵和本质要求，为创新创业理论和实践研究开辟了崭新的新天地。

党的十八大明确提出实施创新驱动战略，将其作为关系国民经济全局紧迫而

重大的战略任务。党的十八届五中全会将创新作为五大发展理念之首，进一步指出，坚持创新发展，必须把创新摆在国家发展全局的核心位置，不断推进理论、制度、科技、文化等各方面的创新，让创新贯穿党和国家一切工作，让创新在全社会蔚然成风。李克强总理在 2015 年政府工作报告中提出，推动“大众创业、万众创新”，培育和催生经济社会发展新动力。2015 年全国召开两会期间，“大众创业、万众创新”再次成为“热词”，作为政府工作报告的主要内容，同时开启打造 2016 年最强“双引擎”的大幕。2015 年 6 月，国务院颁布了《关于大力推进大众创业万众创新若干措施的意见》，明确指出，推进“大众创业、万众创新”，是培育和催生经济社会发展新动力的必然选择，是扩大就业、实现富民之道的根本举措，是激发全社会创新潜能和创业活力的有效途径。党中央、国务院高度重视大众创新创业，李克强总理多次对大众创新创业做出重要指示，自 2013 年 5 月至 2017 年 9 月中央层面已经出台至少 22 份相关文件，包括简政放权、金融支持等多个方面的鼓励扶持政策，正在转化为具体的政策措施，引导、支持、促进全社会创新创业。于是，“大众创业、万众创新”的新浪潮正在席卷全国。

2.2.2　党的“大众创业、万众创新”方略与创业教育

“大众创业、万众创新”实际上是新时期我国社会的重大改革，不是一句简单口号，也不是要在社会上刮一阵风，而是要通过一系列政策制度安排，实实在在地释放出新一轮的改革红利，在更广范围内激发和调动亿万群众的创新创业积极性，让创新创业从“小众”走向“大众”，让创新创业的理念深入民心，在全社会形成大众创新创业的新浪潮，打造经济发展和社会进步的新引擎。

“大众创业、万众创新”方略为高校创业教育提供了思想指针。从认识和行为性质的角度看，创新创业教育已经是一种国家、时代层面的战略决策；范围也远远超出了就业、创业层面。创业教育的主体也不再局限于毕业生，扩展到高校全体学生；内涵和本质方面，在创业的基础上增加了创新的内容，并且明确了创新、创业、就业之间的关系，“坚持创新引领创业、创业带动就业”。

“大众创业、万众创新”方略为高校创业教育创设了难得的社会环境。“大众创业、万众创新”是在当代以互联网、大数据发展为代表的科技大发展条件下，以及在制度变革和政策创新的作用下，中国社会生产力的又一次解放。这必然为大学生创业提供难得的创业机会。中央简政放权、强化服务，出台了各项政策措施，特别是鼓励大学生创业的扶持政策，优化了政策环境。政府的强力推动、政策的配套支持、舆论的大力宣传、创业实践的深入推进为大学生创业教育提供了良好的创业文化环境。

2.3 马克思主义关于人的全面发展学说的内涵与应用

2.3.1 马克思主义关于人的全面发展学说的科学内涵

人的全面发展是马克思一生自始至终关注的命题，他在吸取前人卓越思想的基础上，创建了自己的人的全面发展学说。其基本观点可以归纳为：人的发展是与生产的发展、社会的发展相一致的；工场手工业的分工使人片面发展；现代化的机器大生产是人的全面发展的物质基础；共产主义社会使人的全面发展得以完全实现；教育与生产劳动相结合是实现人的全面发展的唯一方法。

马克思主义关于人的全面发展学说具有重要的教育学意义，它既确立了科学的人的发展观，又指明了人的全面发展的历史必然性，是我国制定教育目的的指导思想和理论基础。结合我国新时期经济社会的发展，特别是教育改革发展的实际，对马克思主义关于人的全面发展学说的内涵形成了以下几方面的理解：人的全面发展应当是人的能力的综合发展，既有体力方面，又有智力方面，既有社会交往能力，又有道德情操和审美能力；人的全面发展应当是人的胜任素质的全面发展，包含人的各方面的胜任素质，既有思想道德的、科技文化的、劳动运动的，也包括心理审美的、创新创业的等；人的全面发展应该是人的个性的充分发展，马克思指出，个性的充分发展就是“一切天赋得到充分发展”。人的全面发展应该是每个人所拥有的社会关系的丰富发展。“社会关系实际上决定着一个人能够发展到什么程度”①，“每个人的自由发展是一切人自由发展的条件”②，也就是说人的全面发展需要放在社会关系中才能实现。

2.3.2 人的全面发展学说与创业教育

高校创业教育必须从人的全面发展观点出发，根据中国经济社会发展的现实需要，结合青年学生身心发展特点与教育的规律，提高学生的创业基本胜任素质和能力。一是按照马克思主义人的全面发展思想，来确立创业教育的目标。创业教育的重要目标就是把学生培养成社会实践活动能动的主体，调动创业者的主体性，尊重其主体地位，挖掘其主体潜能，培养其主体意识，发掘其主体能力，塑

---

① 马克思，恩格斯．马克思恩格斯全集（第 3 卷）[M]．北京：人民出版社，1960：295.

② 马克思，恩格斯．马克思恩格斯全集（第 37 卷）[M]．北京：人民出版社，1971：189.

造其主体人格。二是按照马克思主义人的全面发展思想，来确立创业教育的内容。创业教育本质上就是一种胜任素质教育，是培养大学生富有创新性和创造性特征的综合胜任素质，并且既要全面发展，又要注重个性培养。三是按照马克思主义人的全面发展思想，来确立创业教育的方法。马克思主义认为：教育与生产劳动相结合是实现人的全面发展的唯一方法，明确创业教育要坚持理论与实践的结合，加强创业实践环节。创业能力依赖于学生全面胜任素质的提升，依赖于学生个性的自由与全面发展。创业教育要面向全体学生，分层次实施，分类型指导。

2.4　班杜拉社会学习理论的内涵与应用

2.4.1　班杜拉社会学习理论概述

社会学习理论是由美国心理学家阿尔伯特·班杜拉（Albert Bandura）于 1952 年提出的。由于人总是生活在一定的社会条件下，所以班杜拉主张要在自然的社会情境中研究人的行为，以往的学习理论家一般都忽视了社会变量对人类行为的制约作用，班杜拉的社会学习理论着眼于观察学习和自我调节在引发人的行为中的作用，重视人的行为和环境的相互作用。

班杜拉的社会学习理论的核心观点如下。

1. 交互决定论

班杜拉认为：人的行为，特别是人的复杂行为主要是后天习得的。行为的习得既受遗传因素和生理因素的制约，又受后天经验环境的影响；生理因素的影响和后天经验的影响在决定行为上微妙地交织在一起，很难将两者分开。

班杜拉的这一学习理论的核心是人的行为和人在进行学习时所处的环境之间的相互作用。这一学习理论主要是研究学习者所处的环境、学习者的认知与学习者的行为，以及这三方面之间所发生的交互作用对学习者的行为的影响。

对于在社会学习过程中哪些因素决定人的行为这一问题的研究，班杜拉超越了之前的心理物质论和心理动力论所主张的内因决定论、传统行为主义所主张的外因决定论的人格理论模式。

班杜拉将这些决定人类行为的因素概括为两大类：决定行为的先行因素和决定行为的结果因素。

班杜拉界定出决定行为是否产生的因素，称为先行因素，主要界定出有机体的遗传机制、学习者以所接受到的环境刺激信息为基础的对自己未来行为的预期、来自于社会环境的预兆性线索等方面的因素。

对于决定行为结果的因素的界定，班杜拉是从学习者所受到的强化角度给出的，分为替代性强化和自我强化两种不同的强化形式。替代性强化是指学习者在对榜样的行为和他人的行为进行观察的过程中，如果观察到榜样或他人的行为得到了积极的结果，那么学习者会产生在未来做出这些行为的心理倾向，增加这些行为在未来得到实施的概率；如果观察到榜样或他人的行为得到了消极的结果，学习者就会产生在未来不做出或尽量不做出这些行为的心理倾向，减少这些行为在未来得到实施的概率。自我强化则是从学习者自身角度，学习者依据自己制订的相关标准来衡量自己的学习，学习者更愿意表现出那些令自己满意的行为，而倾向于不表现自己不喜欢的那些行为。

在学习过程中，学习者的行为、学习者自身的内在特征以及学习者所处的环境之间存在一种动态的交互决定关系，一方面这三者相互独立，另一方面又相互作用、相互决定。其三项关系如图 2-3 所示。

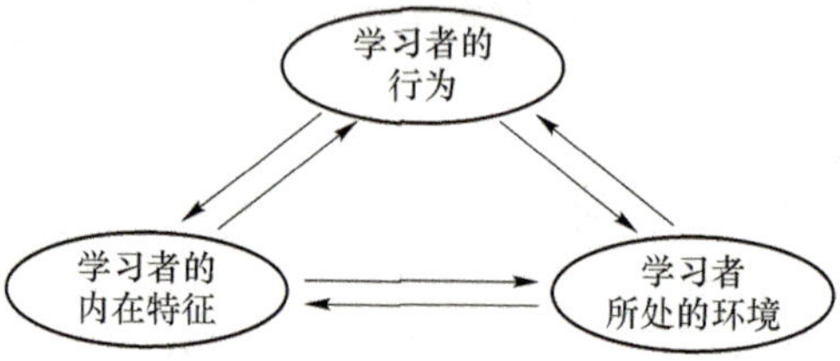

图 2-3　交互决定论

2. 观察学习

班杜拉认为，人类的大部分行为的习得有两种形式：一种是在学习过程中通过观察榜样的行为获得间接经验所进行的替代式学习而习得；另一种是通过对观察到的榜样行为进行模仿学习获得直接经验而习得。

观察学习首先要具有能够成为学习者观察学习对象的榜样或示范者，榜样可以是活的榜样，也可以是符号性榜样。

观察学习的过程包含注意过程、保持过程、复制过程和动机过程 4 个子过程。

(1) 注意过程

观察者注意榜样行为，并形成对榜样情境知觉的过程。

观察者首先要注意到榜样及其示范行为，进而观察榜样及其示范行为并形成相应的知觉。

从学习者所处的环境角度讲，周边环境中榜样的层次与内涵决定了能学到的行为类型；榜样本身所具有的魅力是影响消费者注意的重要因素，那些与观察者自身相似的榜样或具有一定社会地位、较高能力和较大权力的榜样更易为观察者所注意，通常成功的行为模式比失败的行为模式更易为观察者所注意。

从学习者自身内存特征角度讲，有依赖性的、自身概念低或焦虑的观察者更容易产生对榜样的模仿行为。

(2) 保持过程

学习者把观察到的示范经验转换成表象或言语符号保持在记忆中，进入长时记忆的过程。

在这一过程中演习是一种重要的记忆支柱，学习者只有经过心理学习或实践学习后，经由观察而习得的榜样示范行为的信息才能保持为长时记忆。

(3) 复制过程

学习者把经由观察习得的示范行为的信息转化成适当行为或具备行为潜能的过程。

复制过程要求观察者必须具备一定的运动技能，才能重现榜样的示范动作和行为模式；观察者只有不断地进行悉心的演习，把自身的行为与示范行为加以对照，经过自我矫正和调整，才能做出与示范行为同样正确的反应来或者具有复制这样行为的潜能。

(4) 动机过程

这一过程决定了哪一种经由观察而习得的行为会得以表现。

此时学习者以所接收到的环境刺激信息为基础的对自己未来行为的预期、来自于社会环境的预兆性线索等方面的因素，成为决定行为是否产生的先行因素。例如，当出现了积极的诱因时观察学习到的示范经验可能会快速地转化为行动，当学习者预估表现出某一习得的行为没有实用价值，或要冒遭受惩罚的危险时，会减少表现这一行为的概率。

强化作为决定行为结果的因素在这一过程中有着重要的作用，他人对示范者的评价是对学习者的替代性强化，他人对示范行为的评价是外部强化，学习者通过他人对示范者和示范行为的评价积极与否，从而产生在未来是否表现出这些行为的心理倾向，是增加还是减少这些行为在未来得到实施的概率；学习者本人对自己再现行为能力的评估是学习者的自我强化，通常学习者更愿意表现出那些令自己满意的行为，而倾向于不表现自己不喜欢的那些行为。班杜拉把替代性强化、外部强化和自我强化这 3 种强化作用看成是学习者再现示范行为的动机力量。

3. 自我效能感

自我效能感是指个体对自己能否在一定水平上完成某一活动所具有的能力判断、信念或主体自我把握与感受。

学习者在观察到的榜样的诸多行为中会选择再现出哪种行为，在怎样的场景中再现行为，在学习过程中会付出多久、多大的努力，受两方面因素的影响。一方面是学习者对要再现的行为带来的结果的预期，称为结果期待，如果学习者预期未来行为的结果对自己有利，则可能会增加选择再现这一行为的倾向，反之则会减少再现这一行为的倾向；另一方面是对自己能够成功再现这一行为的概率的预估，称为效能期待，这一概率的预估值越高，选择再现这一行为的可能性越大，在学习过程中付出的努力越大、越持久。

2.4.2 社会学习理论与创业教育

一切真知无疑都是从直接经验发源的，一个人的知识与能力，必定是直接经验和间接经验的凝结。班杜拉的社会学习理论主要是关于怎样获取间接经验的理论。创业胜任素质作为大学生创业的核心能力，其获得途径中，两者自然缺一不可。但鉴于大学生创业教育的现有实施情景，间接经验无疑是主要的内容。

1. 营造创业环境，形成创业氛围

依据班杜拉的三元交互决定论，人处在一定环境中，在一定程度上受到环境条件的制约，为了适应环境会主动表现出一定的行为，而人的行为在一定程度上也会带来环境的改变，让环境条件向着更有利于人的方向转变。

这表明在大学生创业的过程中，大学生创业个体自身、大学生创业者所处的创业环境与其所进行的创业行为之间存在着动态的交互决定关系。

创业者所处的创业环境一般由文化环境、政策环境等构成。高校要在文化上和政策上形成良好的创业氛围，营造良好的创业环境。在校园文化建设中应当将创业文化的建设作为重点，放在决定学校发展的高度来进行，而创业文化的建设又以创业光荣、宽容失败、以创促就为核心，构筑好创业的文化环境这一基础环境。同时政府和高校应共同做好构建创业的政策环境的工作，来保障大学生创业的顺利实施，积极出台对大学生创业的扶持政策，特别是税费减免、融资扶持、园区孵化等方面，形成强大的支持动力。

创业教育还要针对大学生这一特殊的创业群体，针对大学生创业者的个体特征，选择恰当的创业榜样和典型事例，培养大学生的创业兴趣，激发大学生的创业动机，促使大学生创业者积极投身创业，在个体、环境、行为的动态交互中走向成功创业。

2. 优化自我效能感，强化创业动力

目前，班杜拉的自我效能感概念被引入创业研究领域，形成了一个新的术语——创业自我效能感，是指创业者对自己是否具备成功完成所承担的各项创业任务、成功扮演各种创业角色的能力判断、信念或感受。

现实的创业实践表明，创业自我效能感在创业过程中发挥着极为重要的作用。创业自我效能感在影响创业者创业成功的自信心的同时，会影响创业者的创业心理倾向，主要是创业兴趣和动机，影响其创业方向和创业行为的指向、创业过程中的努力程度，还会影响大学生创业者思维模式和情绪反应模式的形成，以及其习得的创业能力的应用效果等。

根据班杜拉的自我效能理论，主要有以下 5 种因素影响创业自我效能感的形成。

第一，直接经验，即个体对自己实际活动的成就水平的感知。就是大学生在实际创业中获得的成败经验，这是获得创业自我效能感的最重要、最基本的途径。成功的创业体验，会不断增强对自我能力的信心，形成较强的创业自我效能感；失败的创业经验，会降低对自我能力的评估，也就会降低创业自我效能感。

第二，替代经验，即通过对他人的行为及行为结果的观察形成自己对行为的结果和效能的期待。也就是大学生通过观察创业榜样的创业行为及创业活动所取得的成就，而获得关于自身创业成功可能性的认识。如果看到与自己水平相当的创业者，特别是大学生，在创业中取得了好的成绩，潜意识中就会认为自己在处于同样环境下实施创业也能取得成功。相反，当看到他人创业失败时，就会降低自我效能感。

第三，言语劝说，即接受别人认为自己具有执行某一任务的能力的语言鼓励，而相信自己的效能。自己信任的家长、老师、同学，尤其是创业成功者的鼓励与引导往往是最为有效的言语劝导，同时，言语的劝导要合乎学生实际，如创业环境、创业条件、专业学习任务等，要合乎学生职业规划、学业规划。

第四，生理和情绪状态，即个体在面临某项任务时的身心反应。当人处于积极向上的反应状态中时，会对任务的成功更自信，反之则可能会不自信，甚至是自卑而放弃任务。

第五，个体的成败归因，即个体对自己、他人的活动或社会事件成败的原因的理解和解释。当同样面临一个失败时，有人习惯于外部归因，有人习惯于内部归因。外部归因就是把失败归因于外部不可控的因素，如运气、机遇等，如此，自身就不会削弱自我效能感；内部归因则把失败原因归咎于自身能力不足等，这样会降低自我效能感。

培养大学生积极的创业自我效能感是大学生创业教育的一项重要任务。首先，科学设定创业目标，逐步收获成功体验。大学生的创业自我效能感是在创业实践的过程中不断积累形成的，创业目标的设立要符合自我效能感的形成规律，才能让大学生通过创业过程中的体验不断调整自己的期待和行为，积累形成良好的自我效能感。创业课程要科学设计，注重实用性、操作性，加大实训、实践环节，重视案例教学。在创业实践中，要帮助学生准确分析创业环境、个人优势劣势，科学地设定创业目标，客观地选择创业项目。引导学生通过创业学习、参加创业计划大赛等，经过模拟训练，通过进入创业园、创业实训基地进行创业实训和创业孵化过程，在由易至难分阶段的实施过程中，不断获得成功体验，产生自豪感，提升自信心。

其次，宣传创业典型，发挥榜样示范。替代经验也就是大学生对创业榜样的行为及行为结果的观察，对其形成创业自我效能感有重大影响，而观察的创业榜样与学习者自身的特征越相似，对学习者自我效能感形成的强化作用越明显。这就要求创业教育要特别重视创业榜样的选取，一是选取恰当的大学生创业榜样，特别是成功的榜样，发挥这些榜样的示范作用，带动更多的大学生投身创业，还要对那些创业意识强、创业条件优、项目选择适当的大学生重点培育、集中孵化，培养校园创业标兵，以点带面，形成示范优势。二是邀请专家、学者、成功创业者走进校园，举办创业讲座、报告，与学生面对面交流创业知识与创业经验。通过校园媒体宣传成功创业案例。三是组织学生走出校园，走访成功企业家，深入创业培训基地，在替代学习过程中进一步培养创业兴趣、激发创业动机。

最后，强化情景训练，培育积极归因。引导学生对创业结果恰当地进行内因和外因分析，进行积极的归因，促进其对未来创业的结果和效能的积极期待。创业教育应创设创业情景，在创业实践活动中，加强归因训练，帮助学生全面分析创业成败究竟是受个人创业能力等主观因素还是受创业环境中的客观因素的影响，理性面对成败；更应当让学生认识到创业胜任素质的获得是一个不断培养与提升的过程，要经过不断的学习与努力而走向成功。让学生在收获成功时，提升自我效能感；在遇到失败时，能够理性分析积极归因，才能重新树立成功的信心，认真吸取经验与教训，以更积极的心态投入到创业中去。

2.5 顶层设计理论的内涵与应用

2.5.1 顶层设计理论概述

“顶层设计”源于自然科学或大型工程技术领域的一种设计理念。它是针对某一具体的设计对象，运用系统论的方式，自高端开始的总体构想和战略设计。力求以全局的视野，使对象的各方面、各层次、各功能、各要素，统筹兼顾，规避可能发生的风险，使理论与实践实现统一，它是铺设在意图与实践之间的“蓝图”。

2.5.2　顶层设计视域下的创业教育

“顶层设计”理论引起了国内理论界越来越多的重视，并由最初广泛应用于信息科学领域，开始进入高等教育理论领域。我国高校创业教育的发生与发展，有部分高校自我探索的成分，但更多的是在社会就业压力下，特别是政府在构建“创新创业型社会”国家战略下的主动推进，自始便呈现着明显的国家顶层设计思想。按层次来划分，高校创业教育包括：宏观层面即国家层面顶层设计，中观层面即高校层面顶层设计，微观层面即教育者层面教师指导。

1. 宏观层面创业教育顶层设计

从我国高校创业教育发展现状来看，高校创业教育顶层设计的中观和微观层面，还处于基础构建的探索阶段，宏观层面处于完善强化阶段。现就宏观层面即创业教育国家层面的顶层设计进行简要梳理。

（1）营造创业环境

创业环境本质上反映社会对创业者和创业活动的重视程度，以及给创业者提供创业技能和可能的创业机会。良好的创业环境可以吸引投资者和创业者，并激发他们进行投资创业活动。近年来政府不断以顶层设计的理念，从国家层面进行着创业环境的营造。一是培育创业文化。积极的创业文化鼓励创新，宽容失败，崇尚合作，是一个国家和地区发展的深层次动力。培养创业文化将引导人们树立自强、求富、开拓、拼搏、历险、争先、创业光荣的理念。胡锦涛在十七大报告中，提出实施创业带动就业战略，将以创业带动就业上升为国家战略的高度；各省市也先后出台了《大学生创业引领计划》等相关政策，逐步形成全面支持创业的氛围，掀起全民创业的热潮，形成浓厚的创业文化。二是出台财政金融支持政策。我国出台实施了包括财政支持资金、小额担保贷款和各类创业基金的创业支持政策，以及自主创业的税费减免政策。

（2）构建创业教育平台

一是以创业大赛为依托，探索创业教育方式。组织并举办“挑战杯”全国大学生创业计划大赛、中国科学院青年创业大赛等赛事，通过创业比赛这一手段，培养学生的创业意识，提升学生的创业能力。二是探索创业教育模式，推进完善创业课程教学体系。2012 年 8 月教育部将创业教育列为高校的必修课程，构建起创业教育在专业课中渗透、在必修课中强化、在选修课中补充的创业课程教学体系。

（3）构建创业实战平台

设立大学生创业园，创业者以较低的租金，甚至可以免费进驻，优先享受小额贷款、风险担保的扶持政策。建立大学生创业孵化基地，以上海为例，截至

2011 年 5 月，已建立大学生创业孵化基地 35 个。

总之，国家层面的创业教育顶层设计框架已搭建起来，并且逐渐成熟，也日见成效。但与国外创业教育的发展，与国内经济社会发展需要相比，仍有许多不足，主要有：

① 创业教育在政府、学校、社会间缺少联动协调机制。各级政府在国家的推动下，构建起集教育培训、融资支持、场地服务为一体的扶持平台，但大多政策高挂，平台冷落。根本原因在于政府服务与学校教育缺乏有效的连接，政府政策要有可操作性，政府服务要降低门槛，设立适合大学生的平台；学校既要激发学生热情，带徒进门，又要主动争取地方政府的支持，广泛争取社会资源，发挥综合效益。

② 创业教育评价机制没有建立起来。教育评价机制是创业教育管理的重要一环，是检验创业教育实施效果的重要形式，也是促进创业教育实施的重要激励手段。创业政策是否得以落实，提高执行能力是关键，而完善的评价机制则是政策执行的保障，更是创业教育顶层设计的重要一环。国家层面顶层设计缺少这一环，就不能有效调动政府、学校、社会资源，形成教育合力；高校层面顶层设计缺少这一环，就不能有效调动校内人财物等有形与无形资源，形成有力的支持。

2. 学校层面的创业教育顶层设计

分析把握创业教育的全局，当务之急是深化学校层面的创业教育顶层设计。按照顶层设计的内在逻辑，顶层设计包括准确定位、锁定目标、科学设计、战略控制、执行到位 5 个环节。按照顶层设计的构成要素来看，顶层设计包括有形顶层设计、无形顶层设计和特殊顶层设计。结合高校的实际，由此，学校层面的创业教育顶层设计，应着力构建 3 个体系：创业教育目标体系、创业教育实施体系、创业教育保障体系。

(1) 构建创业教育目标体系

深入分析学校的学科优势、专业优势，准确定位，确定学校创业教育目标。以校园文化为载体，积淀创业教育文化；强化学生创业意识，培养学生创业精神；将创业教育与专业教育相结合，理论教育与实践锻炼相结合，提升学生创业能力。

(2) 创业教育实施体系

首先要完善创业教育的教学系统。根据研究型大学、教学型大学、服务型大学在培养目标、课程设置以及培养方式上的不同特点，探索适合于自身学生特点的创业教育教学模式。根据教育部要求，创业教育列为必修课，推进面向全体学生的全程化教育，与针对各类学生的个性化辅导，形成文化课、专业课、创业课、辅修课、选修课相互协调、功能互补的多元化课程系统。其次要完善创业教育实践系统。建立以实践学分为引领，以创业园、创业基地为平台，以模拟实训、社会实践为手段的实践系统。最后要完善创业教育服务系统。建立大学生创业园，开展项目孵化等服务，设立学生创业项目资助，落实整合校内外资源，构建学生创业服务体系。

(3) 创业教育保障体系

一是进一步完善学校制度，形成创业教育的校内政策保障。创业教育纳入学校人才培养方案，列为本科必修课，建立创业教育评估和奖励体制。二是完善创业教育学校组织保障。建立学校、学院、班级三级组织，学校成立创业教育指导中心，全面组织协调创业教育工作，设立创业教育教研室，有条件的高校可以将教研室挂靠到商学院或管理学院，负责全校创业教育教学组织工作。组建创业课程教师、创业团队指导教师和创业导师队伍。三是完善创业教育条件保障。学校设立创业教育专项经费，确保经费支持，加强创业教育的设施设备建设，调动和整合校内资源，共同促进创新创业型人才的培养。

2.6　杜威“做中学”理论的内涵与应用

2.6.1　杜威“做中学”理论概述

杜威是 20 世纪著名的教育家、哲学家，他提出“教育即生活、学校即社会”“从做中学”等新型的实用主义教育理论，打破了“以课堂为中心，以教科书为中心，以教师为中心，注重强制性的纪律和教师的权威作用”的传统教育理念束缚，对整个世界的教育理论和实践的发展都有着非常巨大的影响，他是现代西方教育史上最有影响的代表人物之一。

杜威所提出的新型的实用主义教育理论的核心理论就是“做中学”理论，体现了杜威教育理论的基本原则。这一理论中的“做中学”是指教育不应当再像传统教育理念所倡导的那样，老师凭借着权威和强制性的纪律，依据教科书在课堂上向学生直接注入知识，而应当以让学生“做”为根本，把知识的学习和学生的现实生活结合起来，他提出教学要以学生的现实生活为出发点，以学生的现实生活为依托，充分以学生为本，符合学生的心理规律，设计相应的活动作为学习的媒介，让学生积极全面地参与到活动中，充分发挥学生的游戏本能，让学生在活动中通过不断认识到问题、思考问题，进而解决问题而获取经验和知识，从而达到教育的目的，也就是让学生在“做”的过程中不断进行经验的积累并进行知识的学习。

杜威把教学过程看成是“做”的过程，他认为这一过程可以通过下述的五步来实现：

第一步，安排符合学生现实生活的真实情境，创设情景。

“做中学”理论认为，教学要结合学生的现实生活，在教学中要能够反映学生的现实生活。在实施教学时应当设置符合学生现实生活的真实情景，或者创设贴近学生生活的情景，通过情景的真实性来吸引学生进入一定的情景，为学生后续的深入学习打下基础。

第二步，在情境中设置能够激发学生思维的课题，明确问题。

这是“做中学”过程中最重要、最核心的一个步骤，要诱导进入情境的学生发现情境中存在的问题，并对这一问题产生兴趣，并明确这一问题、主动提出问题，使学生自觉进入主动解决问题的思维状态。

第三步，提供适用并充足的资料，提出假设。

这一步骤中所提供的资料既要符合学生的特点，也要符合情境的特点，不仅能供学生用来进行问题分析，提出对问题解决的假设思路，同时所提供的资料还要满足学生未来利用资料给出解决所提出问题的假设答案的需要。这样才能刺激学生产生进一步解决问题的动力，主动进行深入思考与探究。

参与活动的学生根据所提供的资料，凭借自身已有知识与经验，经过分析思考，提出多个解决问题的假设性答案。

第四步，在活动中验证假设，推断假设。

学生在活动中验证自己所提出的各种假设性答案，根据自己的验证结果对各种假设进行整理和排序，从而推断出解决问题的答案。

第五步，检验假设，得出结论。

实际验证学生自己所提出的解决问题的假设性答案，根据验证的结果检验学生假设的准确性，从而最终得出结论。

2.6.2 “做中学”理论与创业教育

“做中学”事实上就是在实践中获得真理，再到实践中去检验真理，这也正是我国伟大的教育家陶行知所倡导的“知行合一”，知识的学习应当立足于实践，在实践过程中带着问题去学习，可以进一步激发学习者的学习兴趣，强化学习动机，边实践边学习，不断地进行知与行的融合会达到更好的学习效果。

依据“做中学”理论，创业教育应当结合创业活动过程进行，通过立足学生特点的创业模拟实战、创业实习和实训等实践活动，吸引学生投入到创业实践活动中，引导学生思考创业过程中可能出现的问题，通过在实践活动中的亲身经历和体验，利用已有知识和经验自主寻求解决方法，并不断在实践中检验其正确性，通过创业的实践锻炼不断丰富创业知识和经验。

“做中学”是一种体验式学习，是一种探究式学习，“做中学”式的学习可以让大学生走出“象牙塔”，真正地进入市场，真实地体验得失成败，检验自己的创业想法，提升自己的创业胜任素质。

随着国家大力提倡创业、支持创业，大学生创业的热情得到激发，但是总体上我国的创业教育发展水平相对于发达国家还不高，尤其是创业实践教学环节，创业实践较多地停留在思路上，所设计的创业实践活动与市场结合不够紧密，实践操作上缺乏实践条件和实践教学师资。创业教育还需要更多地结合创业实践，才能逐步趋于成熟。

案例与阅读材料

西安外事学院：打造双创教育与实践为一体的创业孵化链

1. 领风气之先，做创新创业教育的先行者

西安外事学院成立于 1992 年，作为综合性民办高等学校，一直把培养应用型人才作为办学的方向，把创新创业教育作为最主要的办学特色。创新创业教育作为实现民办高校应用型人才培养目标的一个重要举措，贯穿在整个教学体系中。2009 年，为了更加卓有成效地开展创新创业教育，我校在全国民办高校中率先成立了创业学院。六年来，通过“创业知识普惠教育＋创业人才重点培育＋创业精英提高教育”3 个层次的培养模式，使 3 万多名学生接受了创新创业实践育人教育，形成了西安外事学院独具特色的创新创业教育与创业实践为一体的创业孵化链：“创业教育＋技能培训＋园区孵化＋基金扶持＋政校企联手”五位联动创业孵化模式。近十年西安外事学院的毕业生所创办的企业中，资产达百万以上的有百余家，达千万元以上的有数十家。如优秀校友韩刚、孙国秀、曾李、何海洋、沙旭东、王骞等均是享誉全国青年创业精英荣誉的企业家。

2. 创新创业教育的具体举措

①“区分 3 个层次，构建 3 个模块，注重 3 个结合”，全程式创业教育体系为学生搭建了创业平台。

创造性地建立了以创业学院为教学主体的“创业知识普惠教育—创业人才重点培育—创业精英提高教育”三层次创新创业教育人才培养新模式和以各二级学院为依托的“专业＋创业”的创业人才培养辅助模式；创建“理论教学＋技能培养＋实践训练”三模块相衔接的教学法，并通过“点面结合、创业理论与创业实

践结合、校内外创业教育资源相结合”3个结合，调动校内外一切创新创业教育资源与手段全方位为学生点燃创业激情，营造创业氛围，提供创业环境，搭建创业平台。这样，通过上述“区分3个层次，构建3个模块，注重3个结合”的全程教育，使在校学生、应届毕业生和已毕业的校友接受不同层次的创业教育，从基础到提高，从提高到拔尖，全程辅助学生的创业之路，实现为区域经济发展培养创新创业应用型人才的教育目标。

② 制订创业教育各层次的人才培养方案，进行课程建设，编写“基础＋特色”教材。

西安外事学院创业学院针对创新创业教育体系的3个层次，制订了相应的人才培养方案和教学计划，编写和遴选符合我国国情的创业教育基础教材，组织编写包括基本理论、模拟练习和案例分析等基本内容的《创业基础教程》（该教材已获陕西省优秀教材二等奖），并将国内外一些优秀的教材作为基础教材的补充；鼓励和组织专家根据多元化需求，将“创业高级管理”“科技创业”“新企业创建”“内部创业”和“创业财务”等内容融入专业教学，并编写有地方特色的案例教材，结合专业实际，将有特色的讲义、创业成功人士的优秀案例编入教材。

③ 创立双元双师型教学模式，组建一支“创新＋创业＋专业”的双师型师资队伍。

西安外事学院在创新创业教育上打破传统的教师队伍结构，实行“双元双师”型教学模式，即理论教学体系和实训实践体系的“双元”与课堂理论教师和企业家导师的“双师”相结合，拥有双师型教学团队、管理心理学团队和风险评估团队3支队伍。

学校通过选派与引进相结合的方式，建立一支双师型教师队伍。

一是选派业务水平较高、有创新精神和敬业精神的创业教育教师进修学习，提高教学实践能力，并加强高校与企业的合作互动，定期派遣创业专职教师到企业生产一线参与生产、经营和管理全过程，提高教师的实践和创新能力。

二是引进和聘任一些经验丰富的成功企业家、创业者、技术专家做兼职教师，充实和优化教师队伍。至2015年年底相继聘请了143名省内著名民营企业家和创业成功的外事校友，担当学生的实践指导导师，包括陕西隆基集团总裁李瑞斌、创业明星佬香翁食品有限公司创始人孙国秀、陕西传奇发展有限公司总经理韩岗等，他们成功的创业实践带动了当地的经济发展，对指导学生创业实践活动发挥了极其重要的示范作用。

④“创业竞赛＋实训实践＋创业节”，为创业教育打造良好环境。

西安外事学院创业学院积极组织学生参与全国及省市大学生创业竞赛活动，并多次获得全国和省级金、银奖项。加强校内的创业实训实践教学环节，双师型教师指导学生进行商业计划书的设计与创业模拟实训，利用学校多个ERP实训室和专为创业学院 SYB 创业培训项目建设的“创业之星”“创业之旅”实训室，通过虚拟空间和平台操作，使学生完成创办企业的全流程培训。学校于 2013 年 11 月 9 日和 2014 年 11 月 9 日，相继举办两届“鱼化龙”大学生创业节和创业论坛，得到陕西省教育厅、人社厅、团省委等多家政府职能部门、社团及合作企业的支持和省内各高校的大学生的热烈响应。2015 年 11 月举办的第三届创业节在陕西省各省厅领导的重视和支持下，已经上升为省级大学生创业节。其主题是“体现政府关怀，凝聚社会关注，高校企业联手，研究创新创业大计，培育创新创业精神，寻找创新创业路径，展示创新创业成果，搭建创新创业平台”。第三届创业节以其丰富多彩的内容和展示的丰硕的创新创业成果得到与会各级领导、嘉宾和企业家的高度评价，也使我校广大师生和参会的省内外大学生受到一次深刻的创新创业现场教育。

⑤ 创立“创业教育＋技能培训＋园区孵化＋基金扶持＋政校企联手”五位联动创业孵化模式，助推学生创新创业项目健康发展。

西安外事学院创业学院 12 000 平方米大学生创业孵化园区于 2013 年投入使用，由线上陕西省大学生创联云平台和线下大学生创业孵化基地（包括创业教学区、大学生创业模拟训练和成果展示区、大学生创业孵化区）组成，至 2015 年年底先后有 51 家大学生创业项目孵化成功，走向社会。西安外事学院“鱼化龙创业基金会”成立于 2010 年，规模已经扩展到 500 万元，通过无息贷款和股权投资等方式，先后为十余家学生创业企业提供了资金帮助。

学校于 2015 年 11 月组建的“创新创业研究中心”，其所属的创新创业网站有望成为创业动态、创业政策、创业资讯发布的窗口和创新创业理论研究成果发表的阵地，将为构建“人才培训，机制创新，政、产、学、研联手，项目扶持，企业孵化”五位一体的大学生创新创业“培养链”提供智力支持和信息服务。

3. 产生了良好的社会影响

2014 年我校先后被陕西省人力资源和社会保障厅授予“陕西省大学生创业孵化基地”和“陕西省创业人才定点培训机构”；被共青团陕西省委授予“陕西省青年创业孵化基地”。2015 年 4 月 3 日，陕西省创新创业孵化基地现场会暨先进基地经验交流会在我校召开，我校被评为 2014 年度示范基地，获支持帮扶资金 100 万元。2015 年 6 月 3 日《人民日报》第 6 版以“创业教育营造氛围自前行”为题，报道了我校创业实践教育的事迹。2015 年 7 月，陕西省科技厅牵头组建“陕西省创新创业联盟”，我校创业学院是 19 个发起单位和理事单位之一（而且是仅有的两个高校单位之一）。在 2015 年 11 月 30 日举行的全国高教学会创新创业教育分会年会上，我校被评为“全国高等学校创业教育研究与实践先进单位”（30 家中唯一的民办高校），黄藤董事长被评为“全国高等学校创业教育工作先进个人”。2015 年 12 月，被陕西省高教工委评为“陕西省实践育人创新创业基地”。2016 年 3 月 13 日，《陕西日报》以“西安外事学院——创业梦想从这里起航”为题，做了整版报道。

创业教育方兴未艾，“大众创业、万众创新”的战鼓刚刚擂响。青年学子肩负着创业中国、创新中国的时代希望和民族重托；高等院校承担着为“大众创业、万众创新”培养创新创业型高端人才的历史使命。责无旁贷，时不我待。在开创创新创业教育与实践的征途上，我们将继续前进。

黄河科技学院：破解创业难点，为创客插上梦想翅膀

黄河科技学院校长杨雪梅说：“实践平台、创业指导、资金扶持、科技支撑等，是大学生创业路上遇到的难题。黄河科技学院的创新创业工作正是围绕大学生创业道路上的‘痛点’和‘刚需’周密部署、集聚资源，有针对性地扎实推进，创出了成果和实效。”

1. 造平台，让学生在创业路上尽情驰骋纵横

“创客工厂里有加工坊，只要有新点子都可以在那里加工尝试做成产品!”“入驻黄河众创空间的项目评审会快开始啦，你准备怎么样啦，那里可是免费入驻哦。”在黄河科技学院的校园里，创客们时常听到类似的交流和沟通。学校打造的全链条创新创业载体平台，激发了创客们的热情。

学生口中的“创客工厂”，包括实习车间、智创工坊、圆梦工坊、零件超市和 5 个创客工作室，配置高速网络、开源软硬件等，帮助创客将创意变为现实。在那里，有一面别致的“海阔天空”墙展板，创客们可以在上面写下求助的问题，任何一个创业导师或者创客伙伴都可以进行答复。创客工厂负责老师介绍说：“这里是创客们实现创业梦想的出发地。”

而零成本入驻的“黄河众创空间”，获授国家首批“众创空间”，主要面向早期创业群体。学生创业群体可免费入驻，2 000 平方米开放办公区设有 216 个办公工位。在这里，场地、水电、网络、物业等全部免费。创新创业者享受到了最低成本的共享空间及便利化服务。

孵化器主要服务于小微型企业，运营面积为 13 400 平方米，为小微企业提供充足的物理空间、完备的基础设施、高水平孵化服务和创新创业资源，促进其快速成长。加速器为初具规模的企业提供更广阔的发展空间，已投入运营面积 18 600 平方米，推进企业技术升级，辅以市场推广服务，增强企业竞争优势。学校与郑州市二七区人民政府共同建设“U 创港”创新创业综合体，被批准为郑州市的重点建设项目，郑州市二七区将支持 200 套人才公寓、划拨 200 亩土地进行产业园建设，并且每年投入 200 万元为创业项目和企业产业化发展提供后续保障。

学校已形成“创意—创新—创业—产业”全链条式创新创业生态体系，层级推进，满足不同阶段创客们的需求，取得了明显成效。目前，入驻企业和创业团队 130 多家，在孵小微企业 45 家，年产值超 500 万元的企业 15 家，国家高新技术企业 3 家。另外，学校还建成 1 000 平方米人才公寓、1 000 平方米创客公寓，为更多的创客们解除后顾之忧。

2. 做指导，让创客的每一步都踩准节拍

没有合适的项目？怎么样拓展业务？……

创业路上，一个个问题接踵而来。任何一个环节出现失误，都可能让创业者铩羽而归。

创办了侣行九州公司的黄河科技学院体育学院 2011 级学生芮猛回忆道：“一开始只是有创业的想法，但是什么都不懂，是那些创业导师帮助了我。”从客户定位到成功下了第一单生意，从公司注册到团队管理，黄河科技学院的创业导师们手把手一点点地教。2015 年 4 月注册的公司，至今营业额已达 220 万元。

学校建成了创客训练营，为创业项目和企业提供导师指导、运营推广、融资辅导等。创业导师中有学校优秀校友、中国最大的酒类电商、酒仙网总裁郝鸿峰，原众筹网高级合伙人、黄科三众创业服务有限公司 CEO 张栋伟，学校教师、河南省首届高校创业指导课程教学大赛第一名获得者张红玉等。张栋伟目前正对 33 个学生创业项目进行深入孵化指导。

学校还与众筹网合作建立全国首个“众筹网教育培训基地”。学生通过这个平台，有更多的机会学习到创业知识，融合创业资金，开发获得更多创业项目，并能获得与各位创业投资大伽面对面交流的机会。

学校与郑州市二七区政府合建的公共服务平台，提供一站式服务，政府有关部门每周定时在学校集中办公。创业师生不出校门，就可享受到工商、财务、法律等方面的业务咨询和办理业务。

3. 聚资源，钱的问题我们来帮你解决

“是的，公司已获得了 1 300 万元的投资。”坐在记者面前的赵杰微微有一些兴奋和激动。这样的神情，在他一年前成为黄河科技学院首位考入哈佛大学的学生引来无数美慕和惊叹时也很少看到过。

在校期间已创办了公司的赵杰在成为人人羡慕的“哈佛男孩”后，做了一个让大家出乎意料的决定：推迟前往哈佛求学，留下创业！他说：“目前留在黄河科技学院创业，我一定能够积累更多的经验，我相信经历这段创业日子的我更适合走进哈佛。”

在办理了延迟入学手续后，赵杰全身心投入到创业中去。很快，他又创办了另外一家电子科技公司。在公司发展的路上，赵杰遇到了资金问题。此时，学校伸出了援助之手。经过多方协调沟通，最终，赵杰的公司获得了 1 300 万元的投资。

“钱的问题，我们来帮你解决。”在黄河科技学院，这句话不是一个口号，而是一个承诺，更是一个行动。

学校设立 300 万元种子资金，并以黄河众创咖啡为载体，吸引了天鹰资本、中国风投、众筹网等一大批活跃的投资机构助阵金融服务。学校的优秀校友也发挥了积极作用，各校友分会成立了创新创业资金池，仅河南校友企业联合会资金池已达 2 000 万元。

同时，学校与郑州市二七区政府合作在校内共建中小微企业公共服务平台，已协助 30 余个大学生创业企业申请获得大学生创业补贴，推荐 8 个项目申报省市相关计划，获得扶持资金。目前，在郑州市公布的 2015 年度“智慧郑州.1125聚才计划”首批入围个人（团队）中，学校入驻企业——河南五丰新能源科技有限公司董事长李保谦带领的创业团队——获批郑州市二七区唯一一个“创业领军团队”，学校纳米功能材料研究所吕志俭教授获批“创新领军人才”，分别获得郑州市 300 万元和 100 万元的项目产业化扶持资金。

4. 拼技术，助力创业路上走得更远

“这是我们公司的新品 icarbot（小 i 云车），是目前已知的最轻的载人代步工具……”2016 年 1 月 6 日，全球最专业、知名度最高的世界领先消费类电子博览会 ——国际消费电子展（CES）——在美国拉斯维加斯揭幕。展会上，一位中国小伙子演示的小 i 云车引爆现场。

这位中国小伙子就是黄河科技学院的毕业生，也是学校大学科技园在孵企业郑州飞轮威尔有限公司 CEO 李威。目前，郑州飞轮威尔公司已发展成为一家集生产、研发、销售为一体的高科技公司，产品出口 50 多个国家，产值近亿元，即将在新三板上市，获得了首届全国“互联网+”大学生创新创业大赛的银奖。

几年前，就读于学校机械自动化专业的李威，发现由于校园大走路上课花费的时间比较长。“能不能有一款携带方便的代步产品，”回忆起当时的情景，李威说：“把这个想法告诉系里的教授时，得到了教授的指导和帮助。”一年多后，李威的自平衡独轮车产品经过反复测试后终于上市，一个月之内就收到了包括欧洲、东南亚一些厂商的订单。成立公司后，公司的业务量越来越大，对核心技术的要求也越来越高。

此时，学校再一次成为公司强有力的后盾。2015 年 1 月，公司与学校正式联合成立了智能硬件产业研发平台。这是一个集产、学、研为一体的综合性科研基地。至此，飞轮威尔拥有了强大的研发网络和后备力量。

面对越来越多的大学生投身创业，不少专业人士指出：缺乏技术含量的项目，即便是成功，也只是昙花一现。

这一点，黄河科技学院显然早就意识到了。

学校建成院士工作站、博士后研发基地等 16 个科研平台，为创业团队持续向高层次发展保驾护航。

“善弈者谋势，不善弈者谋子。”面对新的形势和要求，黄河科技学院蓄势待发。校长杨雪梅指出：“支持大学生创新创业不仅能缓解就业压力，更能激发整个社会的创新活力，为适应‘新常态’提供新的增长动力。我们要树立时不我待、只争朝夕的紧迫感、责任感，加快推动全面深化改革，扎实推进创新创业工作内涵建设，打造创新创业工作品牌，争创地方高校转型发展与创新创业教育示范学校。”

第3章　应用型院校大学生创业胜任素质的构成

3.1　应用型院校大学生创业胜任素质模型的构建思路

以创业胜任素质模型为基础借用专业的测评手段进行人才测评是评价创业者创业能力的有效手段之一，进行这样的专业测评，并不要求被测评者有真实的创业经历，通过测评可以了解被测者当前已具备的创业能力及其水平，并预测其创业能力潜能，因此建立创业胜任素质模型可以更好地基于此模型来科学测评被测评者的创业能力，同时基于模型进行有针对性的大学生创业能力培养更具实践意义。

依据前面所提到的大学生创业胜任素质理论和相关的文献研究，进而采用行为事件访谈法、问卷调查法等，构建出应用型院校大学生创业胜任素质假设模型，再通过统计分析与检验，最终构建出应用型院校大学生创业胜任素质模型。构建思路如下。

1. 初步确立应用型院校大学生创业胜任素质要素指标

一个有效精确的创业胜任素质指标体系对后期模型的构建和验证有着至关重要的作用，因此进行创业胜任素质模型构建首要解决的是要确立胜任素质指标体系。

在确定提取大学生创业胜任素质要素的 3 个原则——理论联系实际、模范性、可行性原则——的基础上，进行如下研究。

① 通过检索期刊论文和相关书籍等文献，获得关于创业胜任素质指标的词条，再对上述检索得到的词条频率进行统计，按出现频率高低进行排序并选取大学生创业胜任素质要素。

② 对应用型院校大学生创业者进行行为事件访谈。利用行为事件访谈方法，对初步选取的创业者的胜任素质要素进行调整和修改。通过对有成功创业经历的应用型院校大学生进行创业行为的行为事件访谈，对访谈素材中涉及的创业胜任素质进行归纳，从访谈内容中涉及的胜任素质要素中提取出多个创业胜任素质要

素并进行筛选，删除内容重复的条目，剔除含义模糊的，对不准确或存在歧义的胜任素质名称进行修改。

将筛选与修改后的胜任素质要素按出现频率高低进行排序，再与前面通过文献检索得到的创业胜任素质要素指标进行比对，得到相吻合的胜任素质要素，作为建立模型的胜任素质素材。

2. 建立应用型院校大学生创业胜任素质假设模型

进行文献理论研究，借鉴国内外学者在该研究领域构建胜任素质模型的成果，将经过行为事件访谈选取的大学生创业胜任素质要素，按其内在涵义指向的一致性分别归类于不同类别的胜任素质，再按这些不同类别胜任素质的内在来源将其分别归入智力商数维度、情绪商数维度、挫折商数维度 3 个范畴，从而构建起大学生创业胜任素质的假想模型。

3. 应用型院校大学生创业胜任素质假设模型的验证与修正

以大学生创业胜任素质假设模型中的胜任素质要素的归类为依据，编制调查问卷，通过对有成功创业经历的大学生进行问卷调查，获得相关数据，对数据用 SPSS 17.0 进行分析，检验假设模型中各要素的胜任素质类别归类是否合理，检验假设模型中对胜任素质类别的命名及范畴分类是否合理，进而修正构建的大学生创业胜任素质假设模型。根据检验与修正结果适度修改大学生创业胜任素质模型，由于还需要进一步验证模型中的胜任素质要素是否与创业绩效存在相关关系，先将这一模型称为准模型。

4. 应用型院校大学生创业胜任素质要素与创业绩效相关性分析

设计调查问卷，再次对应用型院校有成功创业经历的大学生进行调查，以了解大学生创业胜任素质获得过程中创业胜任素质对创业成功的影响，根据问卷调查所获得的数据，通过统计分析验证上一步准模型中大学生创业胜任素质各类别胜任素质与创业绩效的关系。

5. 确立应用型院校大学生创业胜任素质模型

根据创业胜任素质要素与创业绩效相关性分析的结果，对应用型院校大学生创业胜任素质准模型进行进一步修正，最后确立大学生创业胜任素质模型。

6. 应用型院校大学生创业胜任素质模型的构成要素内涵归类及定义

对确立的应用型院校大学生创业胜任素质模型中的各构成要素按构成范畴、胜任素质类别，对各类别胜任素质的构成要素所体现的能力内涵进行提炼，进行各类别胜任素质的内涵界定。

3.2 应用型院校大学生创业胜任素质假设模型

3.2.1 应用型院校大学生创业胜任素质要素的确定

1. 文献检索选取大学生创业胜任素质要素

通过检索期刊论文和相关书籍等文献，获得关于创业胜任素质指标的词条，再对上述检索得到的词条频率进行统计，按出现频率高低进行排序，将排序前60项的词条作为初步选取的大学生创业胜任素质要素。

2. 行为事件访谈

创业胜任素质是可以明显区分成功创业者与一般创业者的创业者特征，行为事件访谈在识别创业者胜任素质方面，不仅可以很好地了解外显的创业行为及其结果，还可以通过深入交谈更好地了解创业行为过程中隐性的自我认知、个性特征、动机等潜在的创业胜任素质特征，还可以通过针对创业者在创业过程中解决棘手问题和克服困难的具体做法进行深入交谈，更好地识别哪些行为对高创业绩无效，哪些有效，更有利于识别出创业胜任素质。

由于我们研究的对象是大学生创业群体，这一群体具有不同于社会上其他创业群体的特点，要构建出大学生创业胜任素质的模型，需要通过深入的行为事件访谈收集大学生创业者的创业行为和创业成果，确定大学生创业者成功创业所需的知识、技能、态度、价值观、动机等胜任素质特征，最后从访谈内容涉及的胜任素质要素中提取出多个创业胜任素质要素。

本次访谈从山东农业大学、山东科技大学、山东财经大学、泰山医学院、泰山学院等应用型院校中，选取涉及金融学、会计学、工商管理、计算机科学与技术、电子信息工程、食品科学与工程、市场营销等多个应用型专业的9个创业团队的成功创业大学生25人，其中9人为创业团队领导者，其余16人为创业团队成员，25人中的男女比例为16∶9，按照他们所属创业团队，分9次进行访谈，每次访谈时间约为1～1.5小时，访谈时将获取的主要信息记录到访谈记录表（如表3-1所示）中。

表 3-1　创业者行为事件访谈记录表

创业阶段访谈问题 \ 创业阶段	起步阶段	发展阶段	成熟阶段
团队分工岗位			
主要工作职责及工作内容			
创业活动的重点			
参与的团队重大事项			
曾面临的困难			
当时预估可能出现的不良后果			
当时提出的解决对策			
对策实施后的实际效果			
你认为成功企业家必须具备的能力与素质			

访谈步骤及访谈重点如下：

① 自我介绍，说明采访的目的；

② 请受访者介绍自己在创业团队中承担的任务，包括他们的具体岗位、工作责任、工作内容和创业参与的事项；

③ 请受访者回忆在创业过程不同阶段遇到的困难，困难可能造成的后果，受访者解决问题的对策和行为，最终获得的成果；

④ 请受访者总结他认为的成功企业家之所以成功所具备的能力与胜任素质主要有哪些，在创业过程中需要把创业的重点放在什么地方。

对行为事件访谈获得的资料进行整理与分析，依据下面两个方面的标准对汇总访谈过程中涉及的胜任素质要素进行筛选和修改：①准确性，即胜任素质要素的语法特点，以确保不存在歧义，易于理解；②简洁性，即通过检查删除同一内容重复的条目，剔除含义模糊的条目。

将筛选与修改后的胜任素质要素按出现频率高低进行排序，再与前面通过文献检索得到的 60 项胜任素质指标进行比对，共得到 34 个相吻合的胜任素质要素，如表 3-2 所示。

表 3-2　行为事件访谈与文献检索比对后吻合的胜任素质要素

序　号	胜任素质要素	序　号	胜任素质要素	序　号	胜任素质要素
1	人脉广泛	13	协调能力	25	创新思维
2	决策能力	14	团队协作	26	知识应用能力
3	开朗性格	15	预见性	27	学习主动性
4	开放态度	16	洞察能力	28	法律法规意识
5	思考习惯	17	市场分析能力	29	专业知识技能
6	市场营销能力	18	市场敏感性	30	时间观念
7	自信	19	应变能力	31	道德品质
8	意志坚定	20	战略眼光	32	奉献精神
9	坚持不懈	21	学习机会把握能力	33	注意力
10	不畏困难挫折	22	责任心	34	记忆力
11	勇于挑战	23	自制力		
12	交往能力	24	融资与资金运用能力		

3.2.2　应用型院校大学生创业胜任素质假设模型的建立

目前，学术界并没有公认的统一模型，笔者借鉴国内外学者在胜任素质模型方面的研究成果，借鉴学者们关于创业胜任特征、创业胜任素质模型研究的成果，结合前面经过对应用型院校大学生成功创业者的行为事件访谈后选取的34个大学生创业胜任素质要素，构建应用型院校大学生创业胜任素质模型。

将前面经过对应用型院校大学生成功创业者的行为事件访谈后选取的34个大学生创业胜任素质要素，按其内在涵义指向的一致性分别归类于专业理论与技能、学习能力、市场把握能力、战略决策能力、人际关系能力、社会责任感、自我管理能力、解决问题能力、创新能力、抗压能力10类胜任素质，再按这10类胜任素质的内在来源将其分别归入智力商数维度、情绪商数维度、挫折商数维度3个范畴，从而构建起大学生创业胜任素质的假想模型。

假想模型中10类创业胜任素质与智力商数、情绪商数、挫折商数3个范畴的归属关系如下。

智力商数（IQ）：是人们认识客观事物并运用知识解决实际问题的能力。基础能力主要是观察力、想象力、记忆力、思维能力、应变能力等，在大学生创业过程中，思维能力、记忆力更多地体现为学习能力，思维能力、想象力在其做出决策的过程中起着重要作用，观察力、思维能力、应变能力集中表现为大学生创业者对市场的把握能力。

情绪商数（EQ）：又称情绪智力，包括情绪、情感、意志、耐受挫折等方面的品质。情商是影响大学生创业成功的一个重要因素，主要是人的认识过程中所表现出来的情绪、情感和意志品质，在创业过程中主要体现在社会责任感、人际关系能力和自我管理能力等方面。

挫折商数（AQ）：是指当人们处于逆境面对挫折的时候，能够不畏困难赢取成功的能力，是人在逆境中意志品质的重要体现，决定了一个人能否坚持通过种种努力以实现自己确立的目标。在大学生创业过程中主要体现为面对挫折与失败时的抗压能力，迎难而上去解决问题的能力和在挫折中积极思维、创新性解决问题的能力等。

大量案例表明，在一个市场经济比较成熟的社会中，大学生在商业领域上取得成功，不仅取决于其是否有强烈的创业意愿、牢固的专业知识技能和优秀的管理能力，更大程度上取决于其克服困难和解决问题的能力。因此，大学生创业胜任素质中必然要含有挫折商数范围内的胜任能力，而且在大学创业教育的实施过程中要重点培养挫折商数范畴的能力，使大学生在遇到挫折的时候，具有快速和灵敏的思维方式、坚定的意志和解决问题的能力，进一步提高学生自主创业的成功率。

将分属于上述 3 个范畴的 10 类创业胜任素质，以及分属于这 10 个类别胜任素质的 34 个胜任素质要素进行归类，如表 3-3 所示。

表 3-3 胜任素质要素归类表

范　畴	创业胜任力类别	胜任素质要素
智力商数	IQ1 专业理论与技能	24 融资与资金运用能力　28 法律法规意识 29 专业理论与知识
	IQ2 学习能力	15 预见性　21 学习机会把握能力 27 学习主动性　34 记忆力
	IQ3 市场把握能力	6 市场营销能力　17 市场分析能力 18 市场敏感性
	IQ4 战略决策能力	16 洞察能力　20 战略眼光　33 注意力
情绪商数	EQ1 人际关系能力	1 人脉广泛　12 交往能力　13 协调能力 14 团队协作　19 应变能力
	EQ2 社会责任感	22 责任心　31 道德品质　32 奉献精神
	EQ3 自我管理能力	5 思考习惯　23 自制力　30 时间观念
挫折商数	AQ1 解决问题能力	2 决策能力　10 不畏困难挫折　26 知识应用能力
	AQ2 创新能力	4 开放态度　25 创新思维
	AQ3 抗压能力	3 开朗性格　7 自信　8 意志坚定 9 坚持不懈　11 勇于挑战

根据上述归类所构建的应用型院校大学生创业胜任素质假设模型由智力商数、情绪商数和挫折商数 3 个范畴构成。其中智力商数包括专业理论与技能、学习能力、市场把握能力和战略决策能力；情绪商数包括人际关系能力、社会责任感和自我管理能力；挫折商数包括解决问题能力、创新能力和抗压能力，如图 3-1 所示。

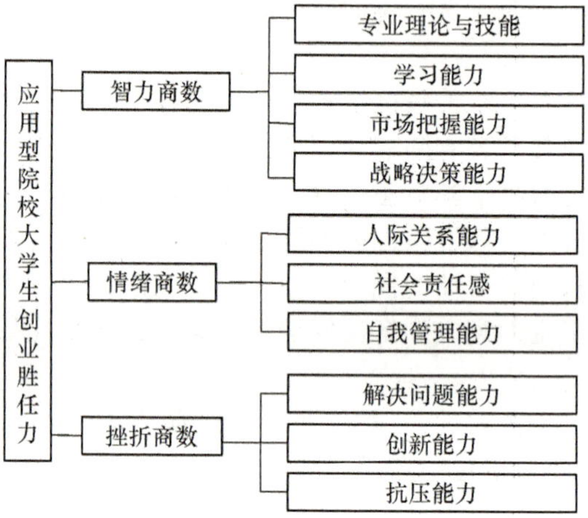

图 3-1　应用型院校大学生创业胜任素质假设模型

3.3　应用型院校大学生创业胜任素质假设模型的验证与修正

3.3.1　问卷调查

基于构建出的应用型院校大学生创业胜任素质假设模型，以山东应用型院校成功创业的大学生创业者为调查对象，编制调查问卷进行问卷调查，再通过对问卷数据用 SPSS 17.0 进行统计数据分析，根据数据分析结果对假设模型进行检验和修正。

通过对一定数量创业成功的大学生创业者进行问卷调查，既可以获取假设模型中的大学生创业胜任素质要素与大学生成功创业相关联的定性资料，也可以获得关联度的相应统计分析数据。

1. 问卷编制

《应用型院校大学生创业胜任素质调查问卷》（见附录一）共两部分，第一部分是被调查者的基本信息，包括学校、专业、性别、成功的创业项目等；第二部分是以李克特五级评分法对所列出的 34 项大学生创业胜任素质在创业成功过程中的重要程度进行打分。

大学生创业胜任素质词条表列示时无既定规则顺序，要求学生结合自己创业过程中的经历，对问卷中所列示的创业胜任素质对成功创业取得高创业绩效的作用采用李克特五级评定法打分，打分等级依次为：非常重要（5 分）、重要（4 分）、不确定（3 分）、不重要（2 分）、完全不重要（1 分）。

设计的《应用型院校大学生创业胜任素质调查问卷》中智力商数范畴共包括 13 个项目，包括融资与资金运用能力、法律法规意识、专业知识技能、预见性、学习机会把握能力、学习主动性、记忆力、市场营销能力、市场分析能力、市场敏感性等；情绪商数范畴共 11 个项目，包括人脉广泛、交往能力、协调能力、团队协作、应变能力、责任心、道德品质、奉献精神、思考习惯、自制力、时间观念；挫折商数范畴共 10 个项目，包括决策能力、不畏困难挫折、知识应用能力、开放态度、创新思维、开朗性格、自信、意志坚定、坚持不懈、勇于挑战。

为减少被访者受同一维度下面不同胜任素质要素间的影响，保证问卷填写的质量，调研问卷将 34 项胜任素质要素混合排序。本调查问卷除了基本信息部分需要被调查者手工填写外，第二部分的问题全部设计为封闭式，被调查者只需要在每个胜任素质要素的 5 个不同评价等级中自己评定的等级对应的括号内打勾（√），完成问卷大约需要 10～15 分钟，这一时间长度易于为被调查者所接受。

2. 问卷发放及回收

考虑数据获取的可操作性，调查对象的选取范围为山东省境内各应用型院校，从山东省境内 13 所应用型高校中选取 52 名成功创业的大学生创业者。问卷共发放 52 份，回收 52 份，51 份有效。

3.3.2　因子分析

1. 信度分析

问卷调查所选取的 51 个样本特征如表 3-4 所示。

表 3-4 被试样本特征分布（N=51）

变　量	分布类别	数　量	百分比
性　别	男	34	66.67%
	女	17	33.33%
年　级	大一	1	1.96%
	大二	14	27.45%
	大三	15	29.41%
	大四	21	41.18%
创业经历	1 次	20	39.22%
	2～3 次	25	49.02%
	3 次以上	6	11.76%

在进行因子分析之前，本书先采用了统计学软件 SPSS 17.0 为分析工具，对回收的有效调查问卷采用克伦巴赫（Cronbach）的内部一致性系数 α 进行可靠性分析，分析结果中信度系数越大，则表示此次问卷调查的可信程度越大。可靠性分析结果如表 3-5 所示。

表 3-5 可靠性分析结果

范畴 / 信度系数	总　体	智力商数	情感商数	挫折商数
α	0.932	0.859	0.820	0.801

在因子分析前，进行 KMO 检验和巴特利特（Bartlett）球形检验，一般来说，KMO 检验系数大于 0.5 时，巴特利特球体检验的显著性概率 P 值小于 0.05 时，说明回收的问卷才有结果效度，才能依据问卷获得的数据进行因子分析。

表 3-6 中的数据显示；一方面，KMO 检验值均在大约 0.7，达到了可接受的取值范围，适合进行因子分析；另一方面，Bartlett 球形检验的显著性结果 Sig. =0.000（<0.01)，代表相关矩阵间有共同因素存在，适合进行因子分析。

表 3-6 各维度 KMO 测度和 Bartlett 球形检验结果

范畴 / 检验方法		智力商数	情感商数	挫折商数
KMO 检验		0.720	0.711	0.781
Bartlett 球形检验	Approx. Chi-Square	375.100	239.312	151.101
	df	111	68	37
	Sig.	0.000	0.000	0.000

2. 因子分析结果

由于问卷中要素数目太多，我们将所有的变量按照测量维度，将拟测量的胜任素质要素，也就是模型中的变量，共分为三组（即智力商数组、情绪商数组和挫折商数组），分别进行因子分析。

以下是按智力商数组、情绪商数组和挫折商数组分别进行因子分析的结果。

(1) 智力商数范畴

在表 3-7 中，考虑累计方差贡献率（越高越好）、公共因子的个数（越少越好）以及特征值（越大越好）的大小，最终选定 4 个公共因子，所以在此未显示 IQ4 之下各行数据。根据表 3-7 中数据可以看出，对智力商数范畴进行因子分析后，原假设模型中包括的 13 个胜任素质要素可归于 4 个公共因子，赋予其 IQ1～IQ4 的名称，共解释了 72.444％的变异，也就是说这 13 项胜任素质要素对智力商数的综合影响达到 72.444％。

表 3-7　总体方差分解情况

因　子	初始特征值			提取平方和载入		
	合　计	方差的百分比	累积的百分比	合　计	方差的百分比	累积的百分比
IQ1	1.547	4.698	4.698	1.547	4.698	4.698
IQ2	11.412	56.001	60.699	11.412	56.001	60.699
IQ3	1.187	3.454	64.153	1.187	3.454	64.153
IQ4	2.899	8.291	72.444	2.899	8.291	72.444

表 3-8 为智力商数范畴的旋转后因子负荷矩阵。通过综合比较 4 个公共因子的要素荷重，采用以下标准确定公共因子的胜任素质要素：同一公共因子下选定的胜任素质要素荷重尽可能的大，同时，选定的胜任素质要素荷重在其他公共因子中的要素荷重尽可能的小，如表 3-9 中第一列显示的要素荷重比同列与同行未显示的要素荷重均大。为方便后面的分析，表 3-8 仅显示了选定后的胜任素质要素荷重值。

表 3-8 中的数据说明原假设模型中将“24 融资与资金运作能力、28 法律法规意识、29 专业知识技能”等因素归于同一个因子 IQ1 的假设合理。同理将“15 预见性、21 学习机会把握能力、27 学习主动性、34 记忆力”归于同一个因子 IQ2 的假设合理，同理表明各胜任素质要素分别归于 IQ1～IQ4 因子的假设与原模型的构想基本一致。原假设模型中将 IQ2 命名为“学习能力”，其胜任要素包含“15 预见性”“ 21 学习机会把握能力”“ 27 学习主动性”，表明有学习者主动学习的内涵，因此将 IQ2 重命名为“主动学习能力”。假设模型中其他因子的

命名与因子分析后其应包含的各胜任要素所表明的含义基本一致，因此仍以原来的名称对其命名。因子分析后的智力商数范畴的因子构成，修订如表 3-9 所示。

表 3-8　旋转后的因子负荷

因　子	胜任素质要素	要素荷重			
		1	2	3	4
IQ1 专业理论与技能	24 融资与资金运用能力	0.741			
	28 法律法规意识	0.523			
	29 专业知识技能	0.707			
IQ2 学习能力	15 预见性		0.607		
	21 学习机会把握能力		0.630		
	27 学习主动性		0.795		
	34 记忆力		0.571		
IQ3 市场把握能力	6 市场营销能力			0.838	
	17 市场分析能力			0.720	
	18 市场敏感性			0.496	
IQ4 战略决策能力	16 洞察能力				0.745
	20 战略眼光				0.637
	33 注意力				0.675

表 3-9　修订后智力商数的因子构成

因　子	要素构成
IQ1 专业理论与技能	24 融资与资金运用能力　28 法律法规意识　29 专业知识技能
IQ2 主动学习能力	15 预见性　21 学习机会把握能力　27 学习主动性　34 记忆力
IQ3 市场把握能力	6 市场营销能力　17 市场分析能力　18 市场敏感性
IQ4 战略决策能力	16 洞察能力　20 战略眼光　33 注意力

（2）情绪商数范畴

参考表 3-7 的处理方式，表 3-10 选择了 3 个公共因子作为情绪商数的因子。根据表中数据可以看出，对情绪商数进行因子分析后，原假设模型中包括的 11 个胜任素质要素可归于 3 个公共因子，赋予其 EQ1～EQ3 的名称，共解释了 69.101%的变异。

表 3-10　总体方差分解情况

因　子	初始特征值			提取平方和载入		
	合　计	方差的百分比	累积的百分比	合　计	方差的百分比	累积的百分比
EQ1	1.669	56.469	65.528	1.669	56.469	65.528
EQ2	1.511	9.059	9.059	1.511	9.059	9.059
EQ3	1.253	3.573	69.101	1.253	3.573	69.101

表 3-11 为情绪商数旋转后的因子负荷矩阵，参照表 3-8 的处理方式，选定表中列示的胜任素质要素为各公共因子的解释变量。

表 3-11 中的数据说明原假设模型将“1 人脉广泛、12 交往能力、13 协调能力、14 团队协作、19 应变能力”等因素归于同一个因子 EQ1 的假设合理。同理将“22 责任心、31 道德品质、32 奉献精神”归于同一个因子 EQ2 的假设合理，同理表明各胜任素质要素分别归于 EQ1 至 EQ3 因子的假设与原模型的构想基本一致。

表 3-11　旋转后的因子负荷

因　子	胜任素质要素	要素荷重		
		1	2	3
EQ1 人际关系能力	1 人脉广泛	0.632		
	12 交往能力	0.830		
	13 协调能力	0.718		
	14 团队协作	0.747		
	19 应变能力	0.410		
EQ2 社会责任感	22 责任心		0.639	
	31 道德品质		0.726	
	32 奉献精神		0.719	
EQ3 自我管理能力	5 思考习惯			0.567
	23 自制力			0.599
	30 时间观念			0.587

因子人际关系能力中的“19 应变能力”影响水平低于标准（0.5），将其剔除。

将该项胜任素质要素剔除后，假设模型中对各因子的命名与因子分析后其应包含的各胜任要素所表明的含义基本一致，因此仍以原来的名称对其命名。

根据因子分析结果，将假设模型中情绪商数范畴的因子及胜任素质要素构成进行修订，如表 3-12 所示。

表 3-12 修订后情绪商数的因子构成

因　子	要素构成
EQ1 人际关系能力	1 人脉广泛　12 交往能力　13 协调能力　14 团队协作　19 应变能力
EQ2 社会责任感	22 责任心　31 道德品质　32 奉献精神
EQ3 自我管理能力	5 思考习惯　23 自制力　30 时间观念

(3) 挫折商数范畴

在因子分析过程中，因素“4 开放态度”“25 创新思维”等在 3 个范畴上的因子负载过小，不属于任何一个范畴，因此 AQ2 创新能力这一因子及其下的两个胜任力要素被删除，删除后再次做因子分析，得出 KMO 值为 0.683＞0.5，适合继续做因子分析。

表 3-13 选择了解决问题能力、抗压能力两个公共因子作为挫折商数的解释因子，重新赋予解决问题能力 AQ1 的名称，赋予抗压能力 AQ2 的名称。根据表中数据可以看出，对挫折商数进行因子分析后，原假设模型中包括的 8 个胜任素质要素可归于这两个公共因子，共解释了 65.688％的变异。

表 3-13 总体方差分解情况

因　子	初始特征值			提取平方和载入		
	合　计	方差的百分比	累积的百分比	合　计	方差的百分比	累积的百分比
AQ1 解决问题能力	2.431	57.297	57.297	2.431	57.297	57.297
AQ2 抗压能力	1.883	8.391	65.688	1.883	8.391	65.688

表 3-14 为挫折商数旋转后的因子负荷矩阵。表中数据说明原假设模型中将“2 决策能力、10 不畏困难和挫折、26 知识应用能力”等因素归于同一个因子 AQ1 的假设合理。

表 3-14 旋转后的因子负荷

因　子	胜任素质要素	要素荷重	
		1	2
AQ1 解决问题能力	2 决策能力	0.813	
	10 不畏困难挫折	0.519	
	26 知识应用能力	0.617	
AQ2 抗压能力	3 开朗性格		0.379
	7 自信		0.671
	8 意志坚定		0.560
	9 坚持不懈		0.717
	11 勇于挑战		0.563

因子抗压能力中的“3 开朗性格”影响水平低于标准（0.5），将其剔除。余下的“7 自信、8 意志坚定、9 坚持不懈、11 勇于挑战”归于同一个因子 AQ2 的假设合理。各胜任素质要素分别归于 AQ1、AQ2 因子的假设与原模型的构想基本一致。

假设模型中对各因子的命名与因子分析后其应包含的各胜任要素，所指向的含义基本一致，仍以原名称命名。

因子分析后挫折商数范畴的因子及胜任素质要素构成修订如表 3-15 所示。

表 3-15　修订后挫折商数的因子构成

因　子	要素构成
AQ1 解决问题能力	2 决策能力　10 不畏困难挫折　26 知识应用能力
AQ2 抗压能力	7 自信　8 意志坚定　9 坚持不懈　11 勇于挑战

3. 相关性分析

为进一步探讨各胜任素质因子之间的内在关系，采用 Pearson 相关分析法对各胜任素质因子进行了相关分析，对显著性水平的检验选用双尾检验(2. tailed)，得到结果如表 3-16 所示。

通过相关性的假设检验，由表 3-16 可看出，大部分公共因子间的相关性均是显著的。其中，相关系数右上角处的标识“＊＊”，表示在显著性水平 $P=0.05$（双尾检验）时两公共因子的相关性显著；“＊”表示在显著性水平 $P=0.1$ 时两公共因子的相关性显著。也就是说显著性水平 $P=0.05$（双尾检验）时，我们有 95%的把握认为大学生创业胜任素质因子间多呈现明显的正相关，这表明创业胜任素质因子间存在着既相互独立又相互联系的关系。

表 3-16　胜任素质因子相关分析结果

因　子	1	2	3	4	5	6	7	8	9
IQ1 专业理论与技能	1								
IQ2 主动学习能力	0.379**	1							
IQ3 市场把握能力	0.383**	0.691**	1						
IQ4 战略决策能力	0.329**	0.523**	0.524**	1					

续表

因子	1	2	3	4	5	6	7	8	9
EQ1 人际关系能力	0.371*	0.638**	0.569**	0.579**	1				
EQ2 社会责任感	0.351**	0.354**	0.432**	0.472**	0.389**	1			
EQ3 自我管理能力	0.481**	0.411**	0.417**	0.372**	0.483**	0.651**	1		
AQ1 解决问题能力	0.301*	0.354**	0.158	0.288*	0.303*	0.479**	0.483**	1	
AQ2 抗压能力	0.433**	0.419**	0.399**	0.329**	0.402**	0.350**	0.321*	0.363**	1

注：显著性水平 $P \leqslant 0.05$（双尾检验）。

3.3.3 应用型院校大学生创业胜任素质假设模型修正

通过对问卷调查所得统计数据进行的因子分析和相关分析，对胜任素质要素“19 应变能力”进行了删除，并且将挫折范畴的创新能力这一因子及其下的 4 个胜任力要素“4 开放态度”“25 创新思维”等删除，将原假设的 3 个维度删除创新能力，只保留解决问题能力和抗压能力两个。

汇总修订后的智力商数的因子构成（如表 3-9 所示）、情绪商数的因子构成（如表 3-12 所示）、挫折商数的因子构成（如表 3-15 所示），将原构建的应用型院校大学生创业胜任素质要素归类调整为如表 3-17 所示。

进一步调整原来构建的应用型院校大学生创业胜任素质假设模型，在未对调整后的胜任素质模型中的创业胜任素质与创业绩效的关系进行分析之前，我们先将调整后的模型命名为应用型院校大学生创业胜任素质准模型，如图 3-2 所示。

表 3-17 应用型院校大学生创业胜任素质要素归类

范畴	创业胜任力类别	胜任素质要素
智力商数	IQ1 专业理论与技能	24 融资与资金运用能力　28 法律法规意识　29 专业知识技能
	IQ2 主动学习能力	15 预见性　21 学习机会把握能力　27 学习主动性 34 记忆力
	IQ3 市场把握能力	6 市场营销能力　17 市场分析能力　18 市场敏感性
	IQ4 战略决策能力	16 洞察能力　20 战略眼光　33 注意力

续 表

范　畴	创业胜任力类别	胜任素质要素
情绪商数	EQ1 人际关系能力	1 人脉广泛　12 交往能力　13 协调能力　14 团队协作
	EQ2 社会责任感	22 责任心　31 道德品质　32 奉献精神
	EQ3 自我管理能力	5 思考习惯　23 自制力　30 时间观念
挫折商数	AQ1 解决问题能力	2 决策能力　10 不畏困难挫折　26 知识应用能力
	AQ2 抗压能力	7 自信　8 意志坚定　9 坚持不懈　11 勇于挑战

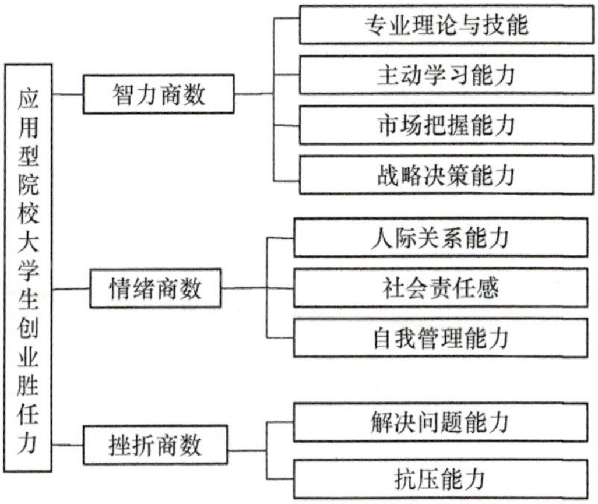

图 3-2　应用型院校大学生创业胜任素质准模型

3.4　应用型院校大学生创业胜任素质与创业绩效相关性分析

预设大学生创业胜任素质与创业绩效的关系是创业胜任素质会直接影响创业绩效，而且创业胜任素质水平越高，创业绩效越好，如图 3-3 所示。创业绩效由经营时间、营运状态、财务状况、市场占有率、销售利润率等指标组成。

采用问卷调查方法，问卷结构与前面“3.3.1 问卷调查”中设计的问卷相同，将 34 个创业胜任力要素换成大学生创业胜任素质准模型中的专业理论与技能、主动学习能力、市场把握能力、战略决策能力、人际关系能力、社会责任感、自我管理能力、解决问题能力和抗压能力 9 个创业胜任素质，让被调查的应用型院校中的创业成功者评价这 9 个创业胜任素质对创业绩效的综合影响。

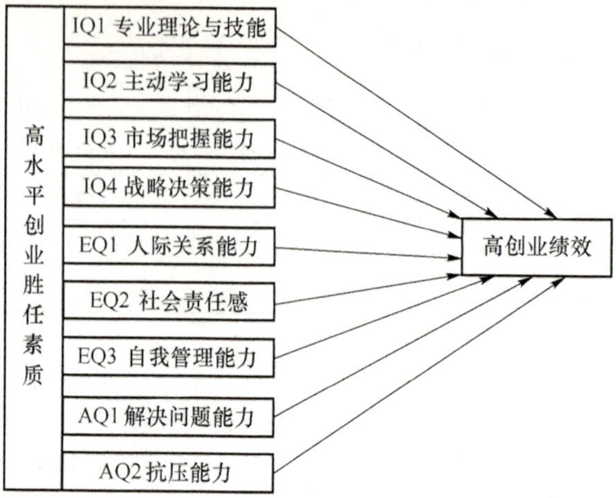

图 3-3　创业胜任素质与创业绩效的关系

3.4.1　应用型院校大学生创业胜任素质与创业绩效的关系分析

首先对调查问卷的信度进行检验，数据显示，Cronbach's Alpha（克朗巴哈系数）在 0.6 以上，说明本次问卷设计的信度较好。

如表 3-18 所示，一方面，各维度 KMO 测度和 Bartlett 球形检验结果值均在大约 0.7，达到了可接受的取值范围，适合进行因子分析；另一方面，Bartlett 球形检验的显著性结果 Sig. =0.000（<0.01），代表相关矩阵间有共同因素存在，即适合进行因子分析。

表 3-18　各维度 KMO 测度和 Bartlett 球形检验结果

检验方法		创业绩效
KMO 测度		0.751
Bartlett 球形检验	Approx. Chi-Square	48.901
	df	10
	Sig.	0.000

表 3-19 显示了胜任素质因子与创业绩效间的简单相关关系，可以看到，在显著性水平为 0.05 的情况下，创业胜任素质的 9 个因子与创业绩效之间均存在相关关系。创业胜任素质 9 个维度之间有不同程度的相关性，最大值为 0.699，最小值为 0.213。

表 3-19　胜任素质因子与创业绩效的相关分析

因　子	1	2	3	4	5	6	7	8	9	10
IQ1 专业理论与技能	1									
IQ2 主动学习能力	0.391**	1								
IQ3 市场把握能力	0.383**	0.699**	1							
IQ4 战略决策能力	0.343**	0.523**	0.521**	1						
EQ1 人际关系能力	0.370**	0.632**	0.569**	0.579**	1					
EQ2 社会责任感	0.351**	0.338**	0.431**	0.471**	0.389**	1				
EQ3 自我管理能力	0.469**	0.411**	0.419**	0.358**	0.482**	0.651**	1			
AQ1 解决问题能力	0.301*	0.352**	0.213	0.304*	0.301*	0.477**	0.468**	1		
AQ2 抗压能力	0.433**	0.430**	0.398**	0.329**	0.401**	0.350**	0.320 9*	0.361**	1	
创业绩效	0.369**	0.289*	0.041	0.368*	0.149*	0.328**	0.249*	0.272*	0.389**	1

注：显著性水平 $P \leqslant 0.05$（双尾检验）。

创业胜任素质对创业绩效的回归分析如表 3-20 所示，IQ1 专业理论与技能、IQ2 自主学习能力、IQ3 市场把握能力、IQ4 战略决策能力、EQ1 人际关系能力、EQ2 社会责任感、AQ1 解决问题能力和 AQ2 抗压能力的回归系数分别为 0.289、0.250、0.381、0.239、0.389、0.383、0.252、0.783，显著水平检测值（Sig.）均小于 0.05，达到了显著性水平。说明这 8 个维度对创业绩效有不同程度的正向影响作用。EQ3 自我管理能力的回归系数为 0.006，显著性水平为 0.803，没有达到显著性水平，说明自我管理能力对创业绩效有正向影响，但是影响是不显著的。

表 3-20 创业胜任素质对创业绩效的回归分析

因 素	回归系数	标准回归系数	t	Sig.
IQ1 专业理论与技能	0.289	0.289	−4.909	0.000
IQ2 主动学习能力	0.250	0.250	3.682	0.001
IQ3 市场把握能力	0.381	0.381	4.471	0.000
IQ4 战略决策能力	0.239	0.239	3.558	0.001
EQ1 人际关系能力	0.389	0.389	4.770	0.000
EQ2 社会责任感	0.383	0.383	6.979	0.000
EQ3 自我管理能力	0.006	0.006	0.208	0.803
AQ1 解决问题能力	0.252	0.252	1.375	0.001
AQ2 抗压能力	0.738	0.738	18.650	0.000

注：显著性水平 $P\leqslant 0.05$（双尾检验）。

上述分析表明，创业胜任素质的 8 个维度与创业绩效存在显著的正相关关系，其中自我管理能力对创业绩效的影响不显著。

1. 专业理论与技能与创业绩效的正相关关系

专业理论与技能对创业绩效有显著的正向影响。大学生专业理论与技能的学习，是一个长期的学习过程，不是一朝一夕就可以完成的。需要学生树立正确的价值观和成才观，注重个性的全面发展、知识结构的整合、思维习惯的培养，在此基础上逐步学习积累得来的。在长期的校园学习生活中，既要精于专业理论的研究，又要从广泛的科学文化知识中汲取天文、地理、政治和历史等各方面的基本知识，为不断完善自己的系统理论打下坚实基础。对于创业者来说，创业的任何一个时期良好的法律法规意识和融资与资金运用能力都是获得创业绩效必不可少的。

2. 主动学习能力与创业绩效的正相关关系

主动学习能力对创业绩效有显著的正向影响。即创业者在创业过程中能够主动积极地认识新领域、学习新知识与技能，特别是在当今互联网时代，知识与技术日新月异，新领域不断出现，新知识、新技能不断更新，创业者还要能够主动去把握学习机会，遇到问题时积极地去解决，对市场变化具有预见性，就会为企业带来绩效的提升。

3. 市场把握能力与创业绩效的正相关关系

研究结果表明，市场把握能力对创业绩效有显著的正向影响。在根基薄弱的创业初期，创业者需要利用自己的能力，对公司内部和外部环境进行分析评估，获取有用信息，进行市场分析，同时依靠对市场变化的敏感性及时把握市场商机，开展生产与营销活动，最终直接提高创业绩效。

4. 战略决策能力与创业绩效的正相关关系

战略决策能力对创业绩效有显著的正向影响。时刻创新和抓住机遇对处于创业初期没有竞争优势的企业来说就是资源，这需要创业者具备较强的洞察能力和注意力，还要有良好的战略眼光，才能制订较好的组织战略并且加以实施，为企业的未来发展制订明确的方向，就会为企业带来绩效的提升。当前的市场竞争日趋激烈，外部环境复杂多变，需要大学生创业者拥有前瞻性的眼光，这样才能在不断变换的市场环境下生存下来。

5. 人际关系能力与创业绩效的正相关关系

人际关系能力对创业绩效有显著的正向影响。作为中国传统文化的一个重要特征，人际关系有着非常广泛的涵义，这可能是企业最重要的社会资本。本书的人际关系能力是对作为一个系统的公司进行测量的，除了测量创业者与企业外的人进行人际沟通的能力，还测量创业者与员工之间的关系。因此，本书的人际关系能力既指创业者与企业外各色人等进行沟通并获得人脉资源的能力，也指创业者和员工之间进行沟通和联系，从而建立互信机制，把员工当成朋友或亲人，让员工把公司当自己的家，加强团队合作、协调一致，让每一个员工都为公司做出自己的贡献，从而提高整体的创业绩效。

6. 社会责任感与创业绩效的正相关关系

研究结果表明，社会责任感对创业绩效有显著的正向影响。大学生自己要主动站在时代发展的前沿，充分认识到发挥个人才能在促进经济和社会发展方面的重要作用，积极在市场竞争中勇于奉献和承担社会责任，以强烈的社会使命感和责任感推动自己去实现人生价值，同时也为社会做出应有的贡献。如此也必然在创业的过程获得社会的认可和回报，从而在较长时期获得更高的创业绩效。

7. 自我管理能力与创业绩效不存在显著的相关关系

自我管理能力对创业绩效有正向影响，但是不存在显著的影响。分析可能的原因是自我管理能力是对创业者自身内在特征的一种衡量，而且本书的研究对象大多是独自创业的大学生，这些创业者中的有些人对自我管理能力认识不足，且不认为自身必须具备这些能力，因此不认为其对创业绩效会产生较大的直接影响。但是创业胜任素质的各方面因素并不是相互独立的，而是存在不同程度的正相关，各种因子间是相互促进的，有些胜任素质指标在验证结果中不显示直接的正相关，从整个胜任素质体系在创业成功中的综合作用而言是必不可少的，缺少之后会影响其他胜任素质的作用。

创业者具有良好的思考习惯、较强的自制力是创业者其他胜任素质在实践中锻炼提升的必要基础，强烈的时间观念是进行时间管理的必要基础，也是创业成功必不可少的，因此，仍然将自我管理能力保留在大学生创业胜任素质模型中。

8. 解决问题能力与创业绩效存在显著的相关关系

解决问题能力对创业绩效存在着显著的正向影响。创业者必须具备决策能力，才能在创业过程中坚定创业信念，不畏惧困难，在挫折中愈挫愈勇，更好地运用所掌握的知识与技能，把握市场机会，实现有效运营，从而获得高创业绩效。

9. 抗压能力与创业绩效的正相关关系

抗压能力对创业绩效有显著的正向影响。较高的抗压能力导致最显著的创业绩效。创业者能在创业过程中不断磨练意志，坚持不懈地实现目标，勇于挑战新的高度，不断增强抗压能力，增长见识才干，这无疑能为公司带来更高的创业绩效。

由此可以得出创业胜任素质与创业绩效关系的分析结果，如图 3-4 所示，创业胜任素质的专业理论与技能、自主学习能力、市场把握能力、战略决策能力、人际关系能力、社会责任感、解决问题能力和抗压能力与创业绩效的正向关系显著，自我管理能力对创业绩效的直接影响不显著，整体上创业胜任素质对创业绩效存在正向的影响，这与大多数研究者的研究结论是一致的。

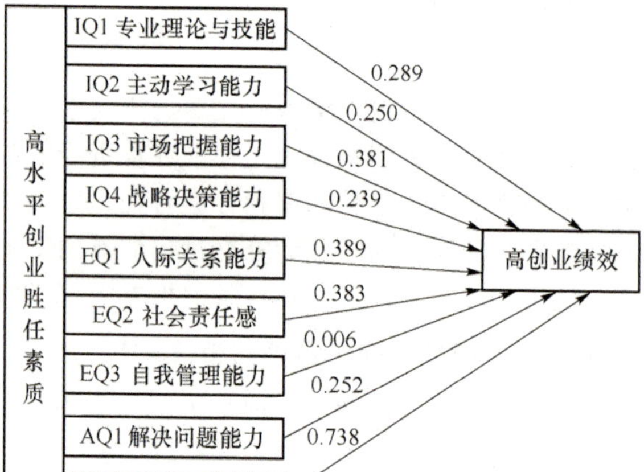

图 3-4　创业胜任素质与创业绩效关系分析结果

3.4.2　应用型院校大学生创业胜任素质模型的确立

对大学生创业胜任素质准模型中创业胜任素质与创业绩效的关系分析，验证了大学生创业胜任素质准模型的可靠性，因此可以据此确立大学生创业胜任素质模型如图 3-5 所示，具体的胜任素质要素构成如表 3-17 所示。

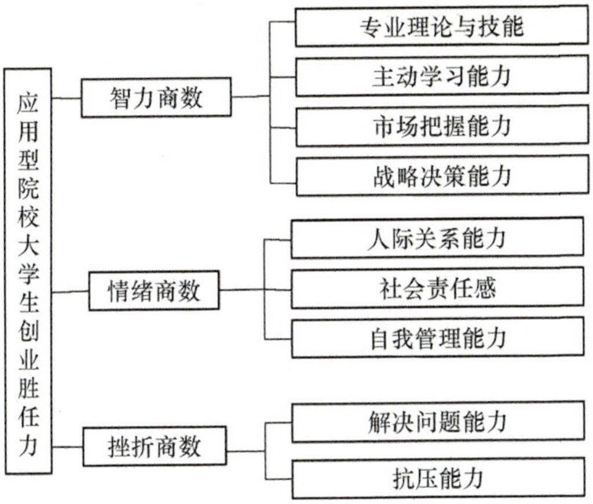

图 3-5　应用型院校大学生创业胜任素质模型

对于构建好的大学生创业胜任素质模型，根据表 3-17 中所列示的智力商数、情绪商数、挫折商数 3 个范畴下的 9 个创业胜任素质类别下包含的创业胜任素质要素，对每个类别所包含的构成要素的内在含义进行提练总结，凝练出对各类别胜任素质内涵的文字描述。

各类别胜任素质的内涵界定的文字描述如表 3-21 所示。

表 3-21　应用型院校大学生创业胜任素质内涵描述

范　畴	创业胜任素质类别	胜任素质要素内涵描述
智力商数	IQ1 专业理论与技能	了解和认识相关学科专业知识，熟练掌握所从事的领域专业知识并具备灵活应用的能力，具备法律法规意识并掌握国家相关法律法规，具备融资和资金运用能力
	IQ2 主动学习能力	能够对所从事领域的发展有一定的预见性，积极主动学习新知识、掌握新技能、接受新观念、获取新信息，并能够主动把握学习机会
	IQ3 市场把握能力	对市场变化有敏锐的感受力，通过分析发现市场未来的变化趋势，具备相应的市场营销能力以适应市场变化
	IQ4 战略决策能力	关注市场变化，具有战略眼光，能洞察市场环境中的风险、识别机会，并制订合理的公司战略

续表

范　畴	创业胜任素质类别	胜任素质要素内涵描述
情绪商数	EQ1 人际关系能力	社会接触面广，社会交往能力强，能广泛建立工作联系，与上下级和组织内外有关人员沟通与协调的能力强，能凝聚创业团队
	EQ2 社会责任感	具备社会主义核心价值观，道德观念强，明晰个人和企业对社会应承担的责任与义务，勇于承担责任，乐于奉献
	EQ3 自我管理能力	能经常思考并自省，自我克制力强，有耐性、沉着、冷静，能控制自己的情绪，具备时间管理能力
挫折商数	AQ1 解决问题能力	在实际工作中遇到重大问题、困难和矛盾时，能正确分析、抓住重点，运用相关知识做出正确决策，从而解决问题
	AQ2 抗压能力	有强烈的自信心，一旦确定了目标，就坚定不移地沿着既定目标前进，即使遇到挑战或逆境，也能乐观对待、勇于接受，能够坚持不懈地追求目标，并能持续保持对目标的高度关注

案例与阅读材料

2015 年中国创新创业报告（一）

2015 年是中国创新创业的重要一年，这一年发生了很多关于创新创业的事件，特别是以 6 月 11 日国务院发布《关于大力推进大众创业万众创新若干政策措施的意见》为标志性的事件。《意见》充分认识推进“大众创业、万众创新”的重要意义；总体思路；创新体制机制，实现创业便利化；优化财税政策，强化创业扶持；搞活金融市场，实现便捷融资；扩大创业投资，支持创业起步成长；发展创业服务，构建创业生态；建设创业创新平台，增强支撑作用；激发创造活力，发展创新型创业；拓展城乡创业渠道，实现创业带动就业；加强统筹协调，完善协同机制。《意见》在九大领域、30 个方面明确了 96 条政策措施。这个文件的发表，集中体现了中国国家政府最高层面对创新创业的重视。虽然各级政府近年对创新创业推出了多方面的政策，但此《意见》的新意和重要意义在于，从国家层面为中国的创新创业发展规划了一个全面的生态机制。针对过去的 2015 年中国创业形势，本报告将以 7 个方面为主体结构，引用多方数据和事实，对中国的 2015 年度创新创业发展做一个回顾性的报告，并在最后对 2016 年中国的创业前景做一个预测性展望。

1. 基本数据

(1) 新增企业数量

2015 年，全国新登记市场主体 1 479.8 万户，比 2014 年增长 14.5%；注册资本（金）30.6 万亿元，增长 48.2%。截至 2015 年年底，全国实有各类市场主体 7 746.9 万户。其中，2015 年全国新登记企业 443.9 万户，比 2014 年增长 21.6%，注册资本（金）29 万亿元，增长 52.2%，均创历年新登记数量和注册资本（金）总额新高。平均每天新登记企业 1.2 万，比 2014 年日均新登记企业 1 万户有了明显提升。特别是自 10 月 1 日起"三证合一、一照一码"登记制度改革在全国范围内全面实施以来，11 月、12 月新登记企业数量分别达到 46 万户和 51.2 万户，达到历史最高值。

(2) 产业分布

2015 年，我国新登记企业在三次产业中的数量分别为 21.5 万户、64.7 万户、357.8 万户。其中，第三产业比 2014 年增长 24.5%，大大高于第二产业 6.3%的增速。至 2015 年年底，第三产业实有企业 1 635.7 万户，占企业总数的 74.8%，所占比重比 2014 年提高了 1.5 个百分点。"互联网+"等新产业、新业态的快速发展，为经济结构调整注入了新活力，形成经济发展新动能。2015 年，信息传输、软件和信息技术服务业新登记企业 24 万户，比 2014 年增长 63.9%，文化、体育和娱乐业 10.4 万户，增长 58.5%，金融业 7.3 万户，增长 60.7%，教育 1.4 万户，增长 1 倍，卫生和社会工作 0.9 万户，增长 1 倍。服务业中仅房地产业比 2014 年下降，但第四季度增速由负转正。2015 年，房地产业新登记企业 8.7 万户，比 2014 年下降 11.0%。但受利好政策影响，下半年以来降幅收窄，第四季度增速由负转正，同比增长 5.3%。第三产业不仅成为最活跃的经济领域，也是吸纳就业的主体。2014 年，第三产业个体私营经济从业人员增加最多，实有 2 亿人，比 2014 年年底增加 2 542.8 万人，占增加总量的 82.0%。

(3) 企业存活率

新登记企业 9 成是小微企业，第四季度小微企业周年生存率达 7 成。2015 年，我国新登记的企业中，96%属于小微企业。2015 年第四季度新设小微企业周年开业率达到 70.1%，也就是说，2014 年第四季度新设立的小微企业一年后的存活率达到 7 成。同时，第四季度新设小微企业已开展经营的企业中 78.7%均有收入，所占比重比第二季度和第三季度分别高 0.5 和 4.1 个百分点。

2. 国家创业体制改革与政策

(1) 企业注册、注销与办证制度改革

2015年,“三证合一、一照一码”改革和“先照后证”改革推动了工商登记注册便利化,对小微企业繁荣发展起到了大力支持的作用。截至12月底,全国累计核发“三证合一、一照一码”新营业执照350.9万张。2015年国家工商总局鼓励各地试点了企业简易注销制度,对个体工商户、未开业企业以及无债权债务企业实行简易注销程序。未开业企业不再进行清算组备案和公告,无债权债务企业不再进行公告。需要公告企业的公告时间也从45天缩短7至10日不等。同时,各地对申请材料也进行了简化,未开业企业不再提交清算组备案材料和公告材料;无债权债务企业不再提交公告材料。简易注销制度的推行为僵尸企业退市提供了便利。2015年,我国注销企业78.85万户,比前一年增长55.86%。其中,产能过剩行业企业8 243户,比前一年增长67%,促进了企业优胜劣汰,推动产业升级转型。

2015年中国在政府层面专门针对创业企业,颁布了多项法律法规,力图解决以往大量发现的困扰基层群众的“办证多、办事难”现象。2015年11月27日,国务院办公厅发布了关于简化优化公共服务流程、方便基层群众办事创业的通知,砍掉各类无谓的证明和繁琐的手续,大力推进办事流程简化优化和服务方式创新,加快推进部门间信息共享和业务协同,加强服务能力建设和作风建设。这些措施都很好地推动了“大众创业、万众创新”,激发了市场活力和社会创造力。例如,在中国创业和改革前沿城市深圳,2015年为了简化初创企业的注册问题,实行先照(工商营业执照)后证(行政许可证)和“一照(工商营业执照)一码(统一社会信用代码)”,进一步减少登记注册前置审批项目。实行注册资本认缴制和经营场所信息申报制度,推进以电子营业执照为支撑的全程电子化登记管理模式,运用大数据,加强对市场主体的服务和监管。针对企业在众创空间等新型孵化机构集中办公等特点,进一步简化住所登记手续,采取“一站式”窗口、网上申报、多证联办等措施,为初创企业工商注册提供便利。并且深圳、天津、北京等各大城市,2015年还减免了有关行政事业性收费,对初创企业免收登记类、证照类、管理类行政事业性收费和工会费。事业单位的服务收费,以及各类行政审批前置性、强制性评估、检测、论证等专业服务收费,对初创企业均按不高于物价主管部门核定标准的50%收取。

(2) 知识产权法律制度改革

据中国知识产权局统计,我国有超过50万家科技型小微企业,这些企业对知识产权的依赖性高,但抗风险能力差,包括专利申请、审查、运营、质押融资、行政执法等在内的有关支持政策，是保障创新创业成功的重要条件，是激发创新创业热情、保护创新创业成果的有效支撑。为此，国务院法制办公室 2015 年 12 月 2 日就《中华人民共和国专利法修订草案（送审稿）》向社会公开征求意见。现行的专利法并没有对侵犯专利权的赔偿数额做出明确规定，仅指出赔偿数额按照权利人因被侵权所受到的实际损失确定，参照该专利许可使用费的倍数合理确定；权利人的损失或者侵权人获得的利益难以确定的，参照该专利许可使用费的倍数合理确定。新修订的草案则明确，对故意侵犯专利权的行为，人民法院可以根据侵权行为的情节、规模、损害后果等因素，判处确定数额的一倍以上三倍以下的赔偿数额。若权利人的损失、侵权人获得的利益和专利许可使用费均难以确定，人民法院可处以 10 万元以上 500 万元以下的赔偿；而现行法律对此项情形仅判定赔偿 1 万元以上 100 万元以下的数额。这项法律修改将为申请专利技术的众多小微企业提供更有效的法律支持。

10 月 12 日，国家知识产权局、财政部、人力资源社会保障部、中华全国总工会、共青团中央日前联合制定印发了《关于进一步加强知识产权运用和保护助力创新创业的意见》。《意见》鼓励利用发明创造在职和离岗创业，要完善职务发明与非职务发明法律制度，合理界定单位与职务发明人的权利义务，切实保障发明人合法权益，使创新人才分享成果收益。《意见》还提出要拓宽知识产权价值实现渠道。支持互联网知识产权金融发展，鼓励金融机构为创新创业者提供知识产权资产证券化、专利保险等新型金融产品和服务。完善知识产权估值、质押、流转体系，推进知识产权质押融资服务实现普遍化、常态化和规模化，引导银行与投资机构开展投贷联动，积极探索专利许可收益权质押融资等新模式，积极协助符合条件的创新创业者办理知识产权质押贷款。

(3) 户籍与人事制度改革

2015 年我国开始加快推进社会保障制度改革，破除人才自由流动制度障碍，以促进创业的发展。《居住证暂行条例》已经于 2015 年 10 月 21 日国务院第 109 次常务会议通过，现予公布，自 2016 年 1 月 1 日起施行。《居住证暂行条例》明确，公民离开常住户口所在地，到其他城市居住半年以上，符合有合法稳定就业、合法稳定住所、连续就读条件之一的，可以依照条例的规定申领居住证，这标志着在我国实行了半个多世纪的“农业”和“非农业”二元户籍管理模式正在一步步退出历史舞台。其目的是让越来越多的人从户籍的捆绑中挣脱出来，实现迁徙自由、择业自由、创业自由，既实现个人价值，又推动经济社会发展。例如，《上海市居住证积分管理办法》的一大亮点是对创新创业人才的吸纳力度加强，在加分指标中增加了“创业人才”“创新创业中介服务人才”两项指标。根据规定，符合一定条件的创业人才和创新创业中介服务人才可以获得 120 分的加分，这意味着这些人才将满足120分的标准分值要求，享受包括子女教育在内的多项相应的公共服务待遇。户籍改革就是要将人从户籍的捆绑中解放出来，让更多人能够自由择业、自由创业。居住证持有人可与当地户籍人口享受同等的免费接受义务教育、平等劳动就业等基本公共服务，并可逐步享受同等的就业扶持、住房保障、养老服务、社会福利、随迁子女在当地参加中考和高考的资格等权利。可以设想，以居住证制度为依托，外来人员与城镇居民在劳动就业、子女就学、住房保障、医疗社保等方面逐渐实现平等平权，城市户口所承载的多种待遇和保障上的“特权”，就将逐渐淡化、减弱，以至最终消失，城镇居民和外来人员之间的权利鸿沟终将填平，这项政策将进一步鼓励和促进外来人员来城市进行创业。

上海2015年还出台了新规定，上海高等院校、科研院所等事业单位的科研人员，经所在单位同意，可带着科研项目和成果离岗创业，在3～5年的创业孵化期内保留人事关系，担任领导职务的也可以在辞去职务后以科研人员身份创业。天津2015年也有新的政策，外地高校学生到天津来创业可以落户，并给予政策的扶持；在职的高校、院所、国企科技人员离岗创业，可以保留原来的身份。中国教育部也在2015年发布规定，要求高校要建立弹性学制，允许在校学生休学创业，而且对于大学毕业生，北京、重庆、天津等各级政府都出台规定，允许政府人事行政部门所属的人才中介服务机构，免费为自主创业毕业生保管人事档案（包括代办社保、职称、档案工资等有关手续）2年，这将进一步促进高校学生的创业热情。

3. 创业财税政策

（1）创业税收政策

2015年中国财政部针对小微企业两项减税优惠政策的减税规模预计超过1 000亿元。2015年10月1日，财政部将减半征收企业所得税，小型微利企业的范围扩大到了所有的小型微利企业。另外，财政部继续执行小微企业增值税、营业税起征点由月销售额2万元提高到3万元的政策，政策执行期延长至2017年年底。这两项政策对小微企业的减税规模预计超过1 000亿元。此外，财政部实施普遍性降费措施，对小微企业免征组织机构代码证书费等42项行政事业性收费，每年可减轻小微企业负担100多亿元。此外，财政部还完善了促进就业创业的财政政策，不断强化政策支持力度。例如，支持创业担保贷款发展实施，将小额担保贷款调整为创业担保贷款，贷款额度由针对不同群体的5万元、8万元、10万元不等统一调整为10万元，个人贷款基础利率上浮3%以内的部分由财政贴息，2015年中央财政安排贴息奖补资金106亿元。

国家继续加大对小微企业和创业创新的减税降费力度。一是从 2015 年 1 月 1 日至 2017 年 12 月 31 日，将享受减半征收企业所得税优惠政策的小微企业范围，由年应纳税所得额 10 万元以内（含 10 万元）扩大到 20 万元以内（含 20 万元），并按 20%的税率缴纳企业所得税，助力小微企业尽快成长。二是从 2015 年 4 月 1 日起，将已经试点的个人以股权、不动产、技术发明成果等非货币性资产进行投资的实际收益，由一次性纳税改为分期纳税的优惠政策推广到全国，以激发民间个人投资活力。三是将失业保险费率由现行条例规定的 3%统一降至 2%，单位和个人缴费具体比例由各地在充分考虑提高失业保险待遇、促进失业人员再就业、落实失业保险稳岗补贴政策等因素的基础上确定。初步测算，仅这一减费措施每年将减轻企业和员工负担 400 多亿元。

2015 年年底，财政部、国家税务总局、科技部联合发布《关于完善研究开发费用税前加计扣除政策的通知》（以下简称《通知》），《通知》将发挥更好鼓励企业开展研究开发活动、规范企业研究开发费用的作用。在原有研发费用税前加计扣除范围上扩围，是《通知》的一大亮点。对于研发费用税前扣除范围，三部门有关负责人分析表示，新增外聘研发人员劳务费、试制产品检验费，取消了过去实际操作中争议较多的对研发仪器、设备和无形资产“专门”用于研发活动的限制。此外，增加了不超过可加计扣除研发费用总额 10%的其他相关费用项目，例如，专家咨询费、差旅费、会议费等；企业为获得创新性、创意性、突破性的产品进行创意设计活动而发生的相关费用，也可进行税前加计扣除。研发费用范围的扩大能使企业更多更全面地享受研发费用加计扣除税收优惠政策，将对企业研究开发投入起到促进作用。早在 2008 年起，我国开始实施的企业所得税法中，就对研发费用加计扣除做出明确规定。与此前相关政策不同的是，此次《通知》对享受研发活动加计扣除采用“负面清单”，规定了若干不适用税前加计扣除政策的活动和行业。例如，企业产品（服务）的常规性升级、商品化后为顾客提供的技术支持等活动不适用税前加计扣除政策；烟草制造业、住宿和餐饮业、批发和零售业、房地产业、租赁和商务服务业、娱乐业等被列为不适用税前加计扣除政策的行业。三部门有关负责人表示，企业开展研发活动中实际发生的研发费用，未形成无形资产计入当期损益的，在按规定据实扣除的基础上，按照本年度实际发生额的 50%，从本年度应纳税所得额中扣除；形成无形资产的，按照无形资产成本的 150%在税前摊销。研发费用的具体范围包括人员人工费用、直接投入费用等。

（2）国家财政创业基金

① 国家中小企业发展基金

2015 年中央财政整合资金出资 150 亿元，吸引企业、金融机构和地方政府共同出资，成立600亿元规模的国家中小企业发展基金，其中中央财政出资1/4，剩下的由企业、金融机构和地方政府共同出资，体现了政府与社会资本的携手合作，也是改革创新投融资机制的一种探索。此基金专注于投向工业、农业、科技、教育、文化等各行业领域的种子期、初创期成长型中小企业，国家中小企业基金的政策导向主要是面向新兴产业、民族特色产业，包括手工业、珠宝玉石、中医药、特色文化。2015年年底，国家中小企业发展基金在深圳设立首支实体基金。基金的运作方式主要采取“母基金”方式运作，与国内优秀创投管理机构形成战略合作，进行市场化投资，精确地把“资金之水”输送给中小企业。同时，国家中小基金兼具融资担保功能。这是政府携手社会资本支持中小企业发展的重大创新举措，也是财政治理理念和资金管理方式的深刻变革。

② 新兴产业创业投资引导基金

为促进战略性新兴产业发展，中央财政2015年出资不超过200亿元，设立400亿元规模的新兴产业创业投资引导基金，简称“国家创投基金”，引导投向早中期创新型企业，加快培育和发展智能制造、新能源等新兴产业。引导基金又称创业引导基金，是指由政府出资，并吸引有关地方政府、金融、投资机构和社会资本，不以营利为目的，以股权或债权等方式投资于创业风险投资机构或新设创业风险投资基金，以支持创业企业发展的专项资金。尽管目前国内已存在一些由各级地方政府设立的创业投资引导资金，但由于区域经济竞争、资金规模较小等原因，许多地方政府创投引导基金往往要求民间资本投资当地产业，而当地有时候没有合适的项目或者项目不尽人意，导致合作受阻或投资失败的情况时有发生，因此在促进新兴产业发展方面相对乏力，而国家层面的创投引导基金则不存在这些限制和障碍，能够在更大范围内合理配置资源。而且此基金改变过去补贴制的办法，实行市场化运作、专业化管理，以股权投资的方式，可以引导基金撬动社会资本，据估计可以放大5～10倍的资金，发挥中央财政引导资金“四两拨千斤”的作用，让市场决定创新资源配置。2015年年底，四川省新兴产业创业投资引导基金在成都成立。基金总规模50亿元，首期规模5.555亿元。它主要立足四川，同时面向全国，以母子基金模式、项目投资等方式，配套和参股省内发起创新的创投子基金或直接投资优质创新企业，其中，投向省内符合条件的项目和企业的比例不低于60%。

③ 小微企业创业创新示范城市基金

2015年，财政部联合多部委启动了“小微企业创业创新城市示范”，2015年中央财政拨付资金84亿元给示范城市统筹使用。示范专项资金是指来自中央财政、地方财政用于扶持小微企业创业创新的各种奖励资金、专项资金。示范专项资金的用途，共分为8个方面。例如，用于被认定为市级及以上众创空间等小微企业创业创新空间补助；用于小微企业房租、信息网络费用补贴；用于全市小微企业创业创新公共服务平台和体系建设经费支出等。换句话说，主要用在众创空间等小微企业创业创新基地、公共服务体系建设、降低创业创新成本、缓解融资难等方面的相关支出。根据示范城市提出的目标，3 年内将带动地方及社会投入超过 400 亿元，政策覆盖 260 万户小微企业，新增 2 200 万个就业岗位，促使小微企业营业收入实现 9 万亿元，技术合同成交 400 亿元，在全国发挥示范引领作用。

第4章　应用型院校创业教育体系的构建

第3章构建出了应用型院校大学生创业胜任素质模型，大学生创业胜任素质模型的构成要素包括智力商数、情绪商数、挫折商数3个维度，且3个维度要素在整体上对大学生创业绩效存在正向的影响。对大学生实施创业教育是让大学生获得这3个维度创业胜任素质的重要的、行之有效的途径，而创业教育的过程则关系着大学生创业胜任素质的获得效果。因此本章基于第3章提出的应用型院校大学生创业胜任素质模型，进一步提出应用型院校创业教育基本模型，以供高校在实施创业教育时借鉴。

应用型院校创业教育基本模型是用来集中反映对大学生实施的创业教育所表现出来的一般特点和总体面貌的一种抽象图式，以勾勒出大学生创业教育过程内部主要因素的基本结构和相互关系。

为了全面反映大学生创业教育的一般特点和总体面貌，我们把构建的应用型院校创业教育基本模型分为创业教育的目标与内容、创业教育的方式与方法、创业教育的领域与范围3个维度。

第一是应用型院校创业教育的目标与内容，明确创业教育的最终目标和具体任务。

第二是应用型院校创业教育的方式与方法，明确实现创业教育特定目标、完成创业教育任务的载体和手段。

第三是应用型院校创业教育的领域与范围，明确实施创业教育的性质与类型、空间与时间。

4.1　应用型院校创业教育的目标与内容

我国大力支持青年创业，党的十八大报告中提出全党都要支持青年创业，将鼓励青年创业摆在一个非常重要的位置上[①]。大学生是重要的青年群体，高等院校作为推行创业教育的主体，对于大学生开展创业教育有着举足轻重的作用，因此，各高校更应该加快普及创业教育的步伐。明确大学生创业教育的目标可以让创业教育的开展基于高校自身特点做到有的放矢，减少教育过程的盲目性；进一步明确大学生创业教育的内容，可以更有针对性地实施创业教育，更好地培养与提升大学生的创业胜任素质，为他们的创业成功打下坚实的基础。

4.1.1 应用型院校创业教育的目标

近年来，各高校都开始逐渐重视创业教育的研究，无论是在理论上还是在实践教学上，都取得了一定的进步，但从总体上讲，我国大学对于创业教育的研究还处于发展的初期阶段，且仍存在对创业教育认识不到位、方法与途径单一、缺乏创业实践教育、教育模式改革滞后等问题。尤其是在创业胜任素质的培养和提升方面，还缺乏对切实可行的培养模式的探讨和研究。

究其原因在于各高校的研究和发展没有以本校的实际状况为基础，从而无法确立出一个对本校而言切实可行的目标，致使创业教育缺乏目的性和客观性。

通过相应的问卷调查，结果（如图 4-1 所示）显示在大学生身上存在着一个很明显的问题，大多数大学生萌生创业想法的来源大部分来源于家族的影响、成功创业人士的鼓舞以及周边的朋友和同学的影响，少部分来源于从大众传媒上看

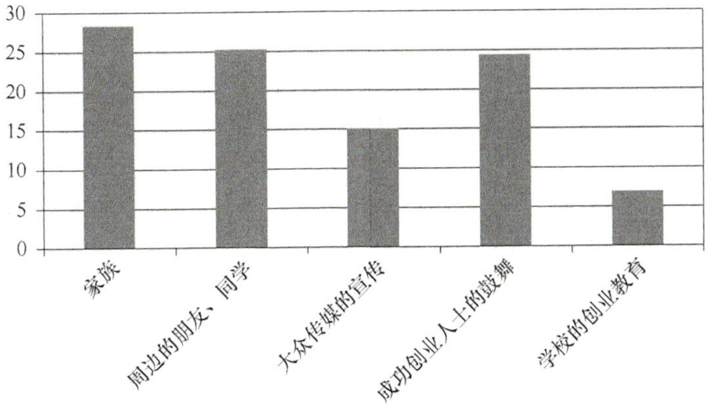

图 4-1　大学生创业想法的来源

① 党的十八大报告指出："引导劳动者转变就业观念，鼓励多渠道多形式就业，促进创业带动就业，做好以高校毕业生为重点的青年就业工作和农村转移劳动力、城镇困难人员、退役军人就业工作。全党都要关注青年、关心青年、关爱青年，倾听青年心声，鼓励青年成长，支持青年创业。"

到的相关信息的影响，来源于高校的创业教育的影响极少。在对接受过高校创业教育的同学进行深入访谈后而知，超过70%的大学生根本不清楚所接受的创业教育的目标。

受教育者不知道教育者的既定目标必然会导致教育失败，因此，要培养具备创业心理胜任素质和能力的大学生，创业者必须先提出切实可行的教育目标，并且让接受创业教育的大学生明确这些教育的总体目标、具体的阶段性目标等，这样才能更好地在接受教育的过程中互动，提高教育效果，提高大学生创业成功的可能性。

对于大学而言，设定清晰的项目目标是开展创业教育项目的起点，也是确立创业教育具体模式时所需解决的首要问题。创业教育的目标是通过创业教育能够实现创业教育效果的标准和目标，既是教育效果评价的导向，又是创业教育课程设置的依据①。

一般来说，国内外大多数研究人员都把创业教育目标分为几类，包括知识能力、创新能力、创业意识、终身学习能力等胜任素质。

美国考夫曼创业教育创业研究中心（The Center for Entrepreneurship Leadership）把创业教育目标定义为概念和技能的传授，使人们能够识别被他人忽视的机会，勇于去做其他人不情愿做的事情，包括机会认知、风险性的资源整合、开创新企业和新创企业管理等内容②。Bandura（1997）从心理学的角度上认为创业教育的重要目标之一是提高学生的自我效能感③。学者Johannisson在其1991年发表的文章中指出，创业教育最少必须设置5个目标：培养学生树立正确的创业动机和态度、培养创业所需的能力和业务技能、知道在创业中与谁交往和合作、对时机有敏锐的洞察力以及创业必备的业务知识④。Jamieson（1984）认为创业教育需要达到3类目标：业务能力、企业家精神和企业经验⑤。Sexton和Kasarda在其1992年发表的文章中认为：创业教育应当结合当时的社会背景，进而提出创业教育所要达成的4个目标，它们分别为帮助学生为未来的生活做准备，增加学生可持续学习的能力，帮助学生实现他们的个人野心和加强学生的社会责任感⑥。

---

① 刘帆，徐林，刘川．中国创业教育的兴起发展和挑战［J］．中国青年研究，2007，2007（9）：5-9.

② 张玉利，杨俊．国外企业家精神教育及其对我们的启示［J］．中国地质大学学报（社会科学版），2004，4（4）：22-27.

③ Bandura A. Self-efficacy：the exercise of control［M］. New York：W. H. Freeman，1997.

④ Johannisson B. University training for entrepreneurship：Swedish approaches［J］. Entrepreneurship & Regional Development，1991，3（1）：67-82.

⑤ Jamieson I. Schools and enterprise［J］. Education for Enterprise，1984，1（1）：7-18.

⑥ Sexton D L，Kasarda J D. The state of the art of entrepreneurship［J］. Thomson South-Western，1992，38（1）：99-113.

我国对于创业教育目标的研究主要来源于两个方面：一是借鉴了国外相应研究的研究成果，这些国外研究成果见表 4-1；二是在研究中加入了我国传统文化及社会现状中的积极元素，进而所总结出的目标系统与国外结论相比，两方面研究的主要区别在于，对创业教育目标的分类及数目略有不同。

表 4-1　国外创业教育研究所提出的创业教育目标

多数人的观点	考夫曼创业教育创业研究中心	Bandura	Johannisson	Jamieson	Sexton 和 Kasarda
知识能力	机会认知	学生的自我效能感	正确的创业动机和态度	业务能力	帮助学生为未来的生活做准备
创新能力	风险性的资源整合		创业所需的能力和业务技能	企业家精神	增加学生可持续学习的能力
创业意识	开创新企业		知道在创业中与谁交往和合作	企业经验	帮助学生实现他们的个人野心
终身学习	新创企业管理		对时机有敏锐的洞察力		加强学生的社会责任感
			创业必备的业务知识		

如学者李景旺在其 2006 年发表的文章《探讨高校创业教育课程体系的构建》中提出，创业教育的目标是“培养受教育者的创业基本胜任素质和开创型个性，使受教育者具有基本的创业意识、创业心理品质、创业能力，形成主动进行研究性学习的意识和习惯，具备独立生活、工作的能力和较强的社会适应能力”。2010 年教育部在《关于大力推进高等学校创新创业教育和大学生自主创业工作的意见》中明确指出，开展创业教育，就是以提升学生的社会责任感、创新精神、创业意识和创业能力为核心。

在对创业教育目标进行定位前，我们要明确教学目标是根据社会发展的需要，以及大学生个人全面发展的需要制订的，所以必须遵循多方参与、高起点整体设计、合作完成的原则。高校创业教育要参与到学校教育课程的整个过程中，对照不同的年级，制订出不同的侧重点，明确目标，突出重点，分步实施。教育者要根据大学生不同社会背景、不同教育层次，将其进行有针对性的分层分类，因材施教，从学生专业方向的发展需求进行指导。

根据前面的调查显示，山东省内大多数高校并没有清晰的创业教育目标，导致在实际创业教育的教学工作的开展过程中遇到一系列的问题，培养出的部分大学生虽然具备一定的专业知识，但是缺乏正确的创业认知，无法处理创业时期遇到的问题，部分学生虽然接受了创业教育，但不能很好地提升自己的创业胜任素质。

笔者结合相关调查的结果并进行了相关文献查阅后认为：大学创业教育的总目标是培养大学生的创业胜任素质，创业教育的总目标又可以从纵横两个方向进行细分。从纵向上分，按照实施阶段来分，依据大学本科 4 年学制，其阶段目标包括大学 4 个年级目标，即大一目标、大二目标、大三目标和大四目标；从横向上分，按照实施载体，即创业教育相关课程门类来分，其载体目标包括学科课程目标、活动课程目标、环境课程目标、创业实践课程目标。从范围大小上，按照受众群体，即接受创业教育群体范围来分，包括全域目标、重点目标，全域目标是指全体学生，重点目标是指有创业需求的学生。由此而构成的创业教育目标体系如图 4-2 所示。

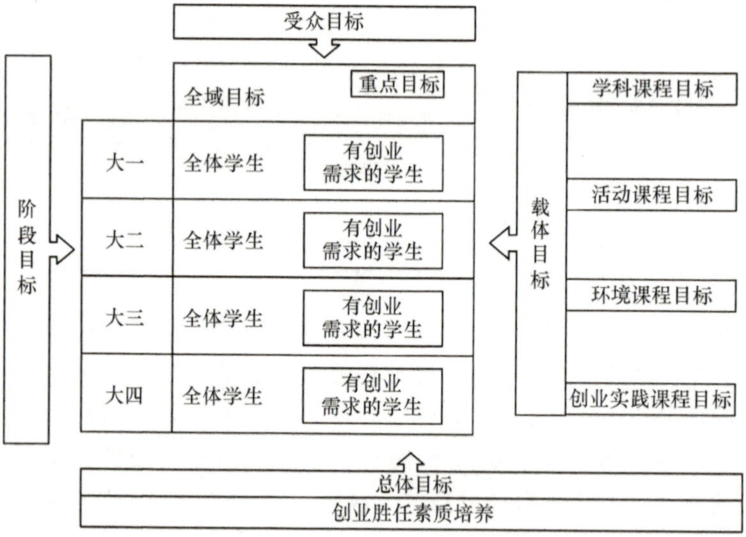

图 4-2　创业教育目标体系

1. 阶段目标

阶段目标所对应的教育对象是全体学生，所开展的是普适性的创业教育。应用型院校的创业教育的阶段目标及总体目标创业胜任素质培养的细化目标如图 4-3 所示。

(1) 大一目标

这一阶段是新生刚入学的时期，大部分学生可能之前并没有接触过创业教育，也不确定自己未来的方向，因此创业教育的大一目标是要帮助学生做好职业生涯规划，培养大学生的创业精神和合作精神。对应创业胜任素质总目标，需要着力培养的能力应具体细化为智力商数下的自主学习能力、情感商数下的社会责任感和人际关系能力、挫折商数下的解决问题能力。

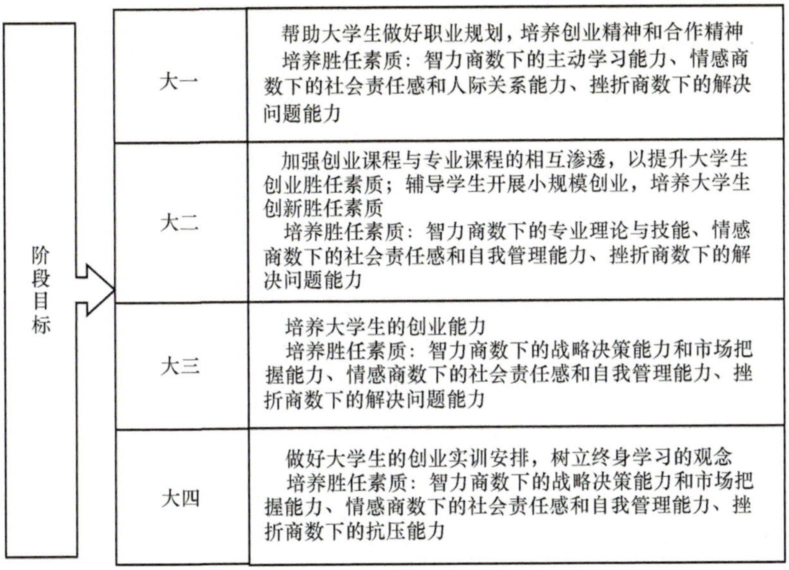

图 4-3　创业教育的阶段目标及总体目标创业胜任素质培养目标

作为教育者必须明确施教对象的身心特点，结合高等教育的办学规律，确立教育目标，发挥主导作用，实施教育行为。大一阶段是大学生整个大学生活的起点，也是个体进行社会化的起点，是人生的重要转折时期。创业教育必须在大学生活的开始就渗透其中，于无声处，让学生自由自主地接受，发挥主观能动性，才能实现教育的实效。同时，教育者必须清晰这个阶段的教育目标，那就是培养大学生的创业精神和合作精神，让学生形成对创业的初步认识，形成创业意识，播下创业的“种子”。而不可好高骛远、急功近利，脱离这个阶段的实际，进行所谓的创业实战实训，那其实是拔苗助长，不仅无益，也与创业教育及其胜任素质教育的初衷背道而驰。

设计一个有效的职业生涯规划，可以帮助学生更清晰地认知自我、把握自我，实现职业生涯与学业计划的结合，调动学生的积极性、主动性，提高自主学习能力，使四年的大学生活有远期规划、有近期目标、有督促检查、有反思改进。要建立学生职业生涯规划的档案，指导教师及时跟踪指导，一学期一检查、一总结、一改进，让学生在自我设计中，自我完善，自我成长。这一时期，将创业教育的因素融入职业生涯规划之中，潜移默化地培养学生的创业意识，增强学生创业发展的目的性与计划性，提升学生在创业领域应对竞争的能力。

美国著名经济学家托马斯·弗里德曼提出“20 世纪的企业不学会沟通无法生存，21 世纪的青年不学会沟通无法生存”。美国创业教育联盟在 2004 年发布的《创业教育内容的国家标准》中明确提出：合作能力是创业活动中的必备技能，更是创业活动的首要条件。我国高校在实施创业教育的过程中，必须深刻认识到团队合作在创业中的重要作用，把社会责任感与人际关系能力作为培养目标来定位，从大一时期就要有计划地组织实施。

（2）大二目标

这一阶段是大学生接受专业教育的关键时期，创业教育的目标是加强创业课程与专业课程的相互渗透，提升大学生的创新能力与创业胜任素质。对应创业胜任素质总目标，需要着力培养的能力应具体细化为智力商数下的专业理论与技能、情感商数下的社会责任感和自我管理能力、挫折商数下的解决问题能力。

创业胜任素质是指在一个人的心理胜任素质和知识胜任素质的基础上，在后天环境和教育的影响下形成和发展起来的，全面稳定地在实践活动中表现出的要素。作为大学生创业者，必须拥有良好的性格、坚定的信念、坚忍的毅力、丰富的经验、扎实的知识技能等一系列创业胜任素质。专业理论与技能是大学生综合胜任素质的核心，当然也是大学生创业胜任素质的根本，是创业的核心能力。学校必须在重视专业课教学、强化学生基本专业技能的基础上，加强创业课程教学。在课程安排上，加入法律法规、税务税收、财务管理、市场营销、创业心理与技能等内容，使创业课程与专业课程相互渗透，培养学生的创业胜任素质。

创新教育与创业教育两者在结构上相互融合，在作用上相辅相成。创新要素与上文的创业要素的关系十分紧密。研究型大学是培养拔尖创新人才的基地。[①]“创新”是所有创业胜任素质的基础，因此只有用创业实践来考验学生才能够测试出高校创业教育的效果。创业成果是创新胜任素质的具体体现，创业成果与创新胜任素质的高低密切相关。国外高校在开展创业教育时，就明确以培养具备创新胜任素质的学生作为创业教育的根本目标。创新胜任素质是创业活动的重要技能，创新胜任素质是企业家进行创造性思考，产生可行性的想法，认识商机，确定对市场风险的感知的前提。

学校可以在这个阶段逐步利用各种小规模的创业活动、创业项目鼓励学生利用业余时间去创业。因为在大二阶段学生仍处于校园学习阶段，社会生存压力比较小，创业的成本相对较低，在此阶段创业可以降低学生的创业难度。高校的大学生创业机构可以以提供场地、启动资金等形式鼓励学生开始尝试一些创新的、低成本的、轻资产的小规模创业项目。例如，举办大学生跳蚤街市场，将客户范围限定为在校大学生，依靠校园的半垄断优势，帮助指导有创业意向的学生利用业余时间，小规模地经营创新创业项目。在这样小规模的初期尝试中，学生能够很好地提升和积累创业经验，启发创新思维，进一步培养创新胜任素质。

① 教育部．关于加快研究型大学建设增强高等学校自主创新能力的若干意见．教技〔2007〕5号，2007.

（3）大三目标

学校这一阶段的目标是培养大学生的创业能力。对应创业胜任素质总目标，需要培养的能力应具体细化为智力商数下的战略决策能力和市场把握能力、情感商数下的社会责任感和自我管理能力、挫折商数下的解决问题能力。

长久以来，我国高等教育以培养就业型人才为教育目标，对学生的要求是学生应当适应社会。在这种教育目标的指导下，学生养成记忆知识、模仿知识的能力，是学知识、长知识，而不是学知识、长能力，更不能再发现、再创造，导致培养出来的学生缺乏批判性思维、创新性思维，无法积极主动地进行创新创造。因此高校要改变既往的惯性思维，把创新能力的培养作为综合胜任素质的核心，把创业能力的培养作为大学生创业教育的重要目标。

在此时期，学校教育者第一是要指导学生认识学习企业经营管理的流程，初步培养创业能力。相对于大二阶段，此时期学校开设的课程要偏向、重视实践技能方面，开设创业活动课，教会学生制作创业项目的可行性报告，了解筹措资金的基本途径，了解办理工商、税务登记、用工手续以及营销知识等内容，目的是让他们获得对创业的感性认识，初步培养创业能力。

同时，鼓励学生提出创业项目，允许开展较正式的创业活动，让学生在实践中提升创业能力。每年定期举办创业计划大赛，当发现学生的项目计划具有较大发展潜力和可行性，特别是拥有极具市场潜力的专利技术成果时，应当鼓励学生筹建团队，指导教师及时给予辅导，扶持基金给予必要的支持。筛选有一定基础的项目引入大学生创业园或孵化园，给予重点培育。

（4）大四目标

这个阶段学生的发展目标明确，学习重点集中，有考研的，有就业创业的，由此，要实施分类指导。在面向全体学生进行就业教育的同时，要针对就业创业的学生集中进行创业教育，特别是开展实训实创。对应创业胜任素质总目标，需要培养的能力应具体细化为智力商数下的战略决策能力和市场把握能力、情感商数下的社会责任感和自我管理能力、挫折商数下的抗压能力。

纸上谈兵易，纵横疆场难。经过近四年的创业教育，大部分学生已经掌握了创业基本知识，培养起了创业意识，具备了基本的创业胜任素质，但要想真正创业，还有很大差距，还存在社会资源不足、资金条件不够、创业经验缺乏等问题，很难在毕业后就能施展身手自主创业，因此在这个阶段进行创业实训就显得极为必要。创业实训可以让学生积累实践经验，提高实际操作能力，在实战中培养抗压能力、战略决策能力、市场把握能力、自我管理能力。同时，创业是一个持续的过程，需要学生树立终身学习的理念，培养终身学习的能力。终身学习是打开 21 世纪光明之门的钥匙。随着经济全球化趋势不断增强，科技发展日新月异，知识更新速度空前，大学生创业者如果没有终身学习的能力，创业胜任素质就会后劲不足，企业的再生力、生命力就会大受影响，甚至被市场所淘汰。

2. 载体目标

(1) 学科课程目标

学科课程是以学科渗透课程、学科必修课程及学科选修课程为主要途径，以专业教育为基础来集中实施创业胜任素质培养的课程教育，其目标涵盖创业胜任素质总目标下所有的能力。

学科课程是创业教育的主要渠道，在创业教育过程中，对大学生创业胜任素质的培养发挥着核心作用。利用学校系统的教学平台，通过学科渗透课程、学科必修课程及学科选修课程，对大学生创业能力进行系统集中的培养。学生根据自身的兴趣爱好等实际情况，选择合适的课程进行学习。这样的课程设置能够满足学生的不同需求，因材施教，从而提高创业教育的学习效率。

(2) 活动课程目标

活动课程以提升创业胜任素质为目标，通过校园文化及其社会服务，让学生在社会活动中培育社会责任感，培养人际关系能力、自我管理能力、战略决策能力等。

通过开展丰富多彩的学生社团活动，让学生增进人文素养，培育社会责任感，提升组织能力、人际关系能力。通过开设创业论坛、举办专题讲座等活动，学校邀请一些知名的成功企业家和著名专家学者进行授课，给大学生带来了各种各样的创业案例，能够让学生开阔视野，了解到创业者不一样的成功特质。活动课程为大学生提供正确人生的启迪、创新思维的拓展、成功经验的分享。

(3) 环境课程目标

创业教育环境课程的目标是培养学生形成创业意识、创业精神、创业能力。高校要在校园中营造创业教育的氛围，鼓励学院或学生社团成立创业社团、创业俱乐部等机构，为有创业想法和创业激情的大学生创造更多的交流探讨机会。大学生可以充分利用创业机构，与其中成员分享创业的心得体会和创新计划，做到资源共享、优势互补。高校要积极组织学生参加各类创新创业活动，如创新设计比赛、科技成果展览等，以这些活动为载体，通过营造良好的创新创业校园氛围，启发大学生的创业意识，激发创业灵感，进一步提升大学生创业胜任素质，对他们进行创业意识和创业技能的教育。

(4) 创业实践课程目标

创业实践课程目标是在实践过程中培养大学生的创业胜任素质，塑造创造性的性格特质。

创业实践课程可分为两类：模拟实践和社会实践。一种是教师指导学生组成一个创业团队，在模拟创业中学生真实地感受创业的流程及方式；另一种是教师通过实习的方式将学生分配到企业，学生在实习中进行创业实战演练，将创业教育课程的理论知识与实践相结合，达到培养创业胜任素质的目标。

4.1.2　应用型院校创业教育的内容

明确了创业教育的目标之后，创业教育可以通过创业教育的课程设置、教学内容安排、教学方法革新和第二课堂活动以及社会实践等来展开，融入整个学校课程教学、校内的课外活动和校外的实践训练中，达到不断提高学生的整体胜任素质，增强学生的创造力、创新能力和创业精神的目的，并在特定条件下，为大学生创业者提供有用的技术支持和资金来源，使学生更快地具备相应的创业能力。

创业教育内容的设置应符合学生的需求，结合高校自身实际，以培养学生的创业胜任素质为总目标，对教学内容进行全面设计。进而贯穿于大学四年的纵向实施阶段，针对全域目标、重点目标等受众群体，按照创业教育相关课程门类等实施载体来进行。

因此，创业教育的内容以培养学生的创业胜任素质为总目标，围绕着培养创业精神和合作意识、创业胜任素质和创新胜任素质、创业能力和终身学习能力等教学目标，针对在智力商数、情绪商数、挫折商数 3 个领域下的自主学习能力、战略决策能力、专业理论与技能、市场把握能力、社会责任感、人际关系能力、自我管理能力、抗压能力、解决问题能力等胜任素质的培养，在创业教育课程中融入专业知识、创业知识和技能教育等几个方面的内容。

1. 智力商数

（1）培养专业理论与技能

前文的研究中专业理论与技能对创业绩效有显著的正向影响。因此广泛涉猎所学专业理论和掌握专业技能是大学生自主创业的首要要求。创业教育的最终效果要在创业活动中加以体现和验证，专业理论与技能会直接影响学生的创业思想，两者的掌握程度关系着创业的效果，学校和大学生只有兼顾理论教育和技能教育，才能让大学生在走出校园后可以独立自主开创自己的事业。

不管准备进入哪个行业开始创业，对大学生而言，专业理论和创业技能都是必须具备的。在培养专业理论与技能时，大学生要明确这些知识，并不需要全面地掌握，而应该有目的性地合理选择学习。大学生拥有一个独特的、资源丰富的学习环境，就应充分利用各种专业资源，发挥主观能动性去学习以后创业过程中可能会运用到的专业理论跟技能，并尝试将各种技能进行实际应用。现在高校中创业知识的宣传活动有很多，如专门的创业技能培训、企业家讲座都可以让创业者从中获得创业所需要的专业理论和技能，以满足创业胜任素质的培养需要。

(2) 培养主动学习能力

创业是一个不断打拼、持续奋斗的过程，需要创业者具有旺盛精力、不懈的精神、持续的能量和创新的能力。这就需要创业者树立终身学习的观念、培养自主学习的能力。自主学习能力指在一段时间内获取信息并转化应用的能力。

要成功创业，特别是持续成功创业，需要有深厚的文化底蕴、非凡的气魄胆略、卓越的眼光见识。而这一切来自于广博的知识积累，来自于较强的自主学习能力。就大学生来说，对专业理论与技能的学习与掌握是本职，也是今后从事职业、开拓事业的看家本领。对创业者来说，专业理论与技能是创业的首份资源，并且这份资源始终相随，不断增值。所以，大学生要珍惜这份资源，更要竭尽所能实现这份资源的最大化。有效的途径就是培养自己的自主学习能力，在持续的学习过程中来完善知识结构。完善的知识结构比单纯地增加知识更为重要，知识是载体，是工具；完善的知识结构是创新的源泉，创业是不断创新的结果。

自主学习能力的培养既要融入专业学习中，通过专业训练，养成学习习惯，也可以伴随在创业教育的进程里。首先，大学生经历盲目学习和被动积累的阶段，到逐渐熟悉创业的准备、创业的目标和创业的过程；其次，的放矢地开始自主学习，在尝试、失败、总结、调整的循环中学会发现问题和改进创业方案；最后，培养出较强的自主学习能力，懂得在创业过程中有选择地补充知识和提升素养，形成创业者自己的理念和思维体系。

(3) 培养市场把握能力

市场把握能力就是有敏锐的市场感知力，能够把握市场动态、看准市场方向、掌控市场行为的能力。市场把握能力是开展创业的前提，但是，大学生从校门进入另一个校门，身处象牙塔，没有完全社会化，更没有进入市场，市场把握能力尚无从谈起。所以，实施创业教育时必须对市场把握能力的培养引起足够重视。

首先，要引导学生完善自我，提高自我效能感。当学生积淀起丰厚的理论知识、扎实的专业技能、高阔的眼光胆识时，就会有驾驭商海、乘风破浪的自信与能力。“凡事预则立，不预则废”，打铁还要自身硬，想一个创意的点子不难，但要驰骋商海，要的是真本领、硬功夫，必须下力气提升综合胜任素质，完善自我。要打好专业理论基本功，不舍本逐末、好高骛远；要加强综合胜任素质的养成，不急功近利、片面发展；要树立创新创业意识，不因循守旧、故步自封。

其次，走向社会，培育市场感知力。创业能力强弱最终要由市场来检验，所以创业能力的培养要放在市场活动中来锤炼。要帮助有创业意向的学生进行市场分析和研判。一是要进行市场分类。市场各行各业纷繁复杂，要引导学生准确进行市场分类与定位，找准目标行业。二是要收集市场信息，及时跟踪市场变化，培育市场感知力。

(4) 培养战略决策能力

战略决策能力是一种具有极大的前瞻性眼光和超前理念的思维能力。培养战略决策能力就是要培养对全局性、长远性和战略性重大问题的决策能力和思维方式，在分析和解决重大战略问题时提出有宏观性、前瞻性、政策性的观点和决策。

创业教育中培养战略决策能力可以通过几个途径进行。一是深入社会，增长见识。战略家的头脑要在天上，脚要站在地上。要鼓励大学生进行市场走访，大学生创业者要走出校园，到市场中去了解第一手资料，了解哪些战略决策是可行的，哪些战略决策是有问题的，从而对市场做出预期设想。二是学校要提供信息收集渠道，学生利用走访市场的方式获得的市场情况虽然直观，但不全面，还要有更多信息渠道。三是指导学生如何做出合理的决策，根据教师对多方信息的分析，加上专业的数据模型，学生从中学会做出市场规划。同时，培育风险的控制能力和危机的防范意识。

2. 情绪商数

(1) 培育人际关系能力

人际关系能力是人际感受能力与人际反应能力的综合，包括他人与自身之间产生影响关系的觉察能力以及发生影响行为的应对能力。其胜任素质要素内涵包括：在工作中，与上下级和组织内外有关人员沟通与交往的能力。表现为社交能力强，社会接触面广，能广泛建立工作联系，能够凝聚创业团队。

良好的人际关系能力和良好的人际关系是一个人生存和发展的必要条件，离开交往环境，离开与他人的合作，个体就不能成为完整的社会人。人际关系能力是创业胜任素质中的关键要素，在大学生创业过程中发挥着非常重要的作用。

创业教育要培育大学生的人际关系能力，需要着力做好以下几方面。一是引导学生优化性格养成。性格因素是影响大学生人际交往的重要因素，而交往障碍大多由不良性格引起，如过于敏感、孤僻、自傲、自私等，都会影响正常的人际交往。作为学生要自我反思性格特征，主动纠正不良习惯；作为教育者要热情帮助，必要时采取心理干预，促进学生良好性格的养成。二是提升表达能力。讲话是沟通信息、表达感情、传递友谊的重要手段。善于表达，讲话的内容会准确清晰，讲话的方式就会恰当，或温馨，或风趣。学生要完善自我，获得自信心，自信是表达能力的关键；要利用演讲比赛、座谈会等机会，锻炼自己。三是构建社交网络。学生要建立自己的社交网络，丰富信息资源的来源途径，积极主动与人交往。

(2) 培育社会责任感

社会责任感是一种道德情感，是一个人作为社会成员所拥有的对国家、集体、社会以及他人负有责任的认识、情感和信念，以及与之相应的遵守规范、承担责任、履行义务的自觉态度。其胜任素质要素内涵包括：具备社会主义核心价值观，道德观念强，明晰个人和企业对社会应承担的责任与义务，勇于承担责任，乐于奉献。

大学生正处于人生观、价值观的形成时期，绝大多数学生具有较强的社会责任感和使命感，有着高尚的爱国主义情操和集体主义精神，展现出新时代大学生的精神风貌。但也有一部分大学生社会责任感缺失，尤其是在走进市场、面对创业时，认为企业就是逐利的，就要追求利益最大化，竞争就要不择手段、不计后果，商场如战场，狼性法则，胜者为王。所以，我们在这个时期，对即将进入社会的大学生进行社会责任感教育非常必要。

首先，加强人生观教育，培育“企业家精神”。经济学家厉以宁认为：“作为一个中国企业家，具有社会责任感是其应该具备的重要条件之一。”① 社会责任感是企业家精神的重要组成部分，中国不缺少聪明的创业者，缺少有责任感的企业家。对大学生进行创业教育，必须充分认识“企业家精神”的内含，把握实质。《国家中长期教育改革和发展纲要》中明确“着力提高学生服务国家、服务人民的社会责任感、勇于探索的创新精神和善于解决问题的实践能力”②。

其次，加强价值观教育，培育正确的义利观。大义必有大利，小义则有小利，如果无义，为富不仁，或可暂时获利，但绝不会长久。企业家把企业办好，就是在尽社会责任。在办好企业的同时，也要在社会财富的第三次分配中承担起应有的责任，服务大众，奉献社会。鼓励学生自觉地承担起责任，履行义务，做到人人为我，我为人人。

（3）培育自我管理能力

自我管理能力就是善于自我控制，调节自己的情绪，及时以宽容和乐观的态度达到自我控制管理的能力。

自我管理是迈向成功大门的前提。作为创业者，首先要学会管理自己，然后才能管理企业，管理他人。自我管理是每一名创业者创业生涯中的必修课。一个成熟的创业团队领导者应该具备较强的自我管理能力。

创业教育要培育大学生的自我管理能力，需要着力做好以下几方面。一是提升学生的目标管理能力。创业过程中，事务繁忙，头绪杂乱，创业者要事必躬亲，必定忙得不可开交。这就要求创业者集中精力于重要事情上，不要沉溺于不必要的琐事。二是提升时间管理能力。就是要充分利用时间，尽量争取时间。三是提升情绪管理能力。良好的情绪能增进感情、改善人际关系，情商高的人能够控制、化解不良情绪。不管遇到什么事情，哪怕是违背自己意愿的事情，都应能够控制住自己的情绪，不能有过度激烈的言行举止。如果常常由于一些事情无法

① 厉以宁．企业家要加强社会责任感［N］．中国质量报，2005-06-07（4）．

② 国家中长期教育改革和发展规划纲要工作小组办公室．国家中长期教育改革和发展规划纲要（2010—2020年）．2010.

控制自己，则会影响整个创业团队的士气和工作效率。四是提升行为管理能力。引导学生养成良好的行为规范，遵守职业道德，坚守职业操守，完善职业素养。五是提升自我反省能力。反省是成功的加速器，只有不断反省自身，才能正确认识自己，改进完善自己。

3. 挫折商数

(1) 提高解决问题能力

所谓解决问题就是运用特定领域的知识和认知策略来实现既定目标的一种思维活动。胜任素质要素的内涵描述为：在实际工作中遇到重大问题和矛盾，能正确分析、抓住重点，运用知识做出正确决策，从而解决问题。

解决问题能力包含两个重要能力，一是逻辑推理能力，二是创造性思维能力。前者可以通过逻辑学、物理学、高等数学等逻辑思维严密的学科来培养；后者决定了创业者能否跳出原有的思维框架，创造性地解决问题，培养的途径有很多，如横向思维、头脑风暴等。

(2) 提高抗压能力

抗压能力就是在外界压力下处理事务的能力。其胜任素质要素的内涵描述为：一旦确定了目标，就坚定不移地沿着既定目标前进，即使遇到挑战或逆境也能乐观对待、勇于接受、坚持不懈地追求目标，并能保持对目标的持续关注。

创业过程中很难事事顺心，总是面临各种挑战，抗压能力的高低决定着创业的成败。创业教育要培育大学生的抗压能力，需要着力做好：一是引导学生学会主动掌控。每次面对挑战都看成压力，自然是压力重重，其实转化角度去面对，就会有不同的结果。要改变负面想法，主动掌控，就不会被“自我打败”。二是培养乐观人格。以积极的态度面对创业过程中可能遇到的种种困难。不要轻易地对事情下否定的结论，要广纳贤言，听取创业团队中他人的意见。三是善于缓解压力。如进行游泳、跑步、瑜伽等有氧运动，达到身心和谐，缓解压力。四是善于运用空杯心态。勇于放下，不断超越；放开手，可以拥有更多。

4.2　应用型院校创业教育的方式与方法

4.2.1　应用型院校创业教育的方式

近年来创业教育在我国高校中陆续展开，不同的学校特色不同，各有侧重。有的侧重于面向全体学生开设创业基础课，方式上以创业理论选修课为主，以创业活动为辅；有的侧重于以创业活动为主，方式上以创业计划大赛等赛事为主，以胜任素质拓展活动为辅；有的侧重于以创业实战为主，方式上以学生直接从事创业实践为主，以实战促进专业学习。本书以地方普通高校为研究对象，提出创业教育实施方式的思路。

因为教育教学的载体是课程，所以，大学生创业教育的实施载体就有以下 4 种方式。

1. 学科课程

学科课程是实施专业教育的载体，是大学生接受专业理论教育的主渠道。依照创业教育的任务与目标，将创业教育的内容结合专业教学特点，按照专业教学大纲，适时融入专业教材之中，在潜移默化中实现教育目的，方式巧妙恰当，效果更为突出，我们把这种交叉课程称为创业教育的学科渗透课程。当然，根据教育部的要求，还可以探索把创业教育作为独立的学科课程来开设，专门讲授创业基础知识，开展实训实创，开设形式为必修课或选修课，我们把这种课程称为创业理论课。

2. 活动课程

活动课程是大学生最为喜爱、乐于参与的课程形式，是大学生综合胜任素质锻炼的舞台。按照创业教育的目标，将创业教育的内容转化成学生喜闻乐见的形式、乐于参与的活动，必定事半功倍。活动课程形式多样，大体包括学科活动、团队活动以及社会活动等。学科活动指围绕学科专业知识和专业技能学习而组织开展的活动，如学科知识竞赛、教学技能大赛、创新胜任素质比赛等。团体活动是指通过社团组织等团体，开展的以提升创业胜任素质为主的校园活动，如创业计划大赛、演讲比赛等。

3. 环境课程

环境课程是指发挥环境育人的作用，将校园环境中的物质环境、人文环境及其制度环境赋予创业教育的内容、寄予创业教育的目标而进行课程化建设，使环境课程具有创业教育的功能，成为创业教育的一项重要方式。这就要求学校把创业文化融入校园文化建设之中，加强校园创业文化建设。在校园物质环境建设上，渗透创业教育因素，充分体现创业教育的目标与主旨；在学校层面的制度环境建设上，要出台相关创业扶持政策，鼓励帮扶创业；在文化环境建设上，结合校风、教风、学风的凝练，体现创业精神，利用校园宣传阵地，营造创业氛围，积淀创业文化，形成创业光荣、宽容失败的校园文化。其表现形式包括校园物质环境、人文环境以及政策环境等。

4. 创业实践课程

创业实践课程是指围绕创业教育目标，指导学生主动开展的创业实践活动。将其称作创业实践课程，是因为它是在教师指导下开展的有明确的教育目标、具体的教育内容，有计划、分阶段组织实施，是创业教育课程体系的重要组成部分。其表现形式包括模拟实践、社会实践以及创业实战。通过实践活动，让学生在相对真实的情景中，实际运作，切实体验，使理论与实践结合，让创业认知提升为创业能力。

模拟实践以群体活动为主，学生在老师的指导下进行活动。其活动形式主要有实际运作模拟、管理经营模拟和社交模拟 3 种。其特点是在有限活动空间进行，内容较为简单。模拟实践毕竟只是实验室里的模拟，难以获得真实的创业体验，但是能够增加对创业过程的认知，主要用于培育大学生创业意识。

社会实践以个体活动为主，让学生走出校门参加实践。实践活动具有全方位、综合性、社会性的特点，是创业教育教学活动中的更高级类别。通过实践加深对国情乡情的了解体察，增加大学生的社会责任感；通过对市场的深度调研，有利于把握市场动态、了解市场方向、提高市场把握能力；通过深入企业调研，了解企业成长过程中的成败得失、酸甜苦辣，培养大学生的自我管理能力、战略决策能力以及抗压能力。

创业实战是指大学生通过实际创办一家企业，从创业准备、企业创立、企业管理、企业运营等一系列行动中，获得创业体验、提升创业胜任素质的过程。

4.2.2　应用型院校创业教育的方法

1. 多媒体教学法

多媒体教学是一种通过计算机等新媒体的有机组合，把静态、呆板、单调的教学内容和平面化的教学方式，转化为音、像、影、视相结合的多功能的立体型教学。突出科学、直观、具体、形象、生动、有趣的动态过程，把传统教学转变为媒体教学。多媒体教学可以在短时间内向学生传达大量创业教育内容，使课堂活动更加紧凑有序，提高课堂教学的容量和学生的学习效率。对创业成功案例的演示，使课堂教学变得形象生动，学生更易于接受，从而激发创业兴趣。对创业过程的模拟演练，增强学生参与意识，提高学生的创业成就感和自信心。

2. 案例教学法

案例教学法是一种以案例为基础的教学方法。通过对案例提供的创业过程的研究与分析，让学生形成解决实际问题的能力。教学形式由单向讲授转变为双向互动，更好地带动课堂学习气氛，充分调动学生思考问题的积极性，发挥主观能动性。案例教学法可分为 3 个阶段：第一是进行案例阅读或讲解，这个阶段的目的是让学生全方位地了解创业案例的内容，对案例有客观的认识；第二是大学生或教师针对具体案例提出问题，进行讨论，发表各自的意见；第三是学生小结，教师总结归纳。学生先对之前的讨论进行小结，然后由教师系统性地总结归纳，点出创业成败的关键之处，使学生认识并掌握创业的基本知识和技能。

3. 角色扮演法

角色扮演法是将实际创业过程中出现的情况编为剧本，要求学生在剧中扮演特定角色，在具体演练中体验创业者心理、处理创业过程中遇到的问题；并在表演结束后，开展集体讨论及分析评价，以此来提升学生创业能力的一种实践性、体验式教学活动。角色扮演教学法富有高度参与性，以学生为主体，按照当事人的角度身临其境地体验岗位职责、决策过程，能调动起学生浓厚的学习兴趣，获得切实体验。同时，角色扮演教学法其教学形式灵活，教学过程生动有趣。角色间相互配合，互动性强，有利于培养团结合作意识。

4. 拓展训练法

拓展训练强调的是一种体验，是一种由内至外的自我教育。通过设计独特的、具有挑战性和趣味性的培训项目或游戏活动，让学生在应对挑战、解决问题的过程中，磨砺意志，强化心理，提升能力，培养敢于拼搏、勇敢向前的精神和团队合作的意识。在具体实施中，一是融合专业课程，多元推进。强化大学生创业教育与专业教育的融合，实验性开设融合专业教育的新拓展课程。例如，将创业教育与体育课结合、与经济类专业课程结合、与电子商务专业课程结合等。二是开设拓展项目。以创业胜任素质训练为目标，设计一系列创新真实的训练项目，让学生在小组合作中主动去解决遇到的问题。在参与体验的过程中接受挑战，发散思维，最后通过讨论总结，分享经验，形成团队合作意识、培养创业能力。三是开设拓展游戏。以创业技能培养为目标，更多地引入拓展训练的游戏理念，积极开发各种课程游戏，将理论知识与技能培养融入实践活动中，获得创业教育实际成效。

5. 项目训练法

项目训练法即项目教学法，是指学生在创业指导教师的指导下，亲自主持或参与一个创业相关项目的全过程。这一过程从项目论证、立项，到项目具体实施、项目结题，全部由学生或团队来组织完成，问题的提出、团队成员的组合、信息收集、研究成果的交流展示和评价都由学生自己决定和选择。训练过程成为一个人人参与的创造实践活动，注重的不是最终的结果，而是完成项目的过程。通过项目实践，学生理解和把握了创业所必需的知识技能，体验到创新创业的艰辛与乐趣，培养了分析问题和解决问题的思想和方法，强化了自主学习能力，发挥了创造潜力，提升了自信心。

4.3　应用型院校创业教育的领域与范围

4.3.1　应用型院校创业教育的领域

创业教育实施的领域应该包括基础教育、普通高等教育、职业教育和继续教育 4 个领域。由于 4 个领域面对的教育对象不同，居于不同的年龄范围，呈现出不同的心智特点与规律；承担的教育目标和教育内容不同，具有各自的层级分类；实施的时间和空间也不同，有各自的阶段与定位。基于本书探讨的是普通高等教育中的大学生创业教育，那么创业教育实施的领域就局限于高等教育阶段。如果对普通高等教育领域进一步明确，具体为第一课堂、第二课堂。第一课堂即学科专业渗透课程、创业必修课、创业选修课；第二课堂为创业活动课程、创业环境课程、创业实践课程。第一课堂以教室为主阵地，实训室及创业园为辅助；第二课堂形式多样，包括社团行动、文体活动、创业大赛、实习实训，领域较广，有校园、企业、社会，因需而定，自由灵活。

4.3.2　应用型院校创业教育的范围

大学生创业教育的实施领域界定在高等教育阶段，但大学生创业教育目标与内容、方式与方法具有特殊性，创业教育实施的空间范围较广，既包括高等学校，也包括企业、社会。

1. 学校

高校是大学生创业教育的主阵地。学校作为社会人力资源培育的基地，创新创业人才培养的摇篮，必须主动承担起创业教育的重任。学校应当在创业教育的课程内容上给予任教教师一定的改进自由。如果设计的课程和参考资料提前被限定了，那么教师本身的创业精神就不会被充分地体现出来。由于不同教育的对象间存在比较大的差异，假如剥夺教师改进课程内容的权力，就不能因地制宜实施教学，这给教学方法和策略的多样性带来了限制。对于从事创业教育的教师，特别是新教师给予一定的指导是非常必要的，同时要赋予他们教改的自由，让他们能够灵活地根据教学对象和教学时机对教学内容进行增添和修改，以提高教学效果，实现教学目标。

创业教育课程应注重“机会教育”，让学生了解什么因素会导致机会出现，如何找到机会以及如何对其进行评估。机会在创业成功中发挥了极其重要的作用，它甚至被认为是创业的基本要素。多数人认为“没有机遇就没有创业”，认为不知道如何寻找、评估和利用机会的人当不来成功的企业家。因此，要让学生了解机会的本质特征，了解导致机会出现的因素，知道机会出现的预兆，知道如何发掘机遇以及如何评估机会等。

2. 企业

企业是大学生创业教育的实践基地，企业家是大学生创业导师。校企合作能促进理论与实践的结合，是健全大学生创业教育体系的必然选择。企业要承担自己的社会角色，引导、吸纳一定数量具有创业意向、创业思路的学生开始尝试创业。通过学校的创业教育，大学生创业者已经掌握了一定的创业知识与技能，但是由于缺乏实践，他们需要到企业中实训实战，他们需要成功企业家的创业引导、言传身教，需要场地资金、市场资源。

3. 社会

社会是创业的战场，自然是大学生创业教育的大熔炉。比起其他教育，创业教育需要得到更多的社会认知、社会实践，也就是说，社会才是创业教育真正的大课堂。社会环境是决定创业效果的客观因素，是大学生创业成功的重要条件。社会环境包括政策环境、文化环境、市场环境。政府、学校、社会是社会环境建设的主体，三者必须通力合作，共同推进创业型社会环境的形成。政府要继续出台和优化创业扶持政策。目前的创业扶持政策知晓率和收益率不高，创业政策的扶持力度仍显不足[①]，大学生创业者认为创业政策需求与政策供应差距较大。即使已经出台的扶持政策，也呈现出高高在上或游离在外的现象，没有进驻校园，没有与学生对接落地。有政府服务迟缓的原因，也有学校争取不够的因素。创业文化环境对于包括创业活动在内的人类活动具有不容忽视的重要作用，创业文化所蕴含的公正与平等精神、竞争与合作精神、开放与包容精神、风险与效率意识等，可以深刻地影响着创业者、创业组织以及社会群体的人格，进而影响整个社会形成充满竞争与合作的创业型社会文化大环境。同时，一个法制完备、公正开放的市场环境是创业成功的基础。大学生迈入社会市场环境开始创业，资源缺乏，经验不足，战战兢兢，如履薄冰。他们用稚嫩的眼光观察社会、研究市场，分析市场环境、察觉市场动向，了解社会需求，评估自身资源。他们在寻找识别机会，相机捕捉机会，他们需要一个公平公正的市场环境。这就需要政府继续改革行政审批制度、放低市场准入门槛、开放金融信贷、加强法制建设，营造和谐法治的市场环境。

---

① 李小彤．如何改善大学生创业社会环境——访中国人事科学研究院院长吴江［EB/OL］．(2013-05-03)［2017-05-06］．http：www.lm.gov.cn.

4.4　应用型院校创业教育的基本模型

4.4.1　应用型院校创业教育基本模型的构建

创业教育是高等教育的一项系统性工程，不仅包括课程体系，还包括非课程体系。创业教育体系不仅需要学校参与，还需要社会介入；不仅要具有理论性，还要具有实践性①。因此，本书在综合国外高校创业教育体系的建立过程和内容的基础上，联系我国高等教育的实际情况，根据前面的因素划分和关系分析，尝试构建出应用型院校创业教育的基本模型。创业教育模型由 3 个维度组成。维度一为创业教育的目标与内容，细分为教育目标和内容两个部分，目标层面分为阶段目标和课程目标，内容则包括智力商数、情绪商数、挫折商数 3 个方面；维度二为大学生创业教育的方式与方法，创业教育的方式有学科课程、活动课程等，创业教育的方法有多媒体教学法、案例讨论等；维度三为大学生创业教育的领域与范围，领域包括第一课堂和第二课堂，范围覆盖学校、企业、社会 3 个方面。在创业教育模型中，这 3 个维度各自独成体系，但又彼此相依，共同构成了高校实施创业教育的完整体系，如图 4-4 所示。

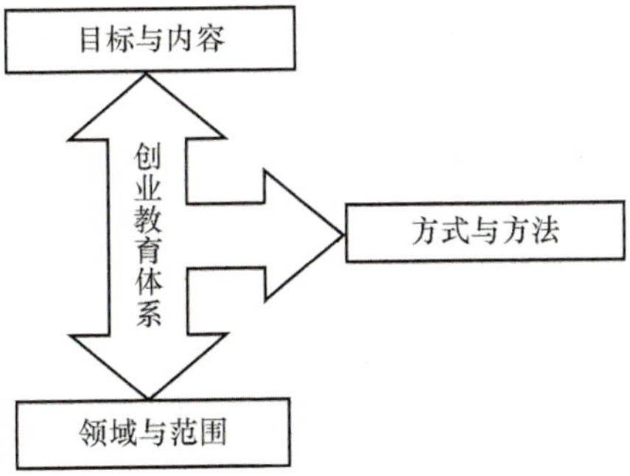

图 4-4　应用型院校创业教育的基本模型

4.4.2　应用型院校创业教育基本模型的特点

1. 综合性和包容性

创业教育的三维模型体系全面地展示了其基本骨架，这 3 个维度相互作用，

① 欧阳晓．关于大学生创业教育的几个问题［J］．中国高教研究，2002，8：72-73.

相互影响，共同构成了创业教育的整体架构。

2. 完整性

模型的3个方面既密切相关，又相互独立，其中，创业教育的目标和内容决定了另外两个维度的实施方向，方式与方法是目标与内容的具体实施手段，领域与范围则为另外两个维度提供了具体的实施空间，同时又对具体时空范围提出限制和要求。该三维模型各个维度之间划分明确、层次分明，彼此之间既相互独立又联系紧密，将创业教育的核心要件构建成一个结构合理的统一体系。

3. 简约性

创业教育模型3个维度的划分，具有很强的逻辑性，同时也与目前我国高校的实际教学现状相符，各维度彼此之间简洁清晰，方便于现实中的应用和实施。

4. 方向性

创业教育模型强调了其普遍性和统一性，明确了创业教育的基本框架。该模型只是简单明了地展现出创业教育的目标及相应课程的设置方法和范围，而没有将创业教育的动态发展过程描述出来，这为各高校的实践和探索预留了空间。由于创业教育模型具有普遍性，它能在平时的教学活动中起到指导、促进和规范实践活动的作用。

4.4.3 应用型院校创业教育基本模型的实证研究

1. 胜任素质培养与人才测评

笔者选择山东省几所应用型高校2013级和2014级各400名学生共800人，每个年级的学生分成实验组和对照组，每组200人。实验周期为一学期，采用对比教学方式，在控制无关变量相同的前提下，实验组以笔者的前文提出的应用型院校大学生创业教育的基本模型为基础，从培养目标与内容、培养方式和方法、培养领域与范围3个维度综合考虑进行课程安排和授课，对照组则是按照以往的教学模式进行课程安排和授课。

在实验前后分别对实验组和对照组的学生进行胜任素质测评，请专业人力资源管理领域的专业教师，根据第3章所构建的应用型院校大学生创业胜任素质模型中大学生的智力商数、情绪商数、挫折商数三大创业胜任素质范畴，专业理论与技能、主动学习能力、市场把握能力、战略决策能力、人际关系能力、社会责任感、自我管理能力、解决问题能力和抗压能力9个胜任素质及其各要素的构成指标，设计有针对性的胜任素质测评量表，借助某高校人才测评中心的人才测评软件系统，对各组同学的专业理论与技能、主动学习能力、市场把握能力、战略决策能力、人际关系能力、社会责任感、自我管理能力、解决问题能力和抗压能力等胜任素质进行测评。

实验结束后对比实验组和对照组前后测得的数据，利用 SPSS 17.0 软件进行统计分析，得出两种不同教学模式对大学生九大创业胜任素质的提升效果。

2. 实验结果

实验结果显示：实验前两个组在专业理论和技能、主动学习能力、市场把握能力与战略决策以及人际关系能力、社会责任感、自我管理能力、抗压与解决问题能力等方面并没有显著差异。而在实验完成后，实验组学生的上述几项创业胜任素质较对照组有明显进步。

(1) 主动学习能力与专业理论技能显著提高

相较于专业学科的知识，创业教育的内容更加多元化，包括了经济学、管理学、法学等多学科的知识内容，学生需要花更多的时间去学习相关知识，因此需要较高的自主学习能力，同时还要掌握好本学科的专业技能。通过对实验组和对照组实验后的胜任素质进行比较，如表 4-2 所示，可以得出实验组的学生在实验后自主学习能力与专业理论技能比对照组有了显著提高（Sig. =0.001），实验组实验前后（$P=0.000$）的数据说明，学生在实验后相应的能力和技能都有了显著提高。

表 4-2　主动学习能力与专业理论技能

组　别	人　数	方　差	t	P
对照组（实验前）	400	1.7	2.006	0.046
对照组（实验后）	400			
实验组（实验前）	400	2.991	18.432	0
实验组（实验后）	400			

注：Sig. =0.001。

(2) 战略决策与市场把握能力没有明显提高，需要长期培养

战略决策与市场把握能力是创业成功的必备条件，是一个新创企业能否持续发展的关键。但是这两类能力的培养是一项系统工程，需要花费较长的时间。通过对实验组与对照组的比较，可以发现在一学期的实验后，实验组与对照组学生的战略决策与市场把握能力都没有明显提高（Sig. =1.063），如表 4-3 所示。两组学生在实验前后的能力提高也不显著（$P>0.05$）。由此可见，无论是哪种教学模式，虽然对于大学生战略决策与市场把握能力有一定作用，但都没有产生显著的影响。

表 4-3　战略决策与市场把握能力

组　别	人　数	方　差	t	P
对照组（实验前）	400	2.51	0.743	0.274
对照组（实验后）	400			
实验组（实验前）	400	3.101	1.144	0.157
实验组（实验后）	400			

注：Sig. =1.063。

(3) 社会责任感提升显著

创办一家企业，除了必备的基础胜任素质、专业技能、资金资源以外，创业者还必须富有社会责任感，带动企业承担起应尽的社会义务。通过一学期的实验教据发现，如表 4-4 所示，实验组跟对照组比较，学生在社会责任感方面存在显著差异（Sig. =0.003），并且实验组的实验前后差异十分显著（$P<0.01$）。这表明前文建立的大学生创业教育模型能够强化学生的社会责任感，对成为一名优秀企业家有较深的感悟，为以后实施创业规划打下了胜任素质基础。

表 4-4　社会责任感

组　别	人　数	方　差	t	P
对照组（实验前）	400	2.302	2.008	0.051
对照组（实验后）	400			
实验组（实验前）	400	2.135	3.114	0.009
实验组（实验后）	400			

注：Sig. =0.003。

(4) 人际关系与自我管理能力提升十分显著

通过实验班实验前后的比较，如表 4-5 所示，学生的人际关系能力与自我管理能力有显著差异（$P<0.01$）。同时实验班和对照班在实验后的差异十分显著（Sig. <0.01）。这表明新型教学模式比传统教学模式更能促进人际关系与自我管理能力的改善，能促进学生提升境界，放宽眼光，管控自我，学会与人相处，积极搭建人脉资源为创业所用。

表 4-5　人际关系与自我管理能力

组　别	人　数	方　差	t	P
对照组（实验前）	400	2.001	2.886	0.014
对照组（实验后）	400			
实验组（实验前）	400	2.613	2.343	0.012
实验组（实验后）	400			

注：Sig. =0.008。

(5) 抗压与解决问题能力明显提高

在创业过程中往往会遇到很多挫折和障碍，这就需要创业者拥有较强的抗压与解决问题能力。通过实验组跟对照组的比较，可以发现在实验组进行了一学期的实验以后，该班学生在抗压与解决问题能力上有了相当明显的提高（$P<0.001$），如表 4-6 所示。同时，实验班学生的抗压与解决问题能力也显著优于对照班（Sig. <0.01）。可见，笔者提出的教学模型能使学生内心更加强大，能够在学习中提升自我，增强创业胜任素质，为日后创业奠定坚实的基础。

表 4-6　抗压与解决问题能力

组　别	人　数	方　差	t	P
对照组（实验前）	400	1.774	2.112	0.039
对照组（实验后）	400			
实验组（实验前）	400	1.235	8.011	0
实验组（实验后）	400			

注：Sig. =0.000。

3. 创业意识与胜任素质提升的相关性分析

分别从 2013 级和 2014 级实验组中选取 25 名学生（共 50 名学生）进行访谈，采用 Pearson 相关分析法从智力商数、情绪商数、挫折商数 3 个范畴分析其与创业意识的相关性，得到结果如表 4-7 所示。分析结果表明创业意识与智力商数的相关性达到中等偏上，与情绪商数、挫折商数则达到高度相关。

表 4-7　智力商数、情绪商数、挫折商数的相关性分析

范　畴 创业意识	智力商数	情绪商数	挫折商数
Pearson 相关	0.615*	0.730*	0.853*
Sig.	0.037	0.02	0.003
N	50	50	50

注：“*”表示 $P<0.05$。

4. 实证研究的结果

实证研究的结果表明，依据应用型院校大学生创业教育的基本模型，从培养目标和内容、培养方式和方法、培养领域和范围 3 个维度来进行创业教育，对应用型院校大学生智力商数、情绪商数、挫折商数 3 个范畴下的各项创业胜任素质提升均有非常良好的直接明显效果，而创业胜任素质水平的提升，对提高学生的创业意识也有明显的正面积极效果，从而带动学生的学习情绪，促使学生主动学习创业知识、对创业持有积极的态度。研究结果说明所构建的应用型院校创业教育基本模型符合山东高校应用型高校的实际情况，适应我国高等教育发展和改革的趋势，相信随着我国创业教育的不断推进，该模型将会在各应用型高校中得到分区域、类别、阶段推广运用。

当然，该模型还存在一些不足，实验结果显示，实验后学生的战略决策与市场把握能力没有显著的提高。究其原因，笔者认为有以下两点需要注意。

第一是现有课程时间长度不够。创业教育的课程效果必须经过一定教学时间检验，而实验仅仅进行了一个学期，相对来讲是比较短的。大学生创业教育的基本模型作为一个全新的教学模型，也“必须经过新课程的编订、实验、检验、改进、再编订、实验、检验……这一连串的活动过程”。在一学期这么短的时间内要完成教学模型中的所有教学目标，特别是提高学生的战略决策与市场把握能力这一目标，还有不小的难度。

第二是学生创业胜任素质的自我培养意识不足。原因在于学生的自身特点和家庭影响。大部分学生不愿进行创业实践，加之得不到家庭的支持，这也在一定程度上影响了学生创业胜任素质的提高。

案例与阅读材料

2015年中国创新创业报告（二）

1. 创业金融市场

(1) 新三板市场

2015年，投资全国中小企业股份转让系统（新三板市场）成为中国投资者的又一新选择，投资者可以通过直接开户或购买新三板相关投资产品进入市场。“新三板”市场原指中关村科技园区非上市股份有限公司进入代办股份系统进行转让试点，因为挂牌企业均为高科技企业而不同于原转让系统内的退市企业及原STAQ、NET系统挂牌公司，故形象地称为“新三板”。目前，新三板不再局限于中关村科技园区非上市股份有限公司，也不局限于天津滨海、武汉东湖以及上海张江等试点地的非上市股份有限公司，而是全国性的非上市股份有限公司股权交易平台，主要针对的是中小微型企业。

证监会2015年11月20日发布《关于进一步推进全国中小企业股份转让系统发展的若干意见》，这也是证监会首次针对新三板市场制定框架性指导意见，进一步明确了新三板是资本市场的重要一极。《意见》提出，全国股转系统并非孤立市场，应着眼于建立多层次资本市场的有机联系，研究推出全国股转系统挂牌公司向创业板转板试点，允许符合条件的区域性股权市场运营管理机构开展推荐业务试点，探索建立与区域性股权市场的合作对接机制，新三板市场在“坚持独立的市场地位”的同时，要“着眼建立多层次资本市场的有机联系，研究推出向创业板转板的试点”。有专家指出，国内企业大都是中小企业，很多有发展潜力的中小企业难以寻找资金，新三板可以很好地将资金和中小企业对接。总之，转板制度有望激励新三板挂牌公司做好业绩，也可以在某种程度上锁定长期投资者。

截至 2015 年 12 月中旬，新三板市场投资者账户数已达 21 万户，是 2014 年年末的 4.3 倍。至 2015 年 12 月末，全国中小企业股份转让系统（新三板市场）挂牌公司累计突破 5 000 家，其中，2015 年挂牌 3 400 多家，尤其在融资方面，股转公司发布数据显示，2015 年，新三板融资规模达到了 1 216.17 亿元，超过创业板。其中挂牌同时发行 337 次，发行 44.78 亿股，融资 217.49 亿元。这一高速增长的态势不仅显示出中国资本市场蕴含的巨大能量，也让高成长创新企业与投资者分享到了市场红利。2015 年新三板融资额已过千亿元大关。据全国股转系统信息研究部总监孟浩介绍，2015 年新三板市场平均单次融资 4 800 万元，总融资额已达 1 173 亿元，是 2014 年全年的 8.88 倍。与人们印象中股市公开增发、配股动辄融资数亿元相比，新三板挂牌公司发行单笔融资金额不大。但 2015 年以来很多资金主动投向新三板市场，根据统计，专业机构针对新三板市场的投资产品，由 2014 年年底的 21 支增长到 1 614 支。尽管一些主业较为另类的企业挂牌新三板引起关注，但并非都能成功融资。在新三板放宽市场准入之后，投资者对于挂牌公司的自主选择，成为企业获得融资的决定因素，因此“垃圾公司”在新三板很难获得融资。

（2）战略新兴板

除了新三板市场，为了扶持中国的创新型创业企业，中国 2015 年还确定建立上海证券交易所战略新兴板，这是继深圳交易所创业板后又一重大融资市场机制创新。截至 2015 年 12 月 25 日，创业板上市公司总数达到 489 家，新三板挂牌企业总数突破 5 000 家。据统计，目前在排队的企业有几万家，实际有上市需求的企业有几十万家，目前的创业板和新三板远远不能满足需要，创业企业对上市有“刚需”。与“刚需”相对的，却是资本市场支持的不足。在现有条件下，创新型企业要在国内上市，还面临巨大的时间成本和较高的审核门槛，同时这些公司的外资成分和复杂的公司控制权结构也是阻碍它们在国内上市的因素。海外成熟市场一般 3 个月到一年就可以完成的上市过程，在中国证券市场上需要 2～4 年，一方面耗费了大量的时间成本，另一方面也可能由于市场环境的变化错失了最佳的投资机会。而且在成熟的海外市场，上市程序相对透明，只要公司能达到上市所要求的标准，就有上市机会。而在国内，由于制度原因，审核结构不确定性很大，往往不可预测，使企业对于难以把握和规划的国内IPO望而却步。有数据显示，有超过1 200家中国企业通过红筹模式在境外上市，市值达到2.5万亿美元，其中新兴企业的市值超过1.3万亿美元，基于“互联网+”企业的市值超过6 000亿美元，这其中不乏增长力强、增长迅速、对维护国家安全具有战略性意义的优质企业。但这些在境外上市的大部分中小企业都没能获得国际投资者的认可，股价长期低迷，融资功能基本丧失。于是，从2010年开始，中股便出现了密集的私有化退市。但问题是，目前的市场并没有很好地重返A股的机制。当前，中概股回归A股的主流路径是，从海外市场私有化退市，赴国内新三板挂牌，最终通过转板或其他方式实现A股上市。

未来战略新兴板可以支持未营利的互联网企业在A股市场发行上市。战略新兴板定位“新兴产业和创新型企业”，重点服务于已跨越了创业阶段、具有一定规模的新兴产业企业，创新型企业新兴产业板在发行流程、交易制度、股权激励等方面有望实行特殊安排，未来优质企业有望回归A股。同时，配合新三板向创业板的转板试点，新兴产业的股权融资将获得长期利好。战略新兴板最为引人注目之处，在于弱化了对申请上市企业利润的要求。首批挂牌的企业可分为3类。一是主板排队公司。由于A股市场相对脆弱，IPO即使重启也难以改变“积压”日益严格的情况。所以，新兴板将优先从申请上主板的企业中挑选，以缓解“排队”现象。二是具备创新性的“新兴企业”，如蚂蚁金服、爱奇艺、同程等。三是回归的中概股。战略新兴板的目标是建成东方的纳斯达克市场。上交所战略新兴板门槛低，旨在服务于中小微创业创新型企业融资，让这些企业几乎是无门槛地上市，顺畅获得起始发展资金。一开始就实行真正的注册制，彻底摒弃审批制。要先把战略新兴板的制度设计安排、企业上市财报的真实性审查等，全部赋予上交所，而非监管部门。上交所战略新兴产业板方案已于2015年年底初步拟定。根据该方案，战略新兴板定位与创业板相同，审核标准与主板一致，并会优先在主板排队的公司中挑选符合战略新兴产业标准、获得券商推荐以及招股书披露完备且符合资质的企业在该板上市。

2. 创业投资基金

(1) 风险投资基金

私募研究机构清科研究中心发布的数据显示，2015年PE/VC市场募资总额约7 000亿元，投资总额约5 000亿元，均达到历史最高点。IDG资本、红杉资本、经纬牢牢占据榜首；福布斯发布的2015年中国最佳创投机构榜单，红杉资本、IDG资本、软银中国资本排名前三。在活跃机构排名上，毫无疑问又是被IDG资本、红杉资本和经纬3家强势美元基金占据，而且在总的投资项目数量上看，这3家远远超过后面的几家，甚至是超过了一倍。

从公司首次获投轮次看，VC机构加快向早期投资迁移；从投资领域上看，电商、企业服务、文娱体育布局最多，而 VC 投资创历史新高，总投资额超千亿人民币，VC 投资远超 2014 年全年总量，市场活跃度已创新高，2015 年创业投资最为密集的六大领域集中在 O2O、互联网金融、智能硬件、文化娱乐、在线医疗和在线教育。企业级服务是 2015 年刚刚热起来的一个领域，随着互联网和移动互联网对各行各业的渗透和融合，客户端的需求明显会加快本身被互联网化的速度，这个带来了巨大的想象空间。2015 年是 O2O 的爆发之年，创业企业快速融资，估值翻倍，但 2015 年也是 O2O 的死亡之年，下半年开始，O2O 行业遭遇一阵空前猛烈的倒闭潮。而且 O2O 领域在 2015 年掀起了一轮合并联姻大浪潮，2 月 14 日，滴滴快的合并闸口一开，效仿浪潮汹涌而来。4 月 17 日，58 同城宣布战略入股赶集网，双方共同成立 58 赶集有限公司；10 月 8 日，美团、大众点评两公司宣布合并；10 月 26 日，携程方面与去哪儿网合并，合并以与百度达成股权置换交易的方式进行；12 月 7 日，世纪佳缘和百合网宣布合并。纵观 2015 年，O2O 这个万亿元市场的巨大蛋糕吸引了大批创业者和投资者争抢，但随着资本由狂热逐渐转冷，O2O 领域的创业窗口已经逐渐缩小。根据互联网原创内容（网络 IP）改编的几部电影，如《十万个冷笑话》《万万没想到》《煎饼侠》的票房轻松过亿元，《煎饼侠》更是突破了 10 亿元大关。网络 IP 创造高票房的能力，吸引了越来越多的投资人和创业者。

VC 投资机构 2015 年在投资策略和布局上更加主动选择去接触创业者，更希望在种子期就可以有所动作和改变。例如，IDG 资本在 2015 年 8 月成立了一支 90 后基金，并为此专门设立了投资规则和团队组建，在后期的校园创业大赛上，IDG 资本宣布了一项“自由人”青年创业者计划，希望主动招募青年创业者，来为他们提供更加灵活自主的孵化服务。红杉资本在 2015 年联合高通投资，举办了一场移动互联网创业大赛，旨在挖掘中国移动互联网领域创新与成长的明日新星。而经纬中国也在 2015 年 6 月左右推出“EIR”计划，即入驻企业家，旨在发掘更多优秀创业者，他们看中了两类人群：一类是在一线互联网公司里“带过兵、打过战、背过任务”的人；另一类是“草根创业者”，至少有 4～5 年的创业经历，管理过 30 人或 40 人以上的创业团队。有两家本土的人民币基金君联资本和深创投也发展十分迅速，总的投资数量不亚于其他境外基金，实力越加明显。

（2）天使基金

2015 年第一季度国内获得天使投资行业分布前三位的依旧是互联网、电信及增值业务和 IT 行业。获投案例数分别为 141 起、97 起和 43 起。披露投资金额分别是 1.15 亿美元、7 769 万美元和 2 269 万美元。这一现象延续了 2013 以及 2014 年一贯的行业投资趋势。天使投资机构已经从 2014 年的 200＋翻倍至 400＋。从几年前没有什么天使投资基金，到 2015 年前三季度募集了 64 支基金。从地区分布来看，京沪深依旧在2015年第一季度的天使投资市场地域分布中占据主要地位。原因依旧与天使投资机构高度集中京沪深，经济发展与创业环境优越息息相关。其中北京发生天使投资案例162起，占总投资案例的46.42%，披露金额超过1.11亿美元，占总投资额的43.0%。上海共发生67起天使投资案例，占比19.2%，披露金额为6 589万美元，占比25.9%。深圳发生天使投资案例53起，占比约15.2%，披露金额为3 298万美元，占比12.8%。在2015年第一季度的投资案例中人民币仍然占主导地位，据清客研究中心统计，人民币投资案例共发生317起，占第一季度投资案例的90.8%，披露金额为1.42亿美元，占比55.0%。而外币投资案例数仅占到总投资案例数的9.2%，共计32起投资，涉及金额约1.16亿美元，金额占比45.0%。

在2015年，IT男、成功创业者，乃至职业经理人、娱乐明星都纷纷加入。从事天使投资行业的人多了，角色、背景也跟着变得多元。任泉、黄晓明、李冰冰2014年成立“StarVC”，章子怡、黄渤后续也进入“StarVC”；Angelababy成立了“ABCapital”；央视主持人张泉林辞职后携手傅盛打造“紫牛基金”。此外，上市公司老板或者其他连续创业者出来做天使投资的也逐渐增多，如雷军、周鸿祎等。新募天使基金中出现了许多由政府和天使投资机构合资成立的一批政府背景天使基金。例如，深圳市龙岗区政府出资，力合天使创投管理的龙岗力合天使创业投资基金和西安经济开发区成立的5 000万人民币天使投资基金。而所有披露的新设立以及新募集的天使投资基金均为人民币基金。本土投资者在继2014年天使投资“元年”后的新一季度仍扮演主力支持者。

(3) 众筹

2015年，被认为是众筹主流化的关键一年。目前，国内几大巨头电商已经入局众筹市场。2013年，淘宝众筹成立。2014年，京东众筹成立；2015年3月，京东股权众筹上线。2015年4月，苏宁众筹成立。从市场份额来看，京东众筹占据第一位，淘宝、苏宁等随后，而最早开始做众筹的小平台如“点名时间”等已渐渐淡出市场，众筹竞争进入了电商巨头大平台时代。2015年3月31日，京东出现股权众筹平台“京东众筹”，早期创业公司可以直接申请进行股权众筹，普通大众有机会参与“高大上”的股权投资行为，但是必须有一位专业的投资人士进行领投。关于股权众筹对于天使投资的影响，业界争论不休，争论结果基本以“股权众筹无法颠覆专业投资”为主调，无论如何，股权众筹的出现对于天使投资而言都属于新增了一种投资方式，这种“天使投资+股权众筹”形式也被冠以“天使投资4.0”之名。

自2014年以来，股权众筹开始进入大众眼球，也开启了天使投资的4.0时代。股权众筹，就是大众集资或群众集资，指通过众多参与者的共同投资，来完成早期创业项目的股权资金募集。股权众筹，顺应了草根创业时代需求，突破了过去天使投资人必须“看得中、投得起、帮得上”的条件。从这个意义上讲，这将是天使投资的最佳实践形式，大大提高天使投资参与者的广泛性，开启了天使投资 4.0 时代，掀起中国天使投资新浪潮。2015 年国内天使投资正式迎来天使投资 4.0 时代，国内天使投资 4.0 时代将是全民参与的股权众筹时代，创业者获得天使投资的难度将大幅度降低，潜在天使投资人也将通过股权众筹平台与更多优质项目产生交流。

2015 年 4 月 16 日，国内第一家股权众筹平台天使汇在中关村发布了中国首份天使投资成交规则——《中国天使投资成交规则》，意在解决投资人决策速度过慢，投资意向不清晰，不及时交割打款，对创业者给出模棱两可的承诺，造成创业者备受煎熬，错失融资机会，或信息不对称等问题。天使投资成交规则规定，当投资人表示出投资兴趣时，必须确定项目估值、最高认购额，在投资意向书上签字或者通过邮箱、短信等方式发送确认信息，才算锁定了这笔交易。否则，创业者可以自由选择其他投资团队。此外，规则还对天使投资过程中的当面成交注意事项、责任追溯、避免歧义等方面进行了规定。

3. 创业服务机构

(1) 政府行政服务

2015 年各级政府为了方便创业人员就近、就便办理相关业务。例如，深圳市在 2015 年搭建创业服务实体平台，全市共 57 个街道劳动保障事务所，643 个社区劳动保障服务窗口，为辖区内的创业载体及创业者就近就便提供政策咨询、创业培训、项目推介、各类创业补贴等高效便捷的服务。符合自主创业人员身份及补贴条件的创业者，可就近到初创企业注册街道公共就业服务机构申请各类创业补贴，及就近到经办银行申请创业担保贷款。有的区或街道公共就业服务机构还根据创业孵化基地的需要，在创业孵化基地驻点，提供政策宣传和综合性跟踪服务。如宝安区新安街道公共就业服务机构派专人入驻资安创业园，提供创业政策咨询，开设创业补贴申请窗口，使入园企业“办事不出园”。

(2) 创业孵化器

伴随着“大众创业、万众创新”热潮和政策的不断加码，以创业者为服务对象的孵化器行业迎来风口。孵化器正在多点布局，在孵企业数量迅速增长。如雨后春笋般冒出的大小孵化器，运营模式正从以“收租”为主转向提供各种增值服务的创业生态链培育者，在“双创”时代扮演着重要的角色。2015 年 1 月初，国务院总理李克强造访深圳柴火创客空间。“创客”随即成为热搜词，创客空间、孵化器这类新业态也进入公众视野。广东科技厅最新数据显示，仅 2015 年广东新增孵化器数量就达到 100 家，当前纳入科技部门统计的孵化器共 330 家，其中国家级孵化器 22 家，孵化场地面积超 500 万平方米，在孵化企业超 1 万家。其中，广州的孵化器已超过 80 家，而深圳已经超过 100 家。随着未来经营模式的区分，珠三角城市孵化器将进一步分化。深圳、广州将更加集聚基础性创新和产业中前沿研发的创业者，而周边的珠三角城市则更多扮演产业协调的角色。在转型升级背景下，东莞、佛山等工业城市将有望诞生更多服务产品升级和企业转型的孵化器。未来孵化器行业深度调整的焦点在于创业生态链构建，即怎么样融合联合办公、导师培训、投资对接、技术扶持等环节，为创业者和初创企业提供更有效的服务。

(3) 众创空间

2015年李克强总理提出发展“众创空间”的政策措施，顺应网络时代推动“大众创业、万众创新”的形势，构建面向人人的“众创空间”等创业服务平台，要在创客空间、创新工厂等孵化模式的基础上，大力发展市场化、专业化、集成化、网络化的“众创空间”，实现创新与创业、线上与线下、孵化与投资相结合，为小微创新企业成长和个人创业提供低成本、便利化、全要素的开放式综合服务平台。适应“众创空间”等新型孵化机构集中办公等特点，简化登记手续，为创业企业工商注册提供便利。支持有条件的地方对“众创空间”的房租、宽带网络、公共软件等给予适当补贴，或通过盘活闲置厂房等资源提供成本较低的场所。发挥政府创投引导基金和财税政策作用，对种子期、初创期科技型中小企业给予支持，培育发展天使投资。完善互联网股权众筹融资机制，发展区域性股权交易市场，鼓励金融机构开发科技融资担保、知识产权质押等产品和服务。

众创空间受到国家政策的鼓励支持、媒体热捧、投资人追逐，2015年众创空间在全国遍地开花。众创空间的出现，特别对早期的创业项目，无论是否拿到投资，都选择了入住众创空间，缘由也就是上面提到的创业者能享受到“低成本、高效率、全方位”的开放式综合服务。在国内而言，众创空间的模式大多数是以“空间办公＋空间活动＋系统服务＋孵化投资”为主的路线发展的。目前现存的众创空间主要有7种模式：活动聚合型（北京创客空间、上海新车间、深圳柴火空间、杭州洋葱胶囊等）、培训辅导型（清华x-lab、北大创业孵化营、亚杰会等）、媒体驱动型（36氪、创业家）、投资驱动型（车库咖啡、创新工场、天使汇等）、地产思维型（SOHO3Q、优客工场）、产业链服务型（创客总部）、综合创业生态体系型（创业公社）。例如，比较成功的腾讯众创空间共孵化团队176个，其中10家公司进入上市流程，49家成功获得融资。悦动圈、每日优鲜、微票儿、美家帮等入驻腾讯众创空间的优秀项目发展迅猛，逐渐成为各自行业中的领军企业，腾讯在全国已布局了25个众创空间，总面积超过30万平方米，与京津沪三地地方政府开启战略合作，打造三大直辖市超15万平方米的线下腾讯众创空间，创业基地还将推出一体化的创业支撑服务。腾讯众创空间将携手地方政府、金融机构、法律服务机构等合作伙伴，为入驻腾讯众创空间的创业者提供包括人才、法务、金融第三方、财税等多项创业支撑的服务。除了强大的线上资源，以及优质、广阔的线下创业承载空间，腾讯众创空间还携手长江商学院，以及众多顶级导师，推出了首期创业营。另据腾讯众创指数显示，全国活跃开发者中，45%集中在北京地区，游戏、O2O、社交、教育等是创业者热衷的行业。

(4) 离岸创新创业基地

2015年9月，上海自贸试验区海外人才离岸创新创业基地揭牌。这是国内首个在自贸试验区内试点设立的离岸创新创业基地。该离岸基地是由上海市科协、上海自贸试验区管委会、浦东新区等单位协同推进的，面向海外人才，通过市场化手段构建低成本、便利化、全要素、开放式、配套成熟完善的空间载体，旨在探索“区内注册、海内外经营”的离岸模式，打造具有引才引智、创业孵化、专业服务保障等功能的国际化综合性创业平台。在创业孵化方面，离岸基地将对有意向在上海自贸试验区创业的海外人才提供政策、知识产权、技术、投资对接等整体前置服务，并且通过“海外预孵化”，使海外人才在海外完善创业团队或创业项目，显著提高海外人才落地创业成功率。对于基地内注册的企业，基地将导入优质服务机构，为人才创新创业提供全方位的托管式服务；对于海外创业项目，协助其注册企业后进行正式孵化，形成灵活便利的创业模式。据悉，该离岸基地将力争在3～5年内建成具有国际影响力的高端创新资源集聚地以及高端创业孵化项目加速中心，在海外人才引进、创业孵化、运作机制和配套政策等方面形成可以复制和推广的模式，并在海外资源渠道建设、国内外科技需求挖掘、创业孵化人才培育、人才和项目甄别评价等工作中发挥引领作用。

4. 创业教育与大学生创业政策

(1) 创业教育

中国政府2015年发布了《国务院办公厅关于深化高等学校创新创业教育改革的实施意见》。《意见》提出，2015年起全面深化高校创新创业教育改革。2017年取得重要进展，形成科学先进、广泛认同、具有中国特色的创新创业教育理念，形成一批可复制、可推广的制度成果，普及创新创业教育，实现新一轮大学生创业引领计划预期目标。到2020年建立健全课堂教学、自主学习、结合实践、指导帮扶、文化引领融为一体的高校创新创业教育体系，人才培养质量显著提升，学生的创新精神、创业意识和创新创业能力明显增强，投身创业实践的学生显著增加。实施弹性学制，放宽学生修业年限，允许调整学业进程、保留学籍休学创新创业。要求从2016年起所有高校对全体学生开发开设创新创业教育必修课和选修课，并纳入学分管理。对已有创业实践的学生进行相关的指导和实训，成立创业协会、创业俱乐部，设置创新创业奖学金，向高校毕业生创设的小微企业优先转移科技成果等一揽子配套培养服务。

“中国高校创新创业教育联盟”成立大会暨首届全国创新创业教育论坛在清华大学举行，标志着首批由137所国内高校和50家企事业单位、社会团体共同组成的“中国高校创新创业教育联盟”正式启动。首批联盟成员单位包括了清华大学、北京大学、浙江大学、复旦大学、上海交通大学、南京大学、哈尔滨工业大学、西安交通大学、中国科技大学、中国人民大学等137所高校和英特尔、微软、腾讯、百度、阿里巴巴等创新型企业，以及部分事业单位和社会团体。“中国高校创新创业教育联盟”的成立，对推动我国高校在创新创业教育方面迈上一个新的台阶起到十分重要的作用。

(2) 大学生创业政策

在大学生创业的财税政策支持上面，2015年国家对高校毕业生享受创业就业税收优惠政策的流程进行调整，将《就业失业登记证》更名为《就业创业证》，同时取消《高校毕业生自主创业证》，毕业年度内高校毕业生从事个体经营的，持有注明“毕业年度内自主创业税收政策”的《就业创业证》，《就业创业证》可用于记载劳动者就业和失业状况，持证者可享受相关就业创业扶持政策，接受公共就业人才服务。具体而言，持该证的大学毕业生如果失业，可享受岗位推荐等服务；如果自主创业，可享受从事个体经营税费减免、创业培训补贴、入住孵化基地发展、社会保险补贴、小额担保贷款等创业优惠政策。符合条件的自主创业高校毕业生从事个体经营的，3年内依次扣减其当年实际应缴纳的营业税、城市维护建设税、教育费附加、地方教育附加和个人所得税，扣减限额标准为每户每年9 600元。对高校毕业生创办的小型微利企业，按规定落实好减低税率和减半征收企业所得税、月销售额和营业额不超过3万元的暂免征收增值税和营业税。高校毕业生自主创业自筹资金不足时，可在创业所在地按现行规定申请小额担保贷款、其他形式小额贷款和贷款贴息。高校毕业生个人申请小额担保贷款贴息(或申请贴息的其他形式小额贷款)额度最高不超过10万元。

5.2016年展望

受到2015经济发展状况以及电商发展的影响，实体经济受到了冲击。2016年，伴随着增进供给侧改革，挤出过剩产能政策，实体经济还将和“互联网+”结合，而从中也将诞生大量的创业机会。从国内互联网行业的现状来看，大部分企业和创新与实体经济的相关性都非常高，其中包括众多社会基础行业，不管是农业、物流、生产制造，还是医疗、教育、金融，乃至交通，而以后的创新，也会越来越多地发生在这些改变实体经济的行业当中。2016年“互联网+”的政策红利仍将持续。随着各行各业纷纷互联网化，互联网与实体经济找到了优势互补的契合点，并引发全行业的广泛创新和变革。互联网行业将从以服务为主走向与制造业等实体经济融合发展，通过创新实现产业结构优化和全面升级。2015年一年间，O2O经历了从猛烈烧钱到尸横遍野的冰火两重天。在2016年，回归冷静的资本，对于盈利模式和商业模式不清晰的项目，仍然不会轻易出手。之前依赖补贴的O2O轻平台将越来越不受待见，开线下店或者与传统门店打通，将成为 O2O 的一个重要趋势。

2015 年股权众筹的监管思路逐步明确，2016 年，证券法有望修订，如果草案中“证券经营机构或者国务院证券监督管理机构认可的其他机构以互联网等众筹方式公开发行证券”的建议能够落实，将为公募股权众筹在国内的发展预留创新空间。2016 年，预计更多房地产机构将通过引入众筹有效降低传统房地产开发模式的财务成本和营销成本，为购房者带来实惠，为开发商提供便利。公募牌照的发放将吸引普通大众进入股权投资行业，大大激发大众消费类机构的参与愿望，影视文化、实体店铺、线下教育等收益稳定、明确的行业将更多地通过股权众筹进行融资。2016 年，公募股权众筹的宣传和示范效应可能引发新一轮的股权投资热潮，尤其是在股票市场不振、传统融资遇冷的背景下，优质项目流入股权众筹领域的可能性大大提升，将为该领域导入新鲜血液，促进初创企业股权融资市场的繁荣。

第5章　应用型院校创业教育模式的探索

创业教育是一项系统工程，为紧跟社会转型步伐，满足学生需求，需要深入探求创业教育的组织管理形式（即创业教育的组织模式），以及运行原则（即运行模式）。本书对应用型院校创业教育模式进行探索，着眼于后者。

5.1　应用型院校创业教育模式的构建原则

高校创业教育的实施既要顺应国家的政策导向，满足学生的创业需求，要结合学校的实际，更要结合现实的社会实践，在学校、地方、企业三元合作的基础上，通过全真模拟结合、理论实践结合，形成富有特色的创业教育模式。

5.1.1　特色发展原则

创业教育模式是指为了实现高校创业教育目标而形成的一种方法体系，是教育活动诸要素相对稳定的基本结构、组合方式及其运作程序。也就是说，创业教育活动的开展必须基于特定的创业教育理念或目标。从我国高校的创业教育实施现状来看，需要进一步明确创业教育理念和目标定位。

创业教育可被理解为学校提供的一种产品，而提供什么样的产品主要基于两个因素：一是目标市场的需要和学校的定位；二是学校本身的资源、能力。而就高校的目标市场而言，主要对象是学生和外部经济市场，因此，在制订高校的创业教育理念和目标时，应充分考虑这两者的需求。就学生而言，创业教育不仅是简单地开办公司，创业的本质是创新精神的体现，创新就是创业的前提和灵魂，因此创业教育的内涵应加以深化，注重对学生创新意识、创业能力的培养。创业教育中的“创业”，应更倾向于“创建新事物的过程”，所谓新事业，既包括创办新的企业，也包括个人职业生涯中的事业拓展和创新。就外部市场需求而言，培养具有独立创业者人格的毕业生，是现代社会特别是知识经济社会对高等教育提出的重要而迫切的课题，应当成为大学的自觉理念并在教育活动中始终予以贯彻和体现。

开展何种理念的创业教育的另一个影响因素是定位。在美国，提到百森商学院，人们会感觉她的学生应具有“创新精神”；提到斯坦福，人们就觉得她的学生会成为未来的企业家。外界的这些认识，应归功于美国大学对创业教育的明确定位。日益进入竞争环境的国内高等院校，无论把创业教育定义为“素质教育”还是“技能培训”，符合特定目标市场的需要，确定自身的鲜明形象，是构建创业教育模式的基础。

就国内发展现状而言，部分高校提出了明确的定位和创业教育理念，例如，义乌工商职业技术学院基于义乌小商品城的货源优势，就如何在淘宝网上开店实现就业和创业进行了实践和探索，提出了“创新培养模式批量生产创业人才”的理念和思路。浙江万里学院基于创业过程理论的筛选矩阵模型，秉承“全面开放，逐层筛选”的创业教育理念，找寻“金字塔式”创业实训平台。不同高校由于学生对象、办学理念的不同，其对创业教育也具有不同的定位，因此形成各异的创业教育理念和目标，进而产生相适应的创业教育模式。

5.1.2　校地企三元合作原则

高校创业教育的实施仅仅依靠高校的资源与力量具有较大的局限性，应联系政府、企业，整合社会多方面资源，同时发挥学生的主动性，各界力量的集结在一定程度上能加速创业教育的发展。

地校合作，即政府与高校合作进行创业教育的组织和实施，不仅能让高校的创业教育发展和人才培养与政策导向保持一致，还能在政策保障、基金扶持上提供一定的支持，提供科研孵化平台；同时，学校的师资与科研成果也能推动地区经济发展，为更多人提供创业服务，实现双赢。

校企合作，即企业与高校协力进行创业教育的组织与实施。创业教育无论在师资还是在课程上都少不了企业的力量。在师资方面，高校可邀请地方的成功企业家做学校的兼职创业导师，为学生提供实用的创业指导，在优秀企业家、管理学者、高校教师与高校学生之间搭建互动平台。在课程方面，企业可为学生提供创业实训平台，让学生在真实环境中，将理论与实践有机结合，吸取经验教训。

此外，让学生参与到高校创业教育的组织管理中，发挥学生主动性，能够更好地锻炼学生的团队合作能力和问题解决能力，同时亦能促进其积极参与、主动学习，提升创业教育的效果和效率。

5.1.3 全真模拟二元结合原则

创业教育的实施要求将理论与实践相结合，搭建联系两者的实践平台是促进创业教育顺利进行的影响因素之一。基于创业教育的目标和理论，高校除了制订创业教育课程，还需要重视对学生创业能力、创业意识和创业品格的培养。通过整合第一课堂的专业课程教学和第二课堂的创业实践活动，启发、引导、挖掘大学生的创业潜能。

一方面，高校通过建立创业孵化基地、创业园等组织机构，为学生提供全真的创业实践机会，帮助学生增加创业体验，在实际操作中发现问题、解决问题，不断提升学生的创业能力，并在学生创业过程中予以针对性的指导与帮助，全面、系统地跟踪学生创业进程，提供各阶段相应的教育与培训。

另一方面，高校依靠网络，搭建模拟实践平台。全真实体的创业园区能够为学生提供真实的创业经验，从实践中学习解决管理、财务等问题更为规范化。依靠网络形成的模拟平台则在发挥相同作用的同时，降低了项目运行的风险，为更多学生提供创业实践的机会和体验。高校可通过全真和模拟实践平台的结合，针对不同发展阶段的创业项目予以分层次的实训机会，降低学生创业风险，增加成功机会。

5.1.4 本土化原则

立足于地域文化，加强地方政府、企业与高校的联动性，能更好地帮助高校形成创业教育优势与特色。高校是其所在地区创新体系建设、经济改革与发展的生力军，同时高校的创业教育也要融入地区特色，与社会经济背景相结合。

高校紧密结合地方经济发展特色，设置人才培养方向，设立带有区域特色的创业课程与实践活动，实现高校的创业教育“本土化”。例如，宁波大学的“宁波帮”创业文化节，充分利用校友资源，通过营造富有地区特色的创业文化，在潜移默化中培养学生的创业意识，学习创业知识；温州职业技术学院针对温州独特的经济环境，专门开设“温州经济专题”等创业课程和编写教材，让学生的创业教育扎根当地经济背景，紧扣市场环境；宁波大学科学技术学院的“诊断咨询”模式，针对宁波地区特有的家族企业现象和问题，以真实案例为素材，以实践活动为载体，加强对校外资源的利用，培养学生的创业素养，解决创业实际问题。

创业教育要与地区特色相结合，紧密联系宏观社会、经济背景的动态，使学生在校期间应能将管理理论与实务对接，提高学生对社会的适应能力和创业能力。

5.2　“全程化加个性化”综合式创业教育模式探索

高校创业教育一般都体现并密切结合其学科特点和资源优势，其模式必定是各具特色，也理应各具特色，并不存在“理想的最佳模式”。

但随着创业教育的广泛推进及深入发展，教育对象必将从商学院学生扩展到全体学生，创业教育必然成为一种普及性教育，高校创业教育必须适应这一变化，探索其教育规律，形成一种规范化的、常态化的教育模式，全程化与个性化相结合的综合性创业教育模式，或许是一种选择。

5.2.1　全程化创业教育与个性化创业教育的关系

全程化创业教育就是根据学生在校期间的学科专业特点、自身成长规律，将创业意识、创业精神、创业能力的培养按年级分阶段组织实施，它是整个创业教育过程的具体化、规范化。

个性化创业教育是在全程化创业教育的基础上，对学生个体进行有针对性的、全面的、细致的、系统的指导，是在普遍教育基础上的个性化指导。全程化创业教育是基础性的教育，在教育手段和目标上，面向全体学生，以创业课程教学为主，重点培养学生的创业意识，健全其知识结构、完善其创业胜任素质；个性化创业教育则针对学生个体或某个团体，以面对面、一对一的方式，进行个别咨询辅导，具有指导的针对性，又具有理论与实践的综合性。如果说全程化创业教育是纵向的全面覆盖，那么个性化创业教育就是在此基础上的重点培养、重点突破，是“开小灶”。现阶段的大学生创业教育必须将全程化与个性化结合起来，实施综合性的、立体化的教育，才能满足学生的教育需要，才能真正培养出可持续发展的创新型人才。

5.2.2　全程化创业教育的实施

全程化创业教育体系包括 3 个方面：一是渗透创业教育要素的专业课程模块；二是以校园文化为载体的胜任素质拓展模块；三是创业教育专门课程模块。3 个模块平行推进，既自成体系，又相互包容、交叉整合，体现出显性与隐性相结合、虚与实相结合、理论与实践相结合的显著特点。

1. 渗透创业教育要素的专业课程

贯穿大学四年全程的专业课程学习，把创业教育要素列入专业课程教学大纲，把创业教育理念渗透到学生的每一门课程和每一天的学习生活之中，改革课程教学内容、教学方法和教学手段，把创业理念和创业知识贯穿到专业课教学中。加强专业课教师创业教育意识、创业理论的培训，突破创业教育只是存在于“正规教育”之外的“业余教育”的传统观念，引导他们主动在专业课程中渗透创业教育元素，更新教学内容，改革教学模式，改进教学方法，采用更加多元的教学手段，促进第一课堂教学从仅仅注重知识传授向知识、能力、胜任素质三位一体训练转化。尤其是加强实践教学环节，规定实践教学环节占培养方案不少于30%的课时，建立适应创新创业型人才培养的实践教学新体系。

2. 以校园文化为载体的胜任素质拓展计划

以校园文化活动为载体，贯穿大学四年全程开展创业胜任素质外延拓展计划。把创业教育寓于校园文化活动之中，对学生的创业素养和能力具有整体引导、塑造和培养的功能。

(1) 凝练创业文化，培育创业精神

实施创业教育的核心就是要启发学生的创业意识，培育创业精神，提升心理品质，培育创业能力，而创业意识、创业精神和创业能力的有效获得需要长期的培植、熏陶和积淀。重视校园创业文化建设，让创业意识、创业精神成为高校校园文化、校园精神的重要内容，从而培养学生的创业意识、创业精神，提升学生的创业胜任素质、创业能力，挖掘学生敢于创业、勇于创业的内源动力，增强学生的创造活力和创业激情，让他们的创造个性得到充分的张扬和解放，为今后踏上创业之路奠定坚实的基础。

(2) 依托校园文化活动，实施学生胜任素质拓展

校园文化活动是高校胜任素质教育的重要渠道，是广大学生提升能力、成长成才的重要阵地。通过共青团组织、学生组织，广泛开展第二课堂活动，让学生在形式多样的活动中，拓展胜任素质，锻炼能力。

(3) 依托学生第二课堂，开展创业活动

以举办赛事为载体，组织科技创新大赛、创业计划大赛、创业技能比赛等，培育创业精神；以学生社团为载体，通过创业模拟型社团、兴趣社团等，开展创业实践活动，锻炼创业能力。

3. 创业教育专门课程

贯穿大学四年全程，按年级分阶段实施，具体步骤包括：

① 职业生涯规划指导——大学一年级创业教育的主要内容，主要解决“我要创业”的问题。

开设职业生涯规划课程，帮助大学生树立正确的职业生涯发展观，客观地进行自我分析和职业分析，及早地确立职业生涯目标，科学制订职业生涯规划。培

养学生的创业意识，指导学生恰当地从事职业学习，为将来创业做好准备。

② 创业知识培训——大学二年级创业教育的主要内容，主要解决“我会创业”的问题。

作为创业者，除具有扎实的专业知识和技能之外，还应掌握一定的管理、营销、财务、法律等方面的知识。通过课堂教学和系列讲座，让学生掌握创业知识，为今后的创业实践打下坚实的基础，既增强学生的创业信心，又提高学生的创业能力。

③ 创业能力的训练——大学三年级创业教育的主要内容，主要解决“我能创业”的问题。

创业教育的最终目的是提高学生的创业能力，它包括组织管理能力、谋略决策能力、资源整合能力、人际交往能力、团队合作能力、机会识别能力、领导感召能力、反省学习能力等。通过创业课堂教学、创业论坛、系列讲座、创业计划大赛、创业训练营等方式，帮助学生在理论学习与实践训练中，培养创业胜任素质，提升创业能力。

④ 创业实践辅导——大学四年级创业教育的主要内容，主要解决“我已创业”的问题。

学生创业能力的提升，最终来源于实践。其具体实施过程有以下几方面：一是强化实习、实训、实验等实践环节，大力实施大学生创业教育实践计划、大学生科研训练计划、科技竞赛计划、创业训练计划、职业技能培训计划；二是搭建创业实践平台，建设校级的大学生创新创业园区，与企事业单位联系，建立校院级的创业实践实习基地，将创业教育与教学实习、专业研究、社会实践真正结合起来，让学生在现实实践中，真刀真枪地磨练成长。

5.2.3　个性化创业教育的实施

创业教育是一个系统工程，创业教育体系既包括课程体系，也包括非课程体系，那么创业教育的个性化既是指教学方式的个性化，也是指指导方式的个性化。前者主要有小班授课等形式，后者是针对学生个体或团体进行的针对性的咨询与辅导，其方式主要有以下几种。

1. 创业团队跟踪指导

实行创业导师制，聘请有成功经验的创业导师，对自发组建或者选拔组合的创业团队，进行包括创业政策、创业流程、市场营销、企业管理等全方位的咨询服务。咨询可能是口头的或书面的，也可能通过网络答疑，还可能是专场讲座，随时随地，灵活多样。

2. 门诊式专家咨询

在学校设立创业教育咨询室，由学校选聘的创业导师进行定点定时的创业政策、相关知识、运行方法等内容的咨询指导。一对一、面对面，方式简单直接，气氛和谐融洽，效果明显。

3. 创业专题讲座

这是针对某一创业群体的专题性知识讲座、能力培训。其群体目标明确，培训内容单一，讲授时间集中。

4. 创业计划大赛

创业计划大赛活动的开展能营造创业氛围、传播创业知识、激发创业热情，辅导老师借助这一极为有效的教育手段，锻炼学生的团队精神，提高学生的创业能力。

5. 创业社团建设

积极引导学生创设大学生创新创业协会、创业俱乐部等创业社团。积极发挥创业社团作用，组织开展头脑风暴、创业沙龙、创业讲座、创业见习等活动，发现和团结创业型人才；发挥指导老师的作用，帮助学生明确创业目标，撰写创业计划书，启动创业步伐。

创业教育是一项复杂的系统工程，需要我们深入学习、潜心研究、积极实践，逐步把握规律性，构建起规范化、常态化的运行机制。

案例与阅读材料

上海财经大学：基于“服务+”的探索①

上海财经大学根据《国务院办公厅关于深化高等学校创新创业教育改革的实施意见》的精神和要求，不断总结经验，探索基于财经院校“服务+”特色的创新创业人才培养模式，创新供给显著增加，卓越财经人才质量不断提升。

1. 创新创业教育改革工作举措

(1) 整合校内资源，建立联动协调机制

上海财经大学高度重视大学生创新创业工作，早在2003年就在全校开设创

① 资料来源：http：//www.ncss.org.cn/tbch/2017bys/gxzf/293947.shtml。

业选修课程；2008 年上海财经大学“财经人才创业教育创新实验区”获批成为财政部、教育部首批国家级人才培养模式创新实验区；2015 年整合就业指导中心、教务处、团委、合发处、科技园等校内资源，联合广大校友、企业家资源、创投资金和其他外部资源，组建创业学院。

为了协同推进上海财经大学创新创业教育工作，构建“三层保障体系”采取的措施为：成立创新创业教育工作推动领导小组、创业学院顾问委员会、创新创业教学指导委员会（以下简称“教指委”）。

(2) 建设课程体系，完善人才培养机制

上海财经大学 2009 年研究制订了《上海财经大学创业教育实施方案》，将创业课程学分纳入本科生培养方案中，设置创新创业模块。2014 年，设置了与三型人才相适应和配套的创业型人才培养方案。上海财经大学坚持以财经院校“服务＋”创业人才培养为研究对象，基于“点、线、面结合，面上覆盖，线上链接，点上突破”“全覆盖、分层次、有重点”的培养理念，从财经院校特点入手，构建涵盖创新创业课程平台、实践平台、孵化平台、研究平台的上财创新创业教育网络，进一步构建和完善上海财经大学创业型人才培养模式。

① 设置“匡时班”培养创业人才。结合企业导师团的悉心辅导、众创空间的创业机会测试、创业资金的投资孵化以及创业媒体的助推放大，培养学员的创业实践能力。

② 不断加强创新创业课程和教材系列建设。在学校通识教育课程中设置 1 门创新创业必修课程和 5～7 门选修课程。近三年，上海财经大学不断引进国内外先进成熟的课程及教材，有机融合会计、财务等商科于创业类课程，并由本校教师自主编写了《创业管理》等重点优秀教材。

③ 不断完善创新创业教学管理制度。建立与创业型人才个性化培养相适应的教学管理体制；实行 3～6 年弹性学制；已建立“匡时班”学员与全校创业型人才个性化培养学分积累与转换制度，通过修读 13 学分的创业课程和创业实践获得创业结业证书。

④ 不断创新教学模式。拓展课程选修范围，如商学院与美国加州伯克利大学哈斯商学院合作开办全球 EMBA 项目；开发多元的教学发展模式，引入在线课程等理念。

(3) 拓宽培育渠道，加强创新能力培养

① 制订创新创业培养制度。建立《上海财经大学本科生第二课堂（实践教育）学分认定及实施办法》，学生可通过“创新创业类第二课堂（实践教育）”活动获得学分。

② 每年举行各种创业大赛。在校内，举办“冠生园杯”上海财经大学创新创业大赛；在校外，选送优秀项目参加“创青春”创业大赛。对获得创新创业活

动奖的学生予以奖学金加分，提供创客空间优先入驻、创业基金资助、创业导师辅导等多方面的奖励机制。

③ 加强实验室和实践基地建设。完善实验设备，打造实用的实验教学平台。围绕创新创业开展系列特色活动，建立高校领先的“创业＋创新＋创投＋创课”生态链。

(4) 协同资源，共同打造大学生实践平台

学校充分协同校内外资源，通过与政府、高校等合作，共建社区创业学院，打造实践空间，为学生创客提供更多的资源和平台。

创业学院和虹口区人民政府建立合作关系；与台湾工业技术研究院达成合作意向；与德国法兰克福大学、法兰克福财经管理大学等建立联系，为今后的合作奠定了坚实的基础。

(5) 全过程、多角度提供创新创业指导服务

上海财经大学积极为学校广大有创业意愿的学生提供一揽子解决方案。

创业学院提供“五项创业服务”：充足的创客空间、一定的创业孵化资金、贴近创业实际的创业课程、企业家导师的专项辅导，以及创业媒体的助推宣传。

上海财经大学科技园为创业的学生提供了创业苗圃一站式服务。苗圃集硬件设施、创业实训等功能为一体，提供全程跟踪孵育服务。

学校就业指导中心也构建了系统集中的创业就业教育活动平台，形成菜单式、滚动式和预约制的活动模式。

(6) 全方位、多层次加强创新创业工作保障

上海财经大学切实落实创业指导服务“四到位”情况：

① 机构：上海财经大学建立健全创新创业工作推进领导小组、创新创业教学指导委员会和创业学院顾问委员会三层保障体系。

② 场地：为学生提供3 000多平方米的宽敞空间作为学生创业基地，其中创客空间300多平方米，大型路演会场400多平方米，大型会议室6间，学生独立创业办公室8间。校外杨浦、虹口孵化器共计6个产业基地，可用办公面积66 338平方米。

③ 师资：深入推进“双导师制”，已建立社会企业家导师团队及兼职教授团队，共有30余位创业导师，涵盖多个行业。

④ 经费：通过专项提供创业学院每年运行经费，同时联合校外资本，多渠道引入社会基金帮助学生项目孵化，成立的“醉学创业资金”已资助学生项目4个，共资助31万元。

2. 创新创业教育改革工作成效

上海财经大学创新创业教育改革已经初显成效。总体来说，收获了以下成效：

① 培养出一批创新创业优秀人才。在读期间曾参与“挑战杯”创新创业训练项目的校友张勇，已出任阿里巴巴集团 CEO；校友陈敏创立的“途虎养车网”已成为中国最大的汽车后市场 B2C 电商平台。截至目前，在我校科技园登记过的校友创业企业近 200 家。在校学生也跃跃欲试，如曹一纯创立的绿色翅膀项目已与多家新能源汽车厂商合作。

② 打造出一批创新创业优秀项目。“匡时班”一期学员有 47 名，创业项目有 37 个，32%的项目已经注册。二期学员有 52 名，项目有 40 个。项目都有非常明显的“服务+”特色，如“服务+金融”的“挂科险”项目。2015 年，学生项目获“创青春”上海市金奖 1 项（入围国赛）、银奖 3 项、铜奖 4 项；“三创赛”全国一等奖 2 项、上海市特等奖 1 项、一等奖 2 项、二等奖 3 项；“互联网+大赛”上海市三等奖 1 项（入围国赛）。

③ 社会影响不断显现。通过组织全国创业学院院长论坛、创业学院发展论坛，发起上海高校创新创业教育联盟，参与亚洲创新创业教育联盟，发起全国财经类高校创新创业教育协作组，我校初步搭建起创新创业教育的协同发展平台。在社会关注上，上财创业学院得到了社会和媒体的广泛关注和认可。我校获教育部创业创新人才培养实验区、教育部创新创业 50 强、上海市创新创业教育实践基地、上海市“服务+”创业实践基地、上海市创新创业教育宣传示范基地、上海市青年中心“梦创工坊”等荣誉称号。

黑龙江大学：深入实施“融入式”创新创业教育，全面提升人才培养质量[①]

“融入式”创业教育的本质与核心是将创业教育理念与内容融入人才培养全过程，面向全体、基于专业、分类培养、强化实践是其基本特征。黑龙江大学作为全国首批创业教育试点单位，其“融入式”创业教育模式，在提升人才培养质量方面进行了大胆创新并取得成功。

1.“融入式”创业教育模式特点

黑龙江大学“融入式”创业教育模式坚持一个宗旨：实施创业教育，深化专业教育教学改革，提高人才培养质量。立足两个基点：面向全体学生开展普遍性创业教育，提高学生创新意识、创业精神与实践能力；面向有创业愿望的学生开展特殊性创业教育，提升学生创业实战技能。

(1) 借人才培养方案修订之机，将创业教育理念融入专业教学主渠道

黑龙江大学抓住人才培养方案修订的契机，着眼于创业教育与素质教育、专

① 资料来源：http://www.yjbys.com/qiuzhizhinan/show-191627.html。

业教育的融合，着眼于学生创新意识与创业能力的增强，着眼于教育教学质量与人才培养质量的提高，把创业教育理念和内容融入专业教学主渠道的教学计划设置、教学内容更新、教学方法改革、教学管理建设等环节。在总学分中设立创业教育必修学分8学分，并落实到人才培养方案的教学计划中。学校针对基础类、应用类专业的创业教育学分提出设计原则与教学要求，各教学单位均在人才培养方案中专门设置“创业教育”项目，设计具有专业特色的创业教育学分实现途径，校院两级拓展创业教育学分实现途径累计达137种和326种，切实突出专业教育教学中的创业教育特色。

(2) 优化知识结构，建立与专业核心课程相融合的创业教育课程体系

黑龙江大学创业教育课程体系的建立，注重解决学生研究性学习与创新性实践深层根基确立的问题，注重创新创业知识和理论的传播，注重课程教学内容与方式方法的改革。该体系围绕通识核心课程、专业核心课程和复合型应用性创新人才培养开设3个层面的创新创业教育课程。学校对3个层面不同类型的课程分别提出教学要求，各教学单位依据学校总体要求组织师资进行教学，建立由校内外专业教师与企业家等组成的跨学科专业的创业教育教学团队，学生学习3个层面的课程可获得创业教育必修学分。三大层面2 000余门课程资源的整合与创新，引领18万余名学生在第一课堂教学主渠道接受创新思想，形成创新思维，树立创业精神。

(3) 提高解决问题的能力，搭建与专业实践教学相衔接的创业教育平台

黑龙江大学创业教育实践平台的搭建，旨在解决创新创业实践与专业实践教学相脱节的问题，旨在开发专业实践教学必要补充的创新创业实践新途径，旨在实现创新创业实践教学内容与管理方式的创新。该平台主要由创新创业项目研究、基地实践、竞赛实训三大平台构成。学校对不同平台实践项目分别提出教学要求，各教学单位在人才培养方案中自主设计与专业实践教学相衔接的实践项目，使之成为专业实践教学的有效延伸与必要补充，突出专业实践教学的创新性与时代性。学生在专业教师指导下形成的项目研究、基地实践、竞赛实训等成果，经评审可获得创业教育学分。三大平台累计5 675项“隐性课程”资源，使12万余名学生在创新创业实践中提高了运用知识、解决实际问题的能力，促进专业知识学以致用。

(4) 建立与创业技能提升相适应的3个基点联动

黑龙江大学探索的“创业实验班-初级孵化器-高级孵化器”3个基点联动，着眼于贯彻落实党中央提出的以创业带动就业的精神，侧重于为具有创业兴趣与愿望、激情与潜质的学生提供创业知识、理论与流程的学习资源，服务于不同学生群体对创业的合理定位与期待、亲身体验与感悟的个性化需求。

(5) 建立与素质教育发展相促进的创业教育长效机制

黑龙江大学创业教育长效机制的建立，重在解决创业教育如何深入持久地促进人才培养质量提高的问题，重在推进创业教育教学的制度建设与措施完善。该机制包括组织、制度、师资、经费与宣传保障等。学校在全国最早成立集管理、教学于一体的创业教育学院，负责全校创业教育教学整体规划、顶层设计与协调实施；成立校院两级创业教育领导小组、学生创业协会等组织；制订《黑龙江大学学生创业教育学分管理条例》相关文件 27 个；建立包括学业导师、科研导师、创业导师在内的导师制，全校有 3 890 人次专业教师担任学业导师和科研导师，有 67 474 名学生接受导师在学业与科研方面的个性化指导，聘请 151 位知名企业家为 166 个学生企业与创新创业团队的 2 711 名学生进行创办企业指导。确立以“创造、创新、创业”为观测点的教学评估指标，在教师教学质量评估中，强调学生“三创”能力的培养；在教学管理评估中，将“三创”教育作为二级评估指标；在学生学习状态与效果评估中，将“三创”活动与“三创”活动效果两项作为学生自评和班级自评的一级指标。建立新教师岗前创业教育培训制度和教师指导学生创新创业实践激励机制。设立学生创新课题立项、创业种子基金等 6 项基金，共计 1 000 余万元，创业教育研究资金共 10 万元。

2. “融入式”创业教育模式实践成效显著

黑龙江大学自 1998 年实施“创新工程”以来，构建的“融入式”创业教育模式得到师生的普遍赞同，共计使 10 万余名学生受益。84.8%的学生认为，创业教育有利于提高他们研究性学习与创新创业实践能力。84.1%的教师认为，创业教育对学生综合素质的提高与人才培养质量的提升有着积极的推动与促进作用。

(1) 学生创新意识不断增强

黑龙江大学累计投入 2.5 亿元，重点建设大学生科技文化创业园等校内外创新创业实践基地 200 余个、开放与创新实验室 45 个，重点资助 26 370 名学生参加创新课题、开放与创新实验室、基地实践等项目研究 5 372 项，重点资助 15 500 名学生参加“挑战杯”数学建模等创新创业竞赛实训与竞赛，有 1 043 名学生在省部级以上创新创业竞赛中获奖；重点扶持惠众外语学校等 166 个学生企业与创新创业团队。学生多项研究成果在《光明日报》等国家级刊物上发表，电动涂卡器、被监护人手机等成果获国家专利，学业导师网络工作平台等多项成果实现市场转化。

(2) 学生就业创业竞争力与成功率不断提高

“融入式”创业教育模式的不断完善，使学生就业竞争力得到增强，学生就业创业成功率得到提高。黑龙江大学连续多年毕业生就业率始终为 80%以上，信息管理学院研发技能培训基地学生的就业率始终为 100%，且用人单位反馈非常好。

(3) 学生社会责任感不断增强

“融入式”创业教育模式的不断完善，在传播创业教育理念、知识的同时，注重学生意志力、领导才能、组织才能、管理能力、协作能力、交际能力和事业心等方面的培养，引导学生树立科学的世界观、人生观、价值观与择业观。6万余名学生参加创业文化节、企业一日游等主题活动，3万余名学生在107期“企业家论坛”“学子创业论坛”上分享企业家与创业优秀校友的成功喜悦与失败教训，形成“回报社会”的感恩心态和“奉献他人”“和谐公益”的社会责任感。

黄淮学院：构建创新创业教育人才培养模式①

为满足社会对高素质人才的需要，特别是为地方经济建设和社会发展输送创新创业型人才，黄淮学院着力打造“实用、管用、好用、耐用”的应用型人才，把鼓励学生科技创新活动作为突破口，促使学生把专业课学习和实践动手能力更好地结合起来。

1. 创建特色鲜明的课程体系，构建专业学习和实践能力相结合的桥梁

(1) 设立创新创业教育学分，从制度层面鼓励学生创新

为了培养学生创新创业的积极性，学校于2006年制订并实施了《黄淮学院第二课堂实践教学培养方案》。《方案》要求学生在校期间必须通过“第二课堂”实践教学环节并获得15个创新学分方可毕业。作为该方案实施的配套措施，学校相继出台了旨在培养学生创新创业意识、精神、能力的“大学生实践创新计划”“大学生科研立项训练计划”“大学生创新创业项目孵化计划”，制订出台了《黄淮学院大学生科研创新活动管理办法》《黄淮学院大学生创新创业项目孵化实施办法》，进行了“职业生涯设计大赛”，实施了第二课堂实践创新学分制，真正把创新创业教育融入了人才培养全过程。2010年3月，再次修订实施了《黄淮学院第二课堂实践教学培养方案》。第二课堂实践教学培养方案分为思想道德、基本技能、专业技能、专业实践、专业服务等课外实践教学模块、共23方面课程的内容，将实践能力、创新能力、创业能力培养与学生课外专业能力培养融为一体，构建起更加完备的基于专业能力培养的“实践＋创新＋创业”第二课堂实践教学体系。

(2) 利用第一课堂教学，夯实学生的创新创业能力

黄淮学院坚持以创新精神培养全面发展的创新人才。他们以第一课堂学习为

① 资料来源：http：//www.haedu.gov.cn/2010/10/29/634127119589357500.html。

基础，依托该校国家级特色专业（即动漫专业）、省级重点实验室、苏州国际科技园河南动漫人才实训基地、河南省“动画设计”方向文化改革发展人才培养基地，注重夯实专业基础教学，使第一课堂教学与学生的动手实践能力有机结合起来。首先是进行课程改革。学校大胆创新，在加强专业基础课程、拓宽专业口径的基础上，开设“创新学”相关课程，加强实验实践教学环节。2006年学校组建创新实验中心，通过综合性、设计性、研究创新性实验的开设，将科学研究思维训练和科学研究方法训练融入实验教学中，激发了学生的主动性和创造性。从而为大学生科技创新构筑良好的软硬件平台。其次是培养双师型教师，提高实践教学含金量。黄淮学院立足于打造双师型教师队伍，加强教师社会实践挂职锻炼。2009年年初，该校制订了《黄淮学院加强教师实践能力培养暂行办法》，按照“按需选派、重点培养、保证质量、学以致用”的原则，分批次、有计划地将实践性较强的专业教师选派到生产科研和社会实践第一线。要求理工科类专业教师，根据学科和专业特点，到企业参与项目开发、经营管理和课题研究，在专业知识的实践应用中得到锻炼，从中获得课堂教学所需要的实践素材，提高课堂授课效果，培养创新能力和专业应用能力。从2009年开始，该校各系院每年年初都制订本年度实践教师培训计划，报人事处和教务处审查同意，参加实践的教师签订《黄淮学院实践目标责任书》，学校专门成立实践教师考核小组，对参加实践的教师进行评议、考核，考核结果作为发放岗位津贴、年度考核、评优评先、晋升专业技术职务的重要依据。

2. 改革教学方法，建立以课题和问题为核心的实践教学模式

为切实提高学生的动手能力和创新能力，学校改变了传统的课堂讲授教学方式，选用案例式、模拟式、互动式和实训式的教学方法，变“教学”为“导学”。鼓励学生动手参加项目开发，在实践中学习理论知识，进一步培养学生的动手能力、创新能力和解决问题的能力。

（1）推行导师制

为解决大学毕业生就业创业难题，提高大学生的就业创业技能和专业水平，该校实行了“就业导师制”。就业导师制以“四导”（思想引导、学习辅导、就业指导、心理疏导）为核心内容，在师生间建立起一种相对固定和连续的导与学的关系，导师们全程参与育人的活动。“导师就业团”由一批工作责任心强的专业教师以及辅导员、优秀校友组成，对学生“一对一”地从思想品德、职业规划、专业实践等方面进行个性化指导，指引并协助学生规划个人职业生涯，寻求最佳职业发展方向，力所能及为学生推荐就业和实习机会，并对学生毕业后的工作和学习状况进行跟踪服务。

（2）选聘“三高”班主任

为强化实践教学内部管理，创新班主任工作机制，该校制订了《黄淮学院班

主任管理办法》，在全校范围内公开选聘了162名“三高”（高职称、高学历、高职务）人员即有管理经验的教师担任班主任工作，切实提高学生的实践动手能力、日常管理水平，积极指导创新创业和毕业生就业。同时，加强对班主任的引导和培训，使他们真正成为班级工作的组织者、教育者和引导者。推行“五个一”班主任工作规范，即班主任一天跟学生见一次面，一周给学生开一次班会，一个月跟学生谈一次话，一个学期给每个学生做一个鉴定，一学年对一个学生有一个评价分析。积极落实学生管理队伍的待遇，对担任辅导员、班主任的教师在职称评定、提拔任用和津贴待遇等方面给予倾斜，保证了队伍的稳定。

（3）教师带动学生创新科研，教师由课堂传授转变为指导学生研究

该校通过开发学科综合教育资源，培养创新型教师的人文科学素养，整合教师教育通识课程，提升创新型教师综合素养，搭建学科综合研究平台，强化创新型教师研究与创新素质。从2005年开始，以信息工程系为代表，开始面向优秀高考新生开设创新实验班，探索理工科创新型人才培养机制。规定所有在岗教授、副教授和具有博士、硕士学位的讲师每年至少提出一个适合本科生的科研项目，指导1～3名本科生开展科技创新活动，以教师的创新带动学生的创新和科研。仅2009年，该校共有近1 000名学生参与了教师科研项目的研究工作。学校每年组织和参加全国大学生电子设计竞赛等全国、省级和校级竞赛60余项，涵盖了文、理、工等多个专业和学科门类。

（4）推动学生科研与学习相结合，学生由学习转变为在研究中学习

学校本着“团队申请、专家评审、分级立项、择优资助、成果结项”的原则，于2009年下发《黄淮学院学生科研创新管理办法》，启动了学生科研工作，建立以课题和问题为核心的实践教学模式。2009年各系院共推荐学生科研立项217项，经过专家评议，学校最终对20项自然科学类、13项人文社科类进行立项和资助，目前已有25项成功结项，其中12个项目获得优秀成果奖，取得了明显的实践研究成果。与学校同步，各系院也相继对学生科研进行立项资助，积极组织大学生课外科研活动，规范科研立项的管理。

3. 校企合开人才培养直通车，形成与企业无缝对接的人才培养方式

该校在2005年升本之初，就确立了“开放式办学，引进优质教育资源，国际化合作，牵手世界知名高校”的办学思路，不仅与国际知名高校建立了成效显著的国际合作办学模式，同时也积极与国内知名高校，尤其是国内知名企业建立合作和联系。2007年，苏州国际科技园在黄淮学院建立了唯一一家“河南软件与动漫人才实训及输出基地”，通过该种方式，苏州国际科技园的项目经理、技术专家等优质教育资源进入教学课堂；2008年，该校又在苏州国际科技园建立了“黄淮学院苏州实习实训基地”，联手打造“培训-带薪实习-就业”实训新模式。黄淮学院示范性软件职业技术学院在2009年成立后，确定了2010年双方的

合作项目，确立了软件技术、动漫设计与制作、计算机应用技术服务外包(BPO)方向和电子商务方向、计算机多媒体技术 5 个专业的合作，专业采取“1.5 + 0.5”的模式，1.5 年在学校接受专业教育，0.5 年在苏州软件园培训中心参加实训。将两年制的专科学生培养成能熟练掌握计算机知识和技能，并且能很好胜任相关专业工作的综合性实战人才，在校学习期间，苏州国际科技园培训中心经常选派实战经验丰富的教师赴黄淮国际学院软件学院进行授课。2010 年 5 月 8 名老师就动漫、软件、服务外包、电子商务 4 门课程对软件技术、电子商务、动漫设计与制作等多个专业进行为期一个月的授课。半年的实习实训期间，该校选派学生进入苏州基地进行企业岗位培训，由知名动漫公司安排资深专业人员对学生进行强化培训。实习生通过培训考核后，在苏州企业带薪顶岗实习，待取得毕业证时转为公司正式员工。目前，黄淮学院已通过这种模式培养出 100 多名动漫专业学生，90%以上输送到长三角地区动漫、影视企业工作。

4. 丰富第二课堂实践活动，搭建创新创业平台

(1) 设立孵化基金，引导学生创业，以创业带动就业

为培养大学生的创新意识与创业能力，培育和发现优质经济项目和高素质创新人才，加快知识、科技向现实生产力的转化进程，该校每年设立 20 万元的大学生创业项目孵化基金，扶持若干个大学生创业项目团队进行市场化运作，并将学生学术创新列入班主任和教师考评体系。2009 年，学校对 9 个大学生创业项目进行了立项资助。创业教育引导作用充分，创业服务到位，激发了学生的创业热情，培养了学生的创业意识、创业精神和创业能力。

(2) 组建学生创新核心团队

学校根据学生的兴趣、爱好，以开拓专业学习的视野为目的，以新兴学科、交叉边缘学科和各种技术学科为主要对象，先后成立了创造发明协会、电子设计协会、动漫协会等，吸引了大量的科技爱好者。积极组织学生参加全国大学生电子设计竞赛、“挑战杯”全国大学生课外学术科技作品竞赛等，为不同个性的学生提供发展舞台，为优秀人才脱颖而出创造机会。

(3) 加大资金投入和硬件建设

近年来，学校设立了“第二课堂”课外实践教学专项基金，用于“第二课堂”实践教学活动的开展和奖励。投资近百万元建立 1 300 多平方米的大学生就业实践中心和 1 000 多平方米的科技创新中心。科技创新中心的核心是学生科技创新实验，实施开放性教学，构建多种基础平台，开展集中培训，给学生提供实验场地及设备仪器，为学生独立科研及面对面交流提供了良好的场所。构建学生科研在线网站平台，利用校园网建立中心网站，将各种资料统一上传到中心网站的信息下载中心；设立 ACM、电子设计制作等论坛，构建网上交流、网上答疑的平台，实现智力资源网上共享。

(4) 开设创业创新指导课程，普及创新创业教育

通过开设就业指导课，举办就业教育讲座，邀请往届校友返校做成长报告，开通职前教育卫星专网及职航快线网络学堂，开展职业观念、择业技巧、诚信守约等多方面的教育，以河南省大学生职业规划设计大赛为契机，积极开展大学生职业生涯规划和设计活动。通过开展大学生职业生涯规划与设计活动，帮助低年级学生明确大学生活的定位，合理规划和利用大学时光；使高年级学生能重新思考和确立合理的奋斗目标与职业取向，为择业做好充分准备。

(5) 广泛建立就业实习实训基地，建立就业“绿色通道”

学校实施了旨在拓宽就业渠道的“三五工程”，即每年与50家较大规模的企事业单位建立稳固的教学科研、实习、就业基地，与500家用人单位保持长期密切合作的用人关系，每年为学校提供5 000个稳定的就业岗位。现已建立诸如格力电器集团、杭州高联仪器、中集华骏车辆集团有限公司、许昌瑞新等就业实训基地80余个。通过“三五工程”的实施，建立起一个以大型企业为示范，以大中型企业为依托，以小型企业为补充的就业基地网络，为毕业生的充分就业和有效择业开辟了“绿色通道”。截至目前，全校已建立各类就业实习基地113个，已基本涵盖全校各个学科。2009年，通过毕业生就业实习实训基地就业人数达411人，以实地实训基地推荐毕业生就业初见成效。

第 6 章　应用型院校创业教育途径的探索

6.1　影响大学生创业胜任素质获得的因素分析

在大学生创业胜任素质获得的过程中，必然会有某些因素对获得效果产生不同程度的影响。大学生创业胜任素质获得的过程就是大学生学习相关创业知识、最终习得创业能力和创业潜能的过程，也是创业教育实施的过程。

因此，本章的主要研究思路为：通过对大学生创业胜任素质的学习过程的分析，找出对大学生创业胜任素质学习影响作用直接且影响程度重大的因素作为假设变量，再通过实证进行这些假设变量的影响程度研究，从中提取大学生创业胜任素质获得的重要影响因素。

6.1.1　大学生创业胜任素质的获得过程

大学生创业胜任素质获得的过程就是大学生创业胜任素质的学习过程，基于班杜拉的社会学习理论，大学生创业胜任素质学习的过程是一个观察学习的过程，结合了大学生个体的自主学习和外在因素对学习过程的影响，是一个通过注意过程、保持过程、复制过程、动机过程等形成一定创业胜任素质（创业技能和创业潜能）的过程。

基于杜威的“做中学”理论它是一个在与实践结合过程中不断获得知识与能力的过程，通过创设情境，让学生带着对问题的假设解决方案到情境中通过实践不断地验证或修正自己的假设，最终掌握其要学习的知识，得出自己解决问题的方案，从而习得知识与能力。

杜威“做中学”理论的核心思想与班杜拉观察学习过程中的保持过程、再现过程的核心观点基本上是一致的，都要通过实践来习得知识、获得能力，这两种理论都说明了与大学生创业胜任素质学习相对应的创业教育，既是认知性教育，更是体验式教育。

基于班杜拉的观察学习理论，大学生创业胜任素质学习的过程包含如下几个过程。

1. 注意过程

注意过程是指大学生对要学习的创业知识和创业成功榜样的信息的知觉过程。这一过程起始于大学生对创业知识和榜样信息的注意，其后的关键在于创业知识与榜样信息的获得、创业知识的高适用性与榜样信息的鲜明性，以便引起大学生对知识、信息的主动关注和对榜样行为的主动观察。

因此大学生要有对学习的积极性和主动性，才能主动进入观察学习的注意过程，主动去搜寻、获得创业知识和创业成功者的信息。

大学生获取这些知识和信息一般通过以下几个渠道。

(1) 教室、图书馆和社团

通过课堂学习获得很强的专业知识；在图书馆的报纸和书籍中找到创业指导内容；通过社团的各种综合实践活动，锻炼创业能力。

(2) 信息媒体

人才类、经济类知识主要来源纸质媒体，管理类、人才类、专业创业知识和创业成功者的榜样信息主要来自网络媒体。

(3) 与企业家阶层交流

经常参加人文科学讲座、自然科学报告，并积极参加社会知名人士、外来专家学者在校内举办的讲座和报告。

创业教育应当注重创业精神和创业意识的教育，引导、促使学生转变就业观念，强化创业意识，加强创业胜任素质学习的积极性与主动性，还应当为他们提供高适用性的创业知识，树立成功榜样，提供鲜明有吸引力、带动性的创业成功者的榜样信息，帮助他们有效地利用各种渠道获得创业知识与创业成功榜样信息。

2. 保持过程

保持过程是对注意过程感知到的信息进行储存，形成长时记忆的过程。大学生要经过“心理演习”和“实践演习”的过程，将所获得的创业知识和信息存储到自己的知识库，并形成长时记忆，以便后续过程中形成一定的创业技能和创业潜能。

这一过程的关键是“心理演习”和“实践演习”。“心理演习”是大学生自主将获得的创业知识与榜样信息存储于记忆库的过程，需要学生具备一定的自主学习能力，才能在理解的基础之上将获得的知识与信息有机地存储。“实践演习”则需要通过一定的实践操作，在创业教育中更多地表现为创业课程的课内实训、实验室实训、模拟创业实践和创业实战训练（如 KAB 创业课程及参加 YBC 创业国际计划），让大学生进一步加深对知识与信息的理解和有机化，帮助其更有效地形成长时记忆。

3. 再现过程

再现过程是大学生将习得的创业知识和信息转化为相应行为的过程，是形成创业能力和创业潜能的实践操作过程。实质是将前面过程中感知到的、经过自己学习理解的他人创业行为在自己的实践过程中再现出来，以发现自己对创业知识的理解与应用是否正确，从而不断地矫正和调整自己的行为，形成正确的创业行为能力和创业潜能，不断地培养和提高自己的创业胜任素质。

在这一过程中学校应当让大学生充分利用学校的优质教学资源，积极参与勤工助学、技术创新、志愿服务、创业训练等活动；学校与社会力量结合，为学生创造机会让他们踏上社会的广阔舞台，通过社会实习、社会兼职等活动，并且要对学生的校内与校外实践活动给予适时、适当的指导，还要注重在学生的实践活动过程中锻炼他们的意志，提高他们的抗挫折能力，促使学生在这些活动中积极运用习得的知识，在知识与实践结合的行为过程中，习得创业胜任素质。

4. 动机过程

学习者通过前面 3 个过程观察习得了一定的知识与行为能力，动机过程决定了学习者将选择哪些行为在今后付诸实施（表现）。哪些行为会表现出来，要看学习者对这些行为实施后果的预先判定，只有那些他预判为有价值或有积极意义的，才会使学习者形成强烈的行为动机，将这些行为主动付之行动或经常付诸行动。在其预判过程中除了自己对自我行为的积极或消极评价这一自我诱因之外，还会有外部诱因（如物质奖赏或损失、社会的积极或消极评价、愉快或令人难受的感觉刺激等）会影响学习者的预判，此外还有替代性诱因（他人行为得到的积极或消极结果、成功或失败）也会影响学习者的预判。

对于大学生创业胜任素质学习而言，关键在于如何提供积极的外部诱因和替代性诱因，促使其将前面 3 个过程习得的创业知识与能力运用到创业实践中去。

积极的外部诱因和替代性诱因，既可能来源于学校和社会对创业的提倡、鼓励和支持、奖励，也可能来源于与学生密切关联的群体（如家人、同学、老乡、学生社团等）对其创业想法、创业热情、创业行力所给予的认同，以及其他精神与物质的支持。这些积极的诱因不仅会强化大学生实施创业行为的动机，还会强化大学生的创业动机，促使其创业精神的发扬，促使其在注意过程主动去感知创业知识和榜样信息，促使其积极主动将感知到的知识与信息有机存储，促使其积极在模拟情境中将习得的行为再现。也就是说来自于学校、社会以及与学生密切关联的群体的诱因，在大学生创业胜任素质学习的整个过程中都会产生不同程度的影响。

6.1.2 大学生创业胜任素质获得的影响因素提取

1. 大学生创业胜任素质获得的影响因素初步选取

通过对大学生创业胜任素质的观察学习过程的分析，我们知道大学生自身、学校、社会还有与大学生有密切关联的家人、同学、社团等群体，都会对观察学习的注意过程、保持过程、再现过程和动机过程产生某种程度的影响。

基于班杜拉的社会学习理论的三元交互决定论，学习者在学习过程中认知、行为和环境三者之间相互独立、相互作用、相互决定；基于班杜拉的社会学习理论的自我效能感，大学生在学习过程中的各种诱因最终还要通过其自身的自我效能感而起作用。

综合上述分析，初步从微观层面选取个体层次变量、群体层次变量，从宏观层面选取学校层次变量和社会层次变量作为大学生创业胜任素质获得的影响因素，研究其对大学生创业胜任素质获得的影响，如图 6-1 所示。

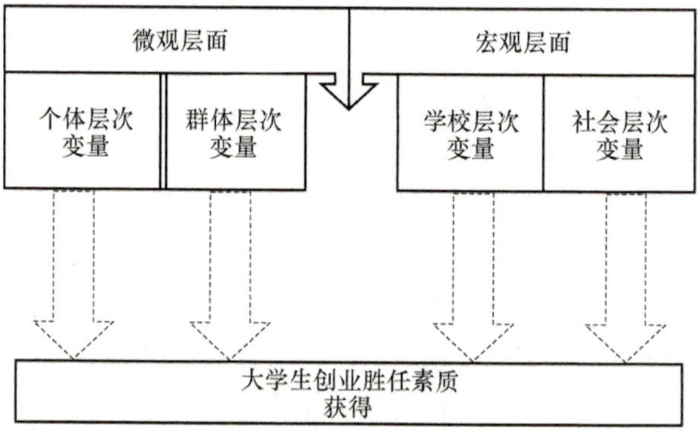

图 6-1 初步选取的大学生创业胜任素质获得影响因素

2. 大学生创业胜任素质获得的影响因素验证

(1) 调查问卷

考虑数据获取的可操作性和成本效益比，选取与“3.3 应用型院校大学生创业胜任素质假设模型的验证与修正”中同样的样本，从山东省境内 13 所应用型高校中选取 52 名成功创业的大学生创业者，针对个体层次、群体层次、学校层次和社会层次 4 个变量，分别在其各自范畴内选取相应的对大学生创业胜任素质获得影响作用较大的关键词设计相关问题，将《应用型院校大学生创业胜任素质获得的影响因素调查问卷》（附录三）与“3.3 应用型院校大学生创业胜任素质假设模型的验证与修正”中的《应用型院校大学生创业胜任素质调查问卷》同时发放给成功创业的大学生创业者。问卷共发放 52 份，回收 52 份，51 份有效。

(2) 统计数据分析与结果

我们把难以准确测量的 4 个层次变量设定成潜在变量，把问卷中各个层次变量所涉及的关键词设为影响因子并当成观察变量，将从问卷中收集到的数据作为 4 个层次变量的样本数据。使用 SPSS 17.0 对获得的数据进行可靠性分析和因子分析，并利用 SPSS 中的 AMOSS 7.0 程序对影响大学生创业胜任素质获得的 4 个层次变量进行路径验证。

① 可靠性分析和因子分析

由表 6-1 能够直接观察到 4 个潜在变量所呈现出的可靠性系数全部大于 0.7，这足以证明提取的这 4 个层次变量具有非常高的可靠性。首先，可以看出个体层次变量在 4 个变量中发挥着最为重要的作用。其次，学校层次变量不容忽视，它仅次于个体层次变量的作用。当然，大部分观察变量的因子负荷也大于 0.7，说明这些变量的效度较高，问卷调查结果有意义。

表 6-1　可靠性分析和因子分析

潜在变量	观察变量	因子载荷	可靠性
个体层次	个人才华	0.699	0.791
	创业意图	0.837	
	个人性格	0.815	
	个人爱好	0.770	
	已有技能	0.721	
	已有经验	0.683	
群体层次	家庭成员	0.677	0.733
	朋友	0.601	
	同学	0.714	
	投资者	0.642	
	客户	0.543	
学校层次	创业教育	0.785	0.745
	创业政策	0.760	
社会层次	宏观经济政策	0.692	0.702
	社会经济发展情况	0.734	
	技术条件	0.865	
	社会舆论	0.755	
	创业文化	0.664	
	社会价值观	0.700	
	企业文化	0.515	
	经济结构变化	0.599	

a. 个体层次

在个体层次的 6 个变量中，创业意图、个人性格的影响作用最大，其次是个人爱好、已有技能，个人才华、已有经验的影响作用相对较小。这说明对于大学生而言，个人性格和创业意图对他们选择自主创业有很大的决定作用，他们创业更多考虑的是自己的爱好和专业技能，这也对他们创业胜任素质的提升有很大影响，说明大学生创业首先要提升自己对创业及创业能力的认知水平，加强自我学习，提升创业技能。

b. 群体层次

在群体层次上同学和家庭成员对大学生创业胜任素质的获得影响最大，其次是创业实践过程中的投资者和朋友，客户的影响作用最小。这表明影响创业胜任素质获得的群体层次中，最主要是同学和家庭成员这些大学生日常接触或关系亲密的群体，因此培养创业胜任素质需要这样的群体层次的积极支持与大力协助。

c. 学校层次

创业教育与创业政策两个观察变量，对大学生的创业胜任素质提升具有非常突出的效能。这就要求学校要敢于担当社会责任，自觉构建起大学生创业教育体系；积极挖掘潜力，出台创业扶持政策，鼓励引导学生主动创业，形成大学生创业的良好氛围，促使学生更积极地去学习并获得创业胜任素质。

d. 社会层次

技术条件、社会舆论、社会经济发展情况和社会价值观这 4 个因子负荷均值较大，说明它们与胜任素质的获得有较高的相关性，其次是宏观经济政策、创业文化，而经济结构变化、企业文化的影响作用最小。这表明政府、社会、企业应当携手合作，共同营造一个适合大学生创业的外在环境，提高社会价值观对创业的认同，形成全社会倡导创业、促进创业的社会舆论氛围，从技术层面给大学生相应的技术条件支持，有利于促进大学生创业胜任素质的获得。

② 路径验证

用 AMOSS 7.0 对影响大学生创业胜任素质获得的 4 个层次变量进行路径验证。验证结果如表 6-2 所示，表明主要适配统计量已经过关，4 个潜在变量的路径系数处于显著水平（$P<0.01$），标准化回归系数结果大于 0，群体层次与社会层次达到中度相关，个体层次与学校层次达到高度相关，表明这 4 个层次变量对大学生创业胜任素质的直接影响效果为正，且影响较为直接，原选取的重要影响变量跟观察数据吻合，4 个层次变量的选取符合实际，个体层次、群体层次、学校层次和社会层次与大学生创业胜任素质的获得存在正相关关系，如图 6-2 所示。

表 6-2　标准化回归系数结果

影响方向 / 分析结果	个体层次→创业胜任素质获得	群体层次→创业胜任素质获得	学校层次→创业胜任素质获得	社会层次→创业胜任素质获得
估计值	0.868	0.434	0.700	0.401
P 值	0.000	0.000	0.000	0.000

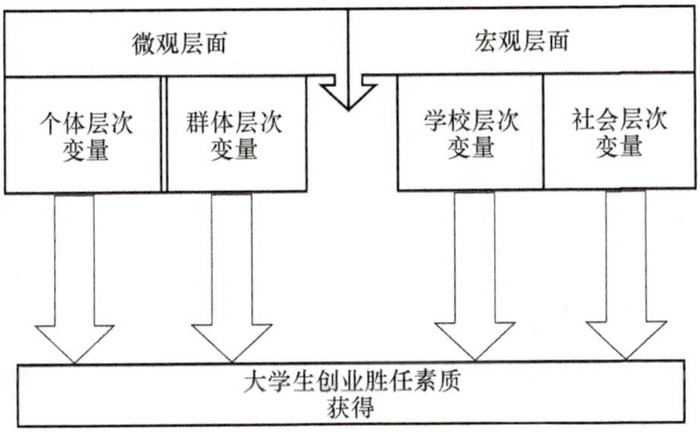

图 6-2　4 个层次与大学生创业胜任素质获得的正相关关系

6.1.3　大学生创业胜任素质获得的影响因素分析

大学生创业胜任素质的获得，不仅蕴含在创业行为实施之前的创业准备阶段，而且还蕴含在创业实施的过程中。在这些过程中大学生创业者的态度、行为和判断都会受到这些变量的影响，不单是其自身会影响其创业胜任素质的获得，社会、家庭、学校等客观因素也有着相当重要的影响。

下面分别就个体层次变量、群体层次变量、学校层次变量、社会层次变量 4 个因素变量，在大学生创业准备阶段、企业创立初期、新创企业成长阶段等大学生创业过程中的效能，来分析各层次变量对大学生创业胜任素质获得的影响。

1. 个体层次变量

目前学界对个体层次变量的定义较为广泛，主要有个人才华、创业意图、个人性格、个人爱好、已有技能、已有经验等个人特质，前面的数据分析表明这些方面都会影响大学生创业胜任素质的获得。

(1) 创业准备阶段的影响

个体层次变量是大学生个体创业胜任素质获得的基本前提，也是其将创业意愿转化为创业行动的内在驱动力产生的基础。在 2006 年国际杂志刊登的 White、

Thornhill 和 Hampson 的报告中，就对曾经开办新公司和没有开办过新公司的人进行荷尔蒙水平的比较[①]。结论显示选择自主创业成为企业家的人血液中雄性激素水平更高。在后期的论证中，研究人员指出这种不同来自创业者自身具备较高的风险承受能力。显然，从这项研究我们可以得到这样一个结论，在人群中那些相对普通人更有精力、更愿意承受风险、更加有信心的人，更容易成为企业家，因为这些个人特质将会帮助他们达到目的。

个体层次变量在创业准备阶段的影响，主要表现在个人的创业意向及捕捉机遇能力上。大学生是一个特殊的群体，既是一个庞大的人力资源库，又是一个源源不断的创业人才库。当然，正在成长中的他们，面对充满挑战、波涛汹涌的商海，要创业必然是长处短处都有、强势弱势兼具。长处是大学生拥有较高水平的智力商数，具有较高的思考力和创新力。他们有长期的学业生涯，所以他们储备有较多的知识，正处于青春好年华，所以敢于奇思妙想，敢于打破常规，这都是创新创业的根本。然而大学生同样存在短处，他们缺乏实践技能和社交能力，不善于解决实际生活中出现的问题，缺乏理解别人并能与其交往的能力，实践经验缺乏，信息资源较少。大学生要想成功创业就必须扬长避短，努力寻求各种方法来弥补自身的不足，提升自己的个体层次变量。通过对部分大学生创业者的调查，不难发现具有思维灵敏、交际能力强、有信心、敢于冒风险等个体层次变量的大学生更有可能在就业时选择自主创业，并找到合适的创业途径，迅速开拓市场。

(2) 创业企业成立阶段的影响

个体层次变量对大学生创业企业成立阶段的影响，主要表现为资源获取和资源整合方面。当大学生创业者拥有市场认可的创意或识别到有潜在价值的创业机会后，他们就要把创业过程推进到开办企业的阶段了。为了达到这个目的，大学生应取得或整合实际运行一项业务所需的资源。这些资源包括资讯资源、人力资源和财力资源。相对于其他人群，他们在创业过程中会面临更大的资金挑战。处于求学阶段的大学生在财力上还没有独立，所拥有的资源非常有限，加之没有社会经验和社会关系网络，他们可以得到的市场信息、可以获得的人力资源非常有限。因此，大学生受个体层次变量的局限，要成功创办一家企业还是具有一定难度的。

(3) 新创企业成长管理阶段的影响

个体层次变量对新创企业成长管理阶段的影响，主要表现在经营管理方面。

---

① White R E，Thornhill S，Hampson E. Entrepreneurs and evolutionary biology：the relationship between testosterone and new venture creation［J］. Organizational Behavior and Human Decision Processes，2006，100 (1)：21-34.

新创企业开始运营后，大学生创业者将面临许多新出现的复杂问题。他们必须通过有效的经营管理，使企业快速健康成长，从而获得创业持续成功，为此，大学生创业者要适时提升自己的个体层次变量。管理企业既是一门科学也是一门艺术，管理者在实践中不断努力，积累管理经验，才能提高管理效率。就目前而言，高校创业教育中对大学生企业管理能力的培训不足，这使得大学生创业者在新公司的管理阶段面临巨大挑战。虽然拥有潜在价值很高的项目，但是很多大学生的企业还是由于大学生创业者的管理不善，或者缺乏有规划的发展战略，最终未成长就夭折了。

当前经济转型、产业升级，社会即将步入创业型社会的新时期，大学生始终是时代的骄子、经济社会的弄潮儿。面对创业，摩拳擦掌，一试身手，表现出较强的创业意向，这是奠定大学生创业精神和创业胜任素质的良好基础。大学生要成功创业，先要明确一名合格创业者需要担任的角色。在一家企业里面，创业者可以说是一部发动机，为企业的发展提供动力，同时创业者又担任着维持机遇、资源和团队间协调平衡的关键决策者。大学生需要不断去提升自我，才能胜任合格创业者这个角色。

2. 群体层次变量

大学生创业者的家人、朋友、同学、投资者、客户等所接触到的人群，对其创业都将产生重要影响。

（1）创业准备阶段的影响

大学生创业者的家人、朋友、同学、投资者、客户等他所接触到的人群在创业准备阶段的作用，主要是影响大学生创业机会筛查及创业动机的形成。

研究表明，接收到朋友和家庭成员鼓励和在生活中与其他企业家有一些交流的人，比起那些没有受到鼓励并与其他企业家没有联系的人，他们更愿意向前发展寻找创业机会。笔者在采访大学生创业者的过程中获得的信息也证实了这一结论，多数大学生创业者的创业行为，往往受到来自家庭成员或朋友同学的创业行为和创业观念的启发。

（2）创业企业成立阶段的影响

在大学生创业初期阶段，群体层次因素在创业者获得创业必要资源中担任了重要角色。在与周围人群的接触中，创业者获得了相应的帮助，从中收获宝贵的信息资源，从中寻找到创业的合作伙伴和人力资源，也从中筹集了创业原始资金。创业者从这些拥有资源的群体中获得帮助，可以在一定程度上保证其创业业务的持续开展。

群体层次因素在大学生创业信念、创业意志的进一步坚定与强化方面可能会有正向积极影响与反向消极影响两方面的作用。

大学生创业者是普遍缺乏创业资源的群体，作为大学生，他们的社交圈通常比较狭窄，交际能力不足；没有资金储备，不占用物质资源和社会资源，缺少融资能力。于是，在创业过程中，他们大多需要家庭成员、社团同学、团队成员等周围群体的财力的资助、物质的帮助和精神的鼓励。在中国的基本国情下，大学生的群体成员，特别是家族成员一般持着“创业是丢脸的事情”的惯性思维，往往希望大学生能到行政单位和国有企事业单位就职，获得稳定收入和安稳的生活，就会不支持甚至反对大学生创业。因此，群体层次因素的正面积极影响便愈发珍贵和重要，需要我们来挖掘和培育，让崇尚创业的理念深入家庭当中，成为一种社会风气。

(3) 新创企业成长管理阶段的影响

当大学生创立的企业进入管理运营阶段之后，仍然需要来自家人或家庭成员、朋友、同学、投资者、客户等的物质与精神支持与协助，在此后创业者仍然会遇到各种各样的困难与挫折，他们不仅需要投资者与客户的支持，同样需要家人、朋友、同学等的精神支持。

因此，要促进大学生自主创业、影响大学生的群体层次变量就必须向着能发挥积极影响的方向改变。社会舆论要呼吁大学生的亲人首先转变对大学生创业的观念，树立积极进取的价值观，改变以往的消极态度，鼓励大学生创业，明确创业是一个实现理想和抱负的有效渠道，更要鼓励大学生积极参加学校的社会实践，给予精神和物质方面的支持，特别是在大学生们开始尝试创业时，提供资金和智力支持，鼓励、帮助他们面对困难和解决困难。

3. 学校层次变量

大学生创业群体的独特性是其创业胜任素质的获得主要是由学校教育体系完成的。学校层次变量主要是高校通过构建创业教育体系，与学生共同参与创业过程来实现影响的。

(1) 创业准备阶段的影响

在创业准备阶段，高校通过开展系统的创业教育，为大学生播下创业的“种子”，培养创业精神和创业意识。在合适的环境条件的诱发下，大学生更容易产生创业的冲动，迅速发芽、成长。通过开展创业大赛、科技创新活动等各种可利用的创新创业训练活动，设立创业学院，对创业意愿强烈的学生进行创业能力强化训练，提升创业胜任素质。此外，学校还可以制订允许休学创业、提供创业扶持等措施鼓励大学生创业。

(2) 创业企业成立阶段的影响

在新创企业成立阶段，学校层次变量可以帮助大学生获得创业资源，进而影响其创业过程。学校开设大学生创业者沙龙，组建大学生创业协会、创业联盟等创业组织，沟通信息，融合资源；加强合作，组建创业团队；出台政策，建立资助激励机制；争取支持，设立专项基金，为创业学生提供融资；加强校企合作，共建大学创业园，为学生提供创业孵化服务等。

(3) 新创企业的成长管理阶段的影响

智力支持是高等学校对大学生创业实施影响的重要方式。因为大学是一个知识密集的地方，时刻产生各种有形或无形的知识，这方面的知识能够满足大学生创业过程中企业日益增长的智力需求。此外，学校可以使用创业研究中心或商学院等的资源为创业大学生提供管理咨询和服务，借助科技园、专利局等机构资源为创业者提供研发平台。与此同时学校还可以给创业者提供大量毕业生，在人力资源上给予帮助。

4. 社会层次变量

社会层次变量涉及面较广，内涵丰富，共同组成影响创业的社会环境。国家经济社会形势、政府政策措施、物质经费投入、创业平台建设以及社会价值观念、公众舆论认识等因素都是影响大学生创业的社会层次变量。它具有明显立体性、复杂性，事事处处、时时刻刻都会对大学生的创业过程施加影响。作为创业社会环境的社会层次变量对创业的作用表现在，既源源不断为创业提供机会，又不时渗透到大学生的创业过程中，产生着制约作用。

(1) 创业准备阶段的影响

社会层次变量对大学生创业准备阶段的影响，主要表现在宏观层面，如创业社会环境的营造、创业文化的积淀、高校创业教育教学的顶层设计与创业教育的督导等。因为这一时期，对大学生来说是他们开启创业行程的孕育期、积淀期。政府要引导包括自身、学校、企业以及媒体、社团等社会组织共同形成合力，构筑创业的阳光、水分、土壤等大气候、大环境。

(2) 创业企业成立阶段的影响

社会层次变量对大学生创业初期的影响，既有宏观层面的，也有微观层面的，但创业大学生最迫切需要的是实实在在的政策措施，也就是渴望在政府的主导下，构建起完善的大学生创业支持系统。

大学生富有青春朝气，敢于面对挑战，容易形成创业动机。同时，他们在商机的发现与把握能力、企业的管理与运营能力、资金的筹集与运转等方面存在不足之处。这对创业初期的他们形成不小的压力，因为关系着新创企业的持续发展，甚至决定着企业生存。作为社会创业主导者的政府，对处于这个时期的创业企业以及大学生创业者必然担负着较为重要的帮扶之责。企业要积极承担自身的社会责任，给大学生创业者提供实习机会，使大学生在探索创业过程中，加强创业能力，同时充分利用在校大学生的知识、才华和热情为企业的发展添砖加瓦。而基层社区可以为大学生自主创业提供全方位的支持和服务。

(3) 新创企业的成长管理阶段的影响

在新创企业的成长管理阶段的影响侧重于市场信息服务、人力资源供给、孵化园区平台维护等。创业者需要在劳动力市场上招聘和雇用人员，在职业经理人市场找到合适的管理人员，这些市场的完善程度以及交易成本将不可避免地影响企业运作。地方政府创建的社会创业园区、孵化基地，要真正延伸到校园，实现资源共享，促进支持大学生创业的各项政策切实落地，也是保障大学生新创业企业成功率、存活率的基础。如何提升社会层次变量，则需要通过实训实创和社会助推两方面来实现。

通过以上分析可以看出，大学生创业表现为 3 个具体的成长期：创业准备时期、企业初创时期以及新创企业成长时期。在创业过程的 3 个时期，个体层次、群体层次、学校层次和社会层次 4 个变量因素发挥着至关重要的作用，如图 6-2 所示。

个体层次变量跟大学生自身内在因素相关，群体层次变量跟大学生创业者所关联的群体因素相关，学校层次变量与学校教育环境有关，社会层次变量跟大学生所处的整个社会环境相关。

4 个变量影响大学生创业者创业过程所有阶段的决策和行动，这表明影响大学生创业胜任素质获得与提升的因素不仅是主观因素，还有经济、技术、学校和社会环境等客观因素，同时也说明了创业过程的影响因素不仅是个体层次和群体层次等微观因素，还有学校层次和社会层次变量等宏观因素，是主观与客观、微观与宏观的综合影响结果。这 4 个因素影响了大学生创业全过程的所有阶段，影响着大学生创业胜任素质的获得与进一步提升，如图 6-3 所示。

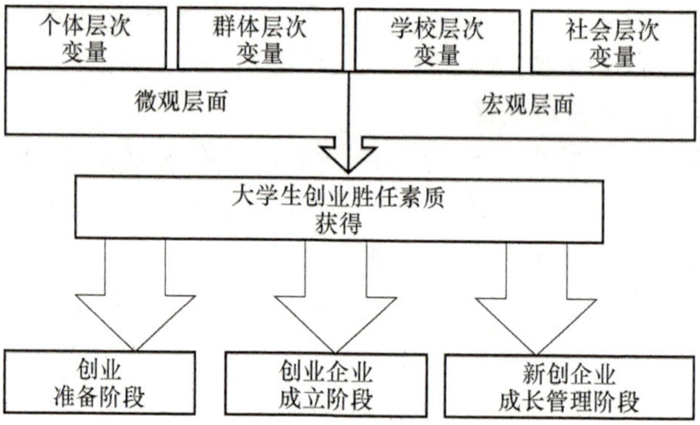

图 6-3　4 个层次变量对大学生胜任素质获得及创业过程的影响

6.2　大学生创业教育途径的确立

通过前面分析我们知道，影响大学生创业胜任素质获得的 4 个重要因素是个体层次变量、群体层次变量、学校层次变量和社会层次变量，这 4 个变量因素影响着大学生创业行为的创业准备时期、企业初创时期以及新创企业成长时期 3 个关键节点，对创业成功发挥着至关重要的作用。

据此可以推导，如果以这 4 个层次变量为实施路径，如图 6-4 所示，结合大学生创业胜任素质的学习过程，在四年大学生涯中实施创业教育，那么可以从宏观和微观、主观和客观的角度，基于创业胜任素质培养，在创业教育的全过程中，通过学生、高校、社会、企业的全方位行动，有针对性地实施创业教育，采用适当的教育方式和方法，细化创业教育内容，把创业教育目标落到实处，为大学生成功创业全面助力。

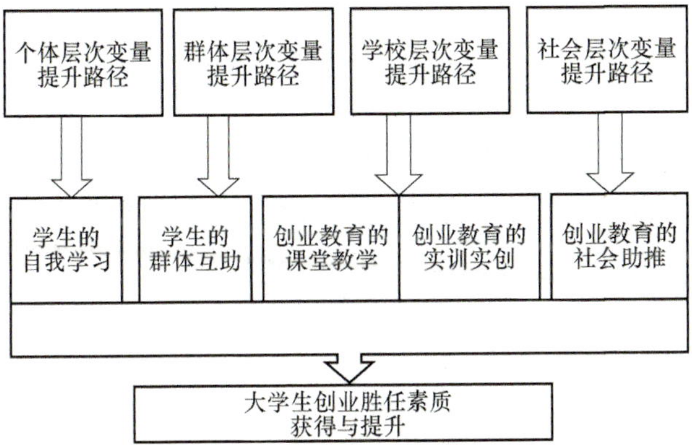

图 6-4　基于大学生创业胜任素质培养的大学生创业教育途径

沿着个体层次变量提升路径，注重大学生的自我学习。针对学生自我学习的过程，针对学生自我学习的方向与重点，积极进行创业教育，特别是创业精神的教育，改变学生的传统就业观念，鼓励大学生积极进行创业胜任素质的自我学习。

沿着群体层次变量提升路径，注重大学生的群体互助作用。教育大学生要学会利用群体互助的资源讯息，合理开展创业活动，提高创业胜任素质。

沿着学校层次变量提升路径，注重从认知教育、体验教育两个方面开展创业教育。创新思路，丰富课堂教学，构建有效的创业教育课程体系，并积极开展实训实创。

沿着社会层次变量提升路径，注重发挥社会对创业教育的助推作用。寻求与社会各方面力量合作的可能与空间，借助社会力量为大学生创业教育提供政策支持与实践基地。

结合大学生创业胜任素质学习过程，沿着这 4 个路径，集合这四方面变量的积极作用实施创业教育，可以更有效地达到培养和提高大学生创业胜任素质的目的。

6.2.1 大学生创业胜任素质获得的个体层次变量提升路径

大学生创业胜任素质的培养基于大学生以自我为主体的学习过程，是一个需要获得各级政府、企业团体、高等学校等各个方面力量支持的系统工程，更需要学生主动学习，主动参与到实践中去，并通过学习和理解政府政策、参与创业训练、利用学术平台、加强自身教育等手段，主动去完成学习过程，从而提升个人的创业胜任素质。

在学习过程中学生的自主学习可以集中于以下几个方面。

1. 学习和理解政府政策

为鼓励和支持大学生创业，国家和各级政府先后出台了一系列优惠政策，涉及融资、税收、创业培训、创业孵化等方面。其共包括 4 个方面：一是创业教育政策，关于开设创业教育课程、开展大学生创业计划大赛相关赛事等；二是财政金融政策，包含关于创业财政专项资金、小额担保贷款、创业基金政策的创业融资政策和税费减免政策；三是商务支持政策，包含创业场地扶持、大学生创业孵化器建设和降低进入壁垒政策；四是培育创业文化的政策。政府创业政策既是大学生选择创业的“风向标”[①]，也是大学生走向创业成功的“高速路”。学习和理解政府政策是创业走向成功的第一步。学好用好政府政策，对大学生创业者来说，犹如借船出海、如虎添翼。大学生必须在思想上高度重视，及时关注政府、学校相关创业网站、宣传栏、板报等载体，参加宣讲会、报告会等，听取有关政策解读。总之，要学好用好政府政策，发挥政策的最大效益，为创业成功获得更多的空间。

2. 积极参与创业训练

缺乏创业知识储备是创业初期大学生一大弱点。大学生可以参加培训机构的创业培训，了解相关的创业者在创业早期应该做什么准备，如何发掘市场机会，包括衡量自己能否担任创业者的角色、创办什么公司、评估自己的创业想法是否有可操作性等，最终形成自己的创业计划。创业培训不仅使学生改变自己的创业观念，提高创业技能的掌握能力，还进一步激发他们的创业精神。与此同时，通过对创业项目进行可行性研究，提高了经营项目抵御风险的能力，可以增强学生自信心，以提高创业绩效。

---

① 罗良忠．中国大学生创业环境与政策问题研究［J］．未来与发展，2007，28（7）：58-61.

3. 合理利用学术平台加强专业技能

（1）充实自己的知识架构

在学校学习期间，学生们要结合自己的专业，按照大学生创业胜任素质的维度特征和市场的要求，有意识地选择与创造教育结合紧密的选修课程，进一步充实自己的创业知识架构。有关的创业知识包括：第一是创办公司相关的法律、财务和税务知识，如劳动合同法、公司法、合伙企业法、税法等；第二是跟公司内部运作相关的创业规划、资金流动、融资、资产管理、成本控制、市场研究、产品研发、市场营销、售后服务等；第三是经营过程的决策、团队、调控和质量管理系统。

（2）积极参与创业教育相关实践活动

高校在进行创业教育的过程中会开展不同形式的创业实践活动，如技能培训、企业实践、大学生创业大赛等项目，学生在学时期要积极参加各项活动，培养自身的创业精神、创业能力和创业素质。除此之外，要主动参加企业家交流会和创业研讨会，听取一些成功企业家的创业经验，为自己的创业提供参考。同时，大学生可以通过创业基地进行模拟创业，在创业实践中积累实践经验。

4. 加强自我教育，提高创业技能

（1）掌握学习方法

培养大学生创业胜任素质的前提是掌握正确的学习方法，大学生不仅要广泛涉猎学习知识，还要学会学习方法，树立与时俱进、终身学习的观念。终身学习是当今社会发展的必然趋势，一次性的学校教育，已经不能满足人们不断更新知识的需要①。所以不仅要掌握专业知识，还要学会如何学习，以适应不断变化的商业环境，否则就难以实现企业的可持续发展。

（2）掌握做事方法

学会做事和学习知识是密不可分的。两者可以说是“知”与“行”之间的关系，一个目的是了解世界，另一个目的是改造世界。培养创业胜任素质，将从注重培养掌握某个方向实践技能，转变为重视培养适应不断变化的劳动世界的个人素质，包括团队精神、创新能力、组织战略能力、概念能力和承诺能力，这是创业必不可少的能力。

（3）培养人际交往能力

较强的人际交往能力带来更多的经济效益。大学生在与他人相处的过程中，应学会培养自己的沟通技巧和人际协调能力，掌握会话技能，以促进良好关系的形成。同时，应积极参加各类课外活动和假期实践，在空闲时间进行兼职或勤工

① 江泽民．江泽民文选（第 2 卷）［M］．北京：人民出版社，2006：35.

助学，扩大人际圈，拓宽信息获取通道，改善与社会的互动，与校外各方面的人交朋友，建立广泛的人际联系网络，以提高自身抓住机遇的能力与人际关系协调能力。

（4）学会共同生活

学会共同生活是发扬团队精神，利用空闲时间参加团队活动，有意识地学会关注项目进展和团队情况，愿意与他人分享成功的经验，善于向他人学习，也要以团队的利益为出发点进行思考，不在意个人得失，和团队成员相互帮助，认同他人意见，尊重他人的工作成果，要注意批评的方式，宽以待人。

6.2.2 大学生创业胜任素质获得的群体层次变量提升路径

大学生群体是一个较为特殊的群体，有着自身的特点与成长规律，需要我们深入研究和把握，若在教育的过程中掌握得当，有的放矢，则事半功倍。在创业教育的实施过程中，运用社会心理学有关群体的社会助长效应和从众效应理论，对大学生群体这一教育对象进行深入分析，充分挖掘学生家庭成员、学生组织成员间的群体互助的力量，调动家庭教育、校园文化、学生社团组织的作用，有效提升学生的创业胜任素质。

社会助长效应即指个人对别人的意识包括别人在场或与别人一起活动所带来的行为效率的提高①。广泛存在于生活中的社会助长效应，同样也存在于家庭和学校中，它可以增加学生行为的效率，提高行为的质量。进行创业教育时要有效利用社会助长效应，促进学生创业群体内部成员之间的相互激励，提高创业的行为效益。创业教育成功与否的重要体现之一，即是作为教育实施者的教师，能否在校园这一特定的环境中利用社会助长效应实施有效教学、组织有效的活动。同时家庭教育与学生组织也要基于社会助长效应从各自的角度促进创业教育的实施。

从众效应也称羊群效应，是指当个体受到群体的影响（引导或施加的压力）时，会怀疑并改变自己的观点、判断和行为，朝着与群体大多数人一致的方向变化②。在教育过程中，学校及学生组织要有意识宣传创业典型：邀请成功企业家进校园举办励志报告会，发挥偶像效应；选取大学生身边的创业典型，发挥榜样示范作用。

---

① 李朝旭．社会助长研究的历史与现状：（Ⅰ）从内驱力说的发展谈起［J］．社会心理科学，1998（1）：15-21．

② 褚永杰．从众效应在学生教育中的反思［J］．文教资料，2012（28）：156-157．

1. 家庭教育与创业教育

中华民族是文明礼仪之邦，有着非常优秀的家庭教育传统。家庭教育中饱含着治国安邦、建功立业等创业的因素。创业教育要取得综合的效能，完全有必要发挥家庭教育的创业教育功能。家庭通过对教育责任的承担，选择合适的教养方式、教育内容，营造恰当的家庭环境，形成与时俱进的家庭教育观点培养学生的创业胜任素质。

家庭教育具有导向性。家庭是社会的细胞，承载着重要的价值导向，在人生观、价值观教育上，比学校教育具有更强的针对性和实效性，发挥着无与伦比的作用。这也就要求家庭必须确定正确的价值导向，促进大学生养成良好的素质和能力，去面对未来的创业压力。家庭教育具有支持性。家庭永远是学生心灵的港湾和事业发展的后盾，对大学生创业家庭的作用更为重要。所以，要发挥家庭教育在创业教育上的作用，首先，要让家长转变教育观念，充分认识到家庭在创业教育中的功能。家庭对学生具有较强的养成功能，包括心理品质、思想道德、价值观念、行为习惯养成等，这在学生进入大学前表现得分外明显；另一个重要的功能就是支持功能，既有精神的，也有物质的，进入大学后特别是在竞争日益激烈的现实社会条件下表现尤为突出。这种能量与资源的供给，是大学生创业和接受创业教育所必须的。有效利用社会助长效应，发挥家庭成员的鼓励和带动作用，创业教育必定卓有成效。其次，配合学校的创业教学，努力在家庭教育中强化创业教育的影响，弥补学校在培养创业精神和品质方面的缺陷，从而取得更好的创业教育效果。学校和家庭间要建立紧密的联系，从方方面面了解学生接受创业教育的情况，采取相应的教育措施，及时给予精神的或者物质财力的支持，争取家庭、学校、社会对创业教育功能的发挥同步，不因为家庭教育的缺失而降低其他教育形式的教育效果，改变以往的单单依靠学校进行创业教育的情况，形成以学校为核心教育，家庭和社会辅助的新教育格局。

2. 学生社团与创业教育

大学生社团作为高校学生依据兴趣爱好自愿组成，按照章程自主开展活动的学生组织，在和谐校园文化建设、促进学生成长成才等方面发挥着重要作用①。其表现在以下几方面。一是社团活动活跃了学生业余生活，丰富了校园文化。学生会、班委会作为正式学生组织，在学生教育和管理中，发挥着自我教育、自我管理、自我服务的作用，成为学校与学生的纽带和桥梁，上传下达、组织协调，起着非常重要的作用。他们以学校组织的大型活动为主，活动相对规范，但具有时限性。学生社团作为以志趣爱好为纽带、自愿组建的非正式的学生组织，在校

① 夏江敬，樊薇．论大学生社团在和谐校园文化建设中的作用［J］．理论月刊，2008（9）：110-112.

园文化活动中起着丰富和完善的作用，他们的活动规模较小，但形式灵活，内容丰富，主题来自学生，参与面广泛，喜闻乐见。二是社团活动张扬了个性，提升了综合素质。社团组织是学生自己的社团，志趣相投，大家有共同的爱好、共同的话题，能按照个性自由地讨论探究，提升学习研究能力；社团成员平等地、轻松地交流，促进了交际关系能力和团队合作能力；社团活动又是独立的，在开展活动的过程中，从策划到实施到总结，学生在运作过程中，收获了领导和决策能力、语言表达能力、组织管理能力等。

学生社团活动作为校园文化的重要组成部分，对大学生创业教育的推进，必定是积极和有效的。高校学生社团能够有效利用社会助长效应推进创业活动的开展。社团成员之间及时沟通、相互交流，有利于交流创业经验、互通信息；成员之间志同道合、团结互助，有利于结成创业团队，扬帆起航。学生社团活动的开展，还可以帮助大学生拓宽知识面，调整大学生的创业知识结构，提升创业素质。其主要表现在以下几个方面：第一，社团活动能够弥补课堂教学的缺陷。大学生通过参与相关社团的项目，把课堂教授的内容和学习的课外知识结合在一起，可以巩固所学的课程知识。如高校中常见的类似英语角、信息技术联盟等社团，显而易见，这些社团可以提高大学生的外语水平和帮助大学生掌握更多的计算机知识。而英语、计算机知识正是创业者必须掌握的专业技术知识。第二，社团活动有助于大学生涉猎更广的知识，例如，文科生通过参加数学、物理、电子、计算机等俱乐部，在活动中可以学习自然科学类的相关理论，进行理性思维训练；理工科学生通过参加文学、书法、美术、音乐等俱乐部，在活动中获取人文社会科学的相关知识，增加人文修养。

发挥学生社团在创业教育上的作用，需要做好以下几方面。一是将社团活动作为载体，广泛开展创业活动。以社团活动作为平台，把社团活动与创业教育结合起来，开展丰富多彩的创业教育活动，如开设创业知识讲座、成功企业家报告会；利用校园网络、广播举办创业知识专栏；举办创业计划大赛、创业素质大赛等。二是成立创业社团，发挥引领作用。发现和培育大学生创业型社团，选聘指导教师跟踪指导，给予资金与政策上的支持，提供创业实践基地，把创业社团成员培养成大学生创业的排头兵、宣传员，发挥典型引领作用，营造起创业的校园氛围。

3. 校园文化与创业教育

校园文化是学校在长期办学实践中积淀起来的一种群体文化。它体现着一所学校的办学理念、校园精神，包含被全体成员普遍接受和信奉的共同的价值观念、道德观念、校风和学风、行为准则和与之相适应的物质文化系统。校园文化从种类上分包括物质文化、组织制度文化和精神文化等，在学校教育中作为隐性课程，发挥着学科课程等显性课程所无法替代的作用，收到潜移默化、润物无声的效果。校园文化作为一种影响大学生社会化的重要因素，尤其是作为一种群体文化，在校园中发挥着较强的社会助长效应，影响推动着每一个个体的成长，其作用无论在广度上还是在深度上，都超越了传统的学校教育。

发挥校园文化对大学生创业教育的作用，需要做好以下几方面的工作。一是将创业教育与校园观念文化融合，凝练校园创业文化。在校园观念文化中，注入创业意识、创业精神的元素，形成全新的创业型大学理念。融合创业精神、求真精神、求实精神、开拓创新精神、艰苦奋斗精神等，上升为重塑校园精神，浸润校园文化，凝练富有创业精神的校风和学风。二是将创业教育与制度文化融合，凝练校园创业文化。加强学校管理制度的改革，为创业提供和谐宽松的环境。推进学分制改革，通过双学位制、主辅修制和选修制，为挖掘学生多方面潜能提供制度，推进学生管理制度改革，实行“管严”与“管活”相结合，修订学籍管理办法，允许休退学创业。建立大学生创新创业激励机制，完善奖励办法。三是将创业教育与物质文化结合，凝练校园创业文化。加大校园创业园区建设，为创业教育提供必要的物质支持。文化的表现和传递需要一定的物质载体①。校园物质环境如雕塑、板报等要体现创新创业的精神。四是将创业教育与文化活动结合，提升创业能力。校园文化活动是学生展示自我、锻炼自我的舞台，同时也是培养学生创业能力的舞台，把创业教育与人文素质教育结合起来，既生动有趣，又潜移默化。

6.2.3　大学生创业胜任素质获得的学校层次变量提升路径

基于大学生创业胜任素质培养的创业教育，契合于大学生创业胜任素质的学习过程，让创业教育的目标更明确，创业教育的内容更有针对性，创业教育的方法更符合学生的学习特点，这样的创业教育既是认知性教育，也是体验式教育。

高校是大学生创业教育的核心主体，通过高校的创业教育，可以激发大学生的自主学习热情，引导大学生创业胜任素质学习有效进行，将大学生身边的密切关联群体的力量引到能积极促进大学生创业胜任素质学习与运用的正确方向上，同时也可以集合社会力量，为大学生创业胜任素质学习条件和学习过程提供有益帮助。

但是高校自身可自主实施的创业教育主要通过课程这一载体，从学生的认知与体验两个方面来进行，因此从学校层面变量来讲，提升大学生创业胜任素质的创业教育主要是创业教育的课堂教学、实习实训和实创指导。

---

① 夏江敬，张昌勇．校园文化重在建设［J］．理论月刊，2001（5）：59-60.

1. 创业教育的思路创新

学校层面创业教育的思路创新可以针对创业教育的实施及实施方法、创业教育的课程设计、创业教育的管理等各方面进行。

（1）弹性学习制度和微课、慕课等信息化教学设计结合

创业教育可以按照大学四年进行阶段性目标设计，在具体实施过程中可以采用弹性学习制度，不再完全拘泥于严格的学期内课程进度安排，允许学生边学习边实践，一周内、一天内均可不分教学时间与休息时间，也可以在学期内学习知识、假期里实践。

微课和慕课是近来兴起的，为提高学生自主学习效果，而将知识与教学环节进行信息化教学设计，使用流媒体开展教学活动的方法。微课的特点是简短，可以只有 5～10 分钟，慕课则是大规模的网络开放课程，两者的学习都可以实现由学习者自定学习时间和学习进度，可以按学习者自定的步骤、节奏来进行，还可以任意地进行暂停、倒退、重播。

将创业课程的课堂教学按学时设计，制作成精品课程或微课程，也可以自主研发或购买慕课等适合在线学习和移动学习的信息化教学课程，与实践课程、创业实战等相结合，辅助以创业教育老师的及时指导；指导老师的指导也可以更多地利用网络资源、多媒体资源，通过在线或移动的形式实现远程指导，这样学生的学习与教师的教学都可以突破实体环境和时间资源的限制，更好地与学生的自主学习相结合，稳步地培养与提升大学生创业胜任素质。

（2）将创业教育融入专业教学中

高校教育的核心内容之一就是专业课教学。我国的专业课教育经过多年的改革与发展，虽然积累了许多宝贵的经验，然而，在中国目前专业课教学，特别是应用专业课教学中，无论是教学形式、课程安排、教学内容还是实践实训等教学环节，都不能满足大学生提升创业素质的需要，也无法适应新形势下市场经济对大学生的要求①。“高等学校要大力加强创业教育，积极探索在专业课教学中融入创业教育。”② 在专业课教学中融入创业教育势在必行。

通过开设学科渗透课程将创业教育与专业课教学融合一体化，这就要求重组专业课程的教学内容，要围绕与学生所学专业相关的胜任素质培养目标，构创专业知识与能力在创业过程中的应用情景，围绕该情景重新组织教学内容，使专业课的学习有基础和动力，促使学生更积极、主动地认真学习专业知识，从而取得

① 李涛．论高校创业教育与专业教育的融合［J］．科技创业月刊，2010，23（3）：37-38.

② 袁贵仁．深入学习实践科学发展观不松懈不动摇全力以赴做好 2010 年普通高校毕业生就业工作——在 2010 年全国普通高等学校毕业生就业工作网络视频会议上的讲话［J］．中国大学生就业，2009（21）：4-9.

良好的教学效果。

（3）设立创业学院

大学生创业教育是一个复杂的系统工程，需要全面规划。笔者认为可以在充分论证的基础上，开设创业学院，以“无形学院，有形的模式”进行。创业学院不占用办公楼，不占用编制，不分专业招收学生，但在实际操作中有学校组织的代码，有运营团队，能落实责任主体，明确考评标准，为大学生创业教育工作的顺利开展提供了组织机构保障。

2. 构建创业教育课程体系

创业教育的实施要围绕创业教育的目标，通过创业课程这一载体来进行。在学校层次培养与提升大学生创业胜任素质，需要根据创业教育目标科学设计、合理规划，从创业教育的认知教育和体验教育两大方面，构建出符合教学规律与学习规律的创业教育课程体系。

关于创业教育课程体系的构建，目前教育界比较关注的是如何根据培养创业胜任素质的需要分类进行设置。Shepherd 和 Douglas 认为创业教育课程可以按照四大方面进行设置，包括事例、案例研究、商业计划、运行措施等[①]。Solomon 等学者则从微观角度来看，考虑把创业课程的设置分为三部分，即设计商业计划、进行案例研究和创业宣讲报告[②]。上官敬芝把创业教育课程先分为理论知识和实践技能两个子系统，然后在这两个子系统下设置专业知识、创业知识、专业基础实践、技能提升实践 4 个模块，最后在这 4 个模块下设置具体课程[③]。朱敬等把创业教育课程分为创业基础课程、辅助相关课程和拓展实践课程三大类[④]。

以上是国内外学者从不同的方向对高校创业教育课程设置进行研究的结论，对当前我国高校创业教育课程的设置具有十分重要的参考价值。但仍然存在一个问题，即是否将创业教育课程当成一个独立的课程体系，与其他课程区分开来甚至独立于高校原有课程体系之外。笔者认为不应该把创业教育课程独立出来，而是要立足于高校的人才培养体系，在其框架内进行创业教育课程的开设，否则会

---

① Shepherd D A, Douglas E J. Is Management Education Developing or Killing the Entrepreneurial Spirit? [C]//Proceedings of the 1997 USASBE Annual Nation Conference Entrepreneurship : The Engine of Global Economic Development. San Francisco: [s. n.], 1997.

② Solomon G T, Duffy S, Tarabishy A. The State of Entrepreneurship Education in the United State: A Nationwide Survey and Analysis [J]. International Journal of Entrepreneurship Education, 2002 (1): 65-86.

③ 上官敬芝．分层次创业教育培养模式下课程体系的构建［J］．教育与职业，2009（3）：22-24.

④ 朱敬，齐存田，王向芳．大学创业教育的缺失及其对策——从毕业生创业实践的视角分析［J］．教育理论与实践，2010（12）：18-20.

造成加重大学生的课业负担，挤压大学生的个人发展空间，以及挤占其他课程的教学时间，把大学教育变成了创业培训班等不良后果。如 Kourilsky 等学者就认为，“创业教育不应该依靠现有商学院或者创业课程体系，某一个学科的教育方式可能并不能够培养出符合现实要求的合格创业者，因此，创业教育需要依靠整个大学的课程体系，比较宽泛的课程内容反而更有利于创业者的培养。”①

通过以上分析，我们可以按照创业教育目标的实施载体，构建创业教育课程体系，课程体系分创业胜任素质培养的认知性课程和体验性课程两个方面，如图 6-5 所示。认知性课程分为课堂教学、认知实习。课堂教学主要是学科课程，包含学科渗透课程和创业必修课程；认知实习包含学科认知实习、环境课程。体验性课程分为实习实训、实创，这两部分都需要通过活动课程、创业实践课程来进行。

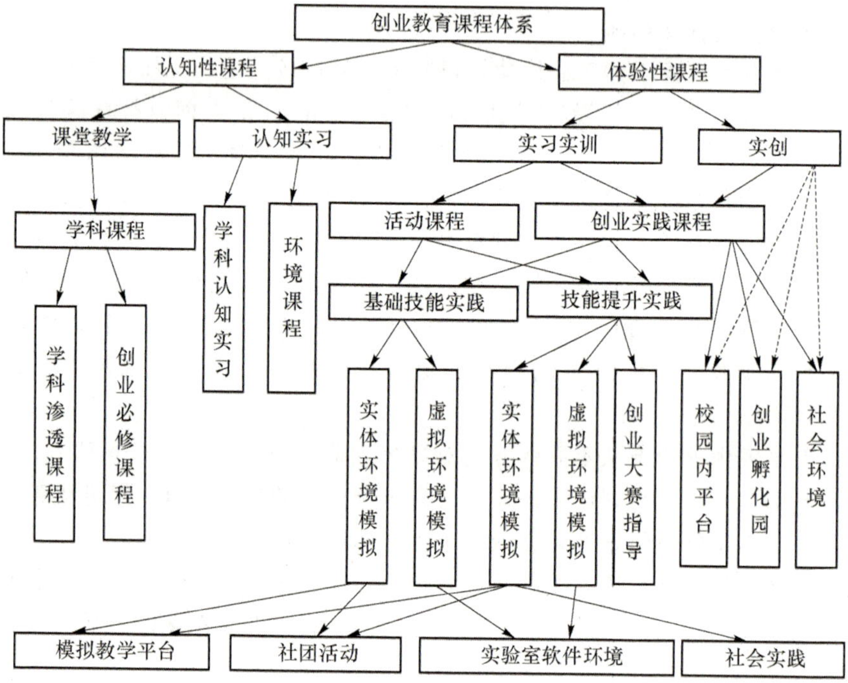

图 6-5 创业教育课程体系

这样的创业教育课程体系还要有机地嵌入整个大学的人才培养课程体系内。学科课程与学科认知实习嵌在原有的专业人才培养专业课程体系内，创业必修

① Kourilsky M L, Walstad W B. The Early Environment and Schooling Experience of High-Tech Entrepreneurs : Insights for Entrepreneurship Education [J] . International Loumal of Entrepreneurship, 2014, 12 (1): 1-1.

课、环境课程、活动课程、创业实践课程则可以设计成不同的课程或课程模块，放在专业人才培养的通识课程、综合素质拓展课程等课程模块中，按照大学四年学制分学期、分阶段进行；或者设计成精品课程、微课、慕课等由学生自主学习，创业教师提供相应指导。

3. 创业教育的认知性课程

创业教育课程体系中的认知性课程分为课堂教学和认知实习两个部分。

（1）认知性课程的课堂教学

创业教育的课堂教学主要是学科课程的讲授，包含学科渗透课程和创业必修课程。

① 学科渗透课程

学科渗透课程是指融入创业教育内容的专业课程，开设这样的课程一方面是为了让学生更好地掌握专业知识，具备在专业领域中应用的行为能力，另一方面是为了激发学生在专业领域的创业激情。

将创业教育融入专业教育课程中，需要构建一个专业知识的创业应用情景，可以采用项目教学的形式，通过设置能激发学生的学习热情和创业激情的项目，让其在完成项目的过程中产生学习兴趣，主动寻求专业知识，在学中做、做中学，才能通过“心理演习”和“实践演习”，更好地习得专业知识与专业能力，并在习得的过程中产生专业自豪感和成就感，激发创业激情。

在课堂教学中实现创业教育与专业教育的融合，对承担专业课教学教师的教学能力要求更高，不仅需要双师型教师，更需要有创业知识或经验的教师。还需要以学生为中心，对专业课教学方法进行创新，可以通过讲授、指定阅读、指定浏览、多媒体教学、案例讲解与示范、线上线下的指导和学生的实践应用相结合等方法，使得学生主动参与并成为课堂的主体，教师则成为课堂的指导者和组织者，在促进专业教学效果的同时，提升学生综合素质与创业能力。

② 创业必修课程

创业必修课程的主要内容包含创业知识和技能的理论内容，进行大学生创业理念教育、创办企业和企业运营管理教育，进行创业基本技能传授和人文素养培养等。

a. 创业理念教育

创业理念教育主要是指：第一，让大学生了解社会就业现状，了解创业到底是什么，知道国内外的创业教育现状，理解创业教育的意图，转变就业观念，激发创业激情；第二，运用各种信息展现方式，为大学生提供更多的创业榜样信息，介绍创业者典型的成功或失败案例，通过案例教学让学生通过学习和分析，了解成功创业者的创业历程和失败者的经验教训，为学生自主创业提供学习榜样和失败借鉴。

b. 创业知识教育

创业知识教育的课堂教学主要是讲授创办企业和企业运营管理教育、创业基本技能的理论内容。第一，让学生了解创业应当具备哪些知识和能力，了解成功创业者应该拥有的创业胜任素质。第二，学习创办企业和企业运营管理的相关知识，学习创业的基本技能，让大学生在理论上掌握创业机会的识别、创业环境的分析、创业项目的选择评估、资金筹集、团队组建、经营策略的制订等。学生通过这门课程的学习可以具备市场分析、项目运作、资金筹集、企业经营方面的知识，以便在创业实践中运用这些理论知识进行创业活动。

c. 人文素养培养

“教育是帮助被教育的人，给他能发展自己的能力，完成他的人格，于人类文化上能尽一分子的责任：不是把被教育的人，造成一个特别器具……”①。人文素养虽然不在前面构建的大学生创业胜任素质模型中，但是多方面的经验表明创业成功者更希望自己被社会看作是具有人文素养的人，具有人文素养的人更容易在人际交往中赢得别人的尊重。因此，教师在专业课的讲台上传播知识的时候，要贯彻人文教育方针，使学生在获得专业知识的同时耳濡目染得到人文教育的熏陶。也可以将学校开展的素质拓展课程中的文学、历史、哲学等人文素养培养课程，作为创业必修课纳入创业教育课程体系中，结合第二课堂或其他人文活动等环境课程来进行，效果会更加显著。

（2）认知实习

创业教育的认知实习包括学科认知实习与环境课程。

① 学科认知实习

学科认知实习是指在学科渗透课程中在专业知识与技能学习的过程中，需要获得相应感性认识、了解基本流程或其他信息，为此而设计的认知实习。一般需要通过进入实体环境进行观察而获得感知；随着多媒体和网络技术的进一步发展，通过网络或多媒体而不必进入实体环境就能获得认知信息，也逐渐成为一种常见的认知实习方式。

② 环境课程

环境课程主要是指为了在校园营造创业氛围，将校园环境中的物质环境、人文环境及其制度环境赋予创业教育的内容、寄予创业教育的目标而进行的课程化建设。也可以进一步扩大到社会范围内，还可以通过环境课程进行人文素养的培养。

a. 营造校园创业文化氛围

在校园的物质环境中通过标语、横幅、图画、展板、宣传栏、电子屏等多种

① 蔡元培．教育独立议［J］．新教育，1922（4）．

形式宣传创业教育内容；在人文环境上通过校风、教风、学风建设，培养与提升学生的意志品质，利用校园宣传阵地，形成创业光荣、宽容失败的校园文化；在制度环境方面让学生了解国家、地方、校方、社会组织等对大学生创业的相关支持、帮扶、奖励政策，以促进创业意识，激发创业热情，培养创业精神。

b. 开展人文素养培养活动

大学可以以第二课堂为载体开展传统文化素质论坛、校园文化节、诗歌比赛等活动，充分发挥第二课堂的多样性，让学生们主动去参加并在良好的文化环境中促进人文素养的提升。

中华民族有着优良的传统道德和源远流长的历史，这些传统文化涵盖文学、历史、音乐等多个领域。随着近年来民族的崛起和国家的进步，人民的民族自豪感、自信心不断上升，继承和发扬中国文化传统的诉求也越来越强烈。高校要以此为契机，挖掘资源，弘扬民族传统和本校历史文化，以优秀的传统文化吸引学生的学习兴趣，陶冶学生的人文素养。各高校都有着自己的学校历史、校风、校园文化，高校应以重大节日、重大事件为契机，充分调动学生的积极性和主人翁意识，结合开学典礼、毕业典礼等进行教育活动，以人为本加强校园文化的建设。

只有在实践中才能学习到人文知识、领悟到人文精神并得以升华。因此要让学生体验人文教育，高校应该开展多种形式的实践活动。“一个完整的德育过程，应该是体验者的认知活动、体验活动与践行活动的结合。”① 因此，高校应积极打造寒暑期社会实践、志愿服务、挂职锻炼等实践平台，使学生在实际体验中获得真知、丰富情感、关照社会，学习人文知识、感悟人文精神、践行人文行为，从而加强人文素养。

4. 创业教育的体验性课程

创业教育的体验性课程分为实习实训和实创两个不同层级，实习实训需要通过活动课程、创业实践课程来进行，活动课程、创业实践课程又都可分为基础技能实践、技能提升实践两个不同层级。

(1) 实习实训

实习实训的目的是通过实践活动让学生在相对真实的情景中，实际操作或运作，在过程中通过体验、交流、合作、评价、总结等，使理论与实践结合，促使其创业认知上升为创业能力。

① 活动课程

创业教育的活动课程是指学科活动、创业实践教学、团队活动等。

---

① 鲁洁．德育新论［M］．南京：江苏教育出版社，2000：231.

学科活动是指与学科渗透课程相关的围绕学科专业知识、专业技能学习的实习实训。创业实践教学是指围绕创业知识、创业技能学习开展的实习实训。社团活动是指通过社团组织等团体，以提升创业技能和素质为主要目的而开展的校园活动。

② 创业实践课程

创业实践课程是指在教师的指导下开展的有明确的实践目标的创业模拟和为培养和提升创业能力而进行的社会实践等。

③ 创业基础技能实践和技能提升实践

创业基础技能实践到技能提升实践是一个层级提升的过程，是从个别技能到多个技能组合，再到综合创业能力形成的实习实训过程。

能力的形成是一个从基础能力到综合能力，逐步形成与提升的过程。无论是活动课程还是创业实践课程，都需要经过这样两个层级，才能达到相应知识与技能的逐步培养与提升。

a. 创业基础技能实践

创业基础技能实践主要是指个别技能的实践锻炼，如大学生创业胜任素质中的人际关系能力是一个综合能力，需要经过人际交往能力、关系协调能力、沟通应变、团队协作等多个技能的训练才能最终形成。而人际交往能力、关系协调能力、沟通应变、团队协作等的培养，既可以通过活动课程来进行，也可以通过创业实践课程来进行。

基础技能实践可以通过实体环境、虚拟环境的模拟实践来进行，实体环境模拟实践可以利用高校教学平台的模拟实战环境、学生社团组织的创业实战模拟活动来进行，虚拟环境模拟实践主要是利用实验室软件模拟环境来进行。

b. 创业技能提升实践

创业技能提升实践是指在基础技能实践过程中已经形成一定创业基础技能的基础之上，通过设计让多个基础技能组合运用的实习实训，最终达到基础技能提升为综合创业能力的过程。同样既可以通过活动课程来进行，也可以通过创业实践课程来进行。

创业技能提升实践不仅可以通过实体环境、虚拟环境的模拟实践来进行，还可以通过大学生参加社会各界举办的创业大赛，高校提供参赛指导，还可以通过参加全国大学生创业训练计划等形式来综合提升大学生的创业技能。实体环境模拟除了可以利用高校教学平台的模拟实战环境、学生社团组织的创业实战模拟活动来进行，还可以通过为创业能力综合运用而设计的社会实践的形式进行。虚拟环境模拟实践主要是利用实验室软件模拟环境来进行。

基于杜威的“做中学”理论，创业实战模拟活动可以按照如下的思路进行设计。

第一，组建创业团队。

要求学生以 5～8 人组成一个创业团队。限制团队人数的原因：一是从完成任务过程中团队内部人际协调方面应达到一定的复杂程度，而管理协调方面则不应超过一定的难度；二是从模拟创业企业运营的方面来说，一般会模拟真实企业的职能，设企业管理、财务、采购、生产、销售、人力资源等几个职能部门，每个职能部门下设立 1～2 个职位，由 1 人担任其中的 1～2 个职位。

创业团队的构成不应由学生自由组合，这是因为胜任企业运营各项职能所要求的胜任素质不同，应当由负责模拟实战指导的教师适度干预，借助指导教师的专业眼光或运用一定的人才测评手段来帮助学生组建创业团队，如果在对参与学生进行了一定的企业运营知识与技能的培训之后，再来帮助组建团队更好。

第二，提出创业想法。

确立了创业团队成员后，每个创业团队要提出自己的创业想法，鼓励学生从自己的专业、优势和兴趣出发，尽可能多地提出创业想法，在指导教师的引导和帮助下进行创业想法的筛选，从中确立 1～2 个。

第三，选择创业项目。

将创业团队确立的创业想法提升为创业项目，在指导教师的帮助下进行项目的可行性分析，最后确立出要进行模拟实战的创业项目。

项目的可行性分析应当对企业内外部环境进行分析，确定外部环境中的机会与威胁，明确团队执行创业项目的优势与劣势。

第四，撰写创业项目的运营计划书。

结合团队先前对创业项目进行的可行性分析，撰写创业项目的运营计划书。计划书的内容可以结合社会上举办的各类创业计划大赛对于计划书的要求，根据学生实际情况，设计相应的格式和具体的内容要求。

创业计划书的内容一般都应涉及企业管理、财务、采购、生产、销售、人力资源等职能，在计划书撰写过程中可以根据最初组建团队时的职位分配，分配相应的写作任务；在实际写作过程中要求团队成员团结协作，遇到问题进行团队内讨论，也可求助于指导教师或利用网络资源、社会资源，积极寻求解决问题的思路和方法。

第五，进行创业实战模拟。

有条件进行沙盘模拟的高校，可以在沙盘中进行创业实战模拟；有企业管理实训系统的高校也可以借助实训系统辅助进行创业实战模拟；有创业孵化园的高校可以通过大学生创业协会等学生社团的活动，或者通过一定的选拔机制如校园创业计划大赛将好的创业项目放在孵化园中进行创业实战。

进行沙盘实战模拟对负责模拟创业实战的指导教师的要求特别高，指导教师需要根据掌握的资源情况、学生的实际情况和创业项目设计出好的实战操作方案，为每一个创业团队都设计出相应的实战操作方案。实际操作时可以让所有的创业团队同时进行同一个项目的实战模拟，采用对抗赛的方式更容易激发学生的参与热情和实战模拟中的认真程度，促使学生积极主动思考，并在一定程度上激发创新，达到更好的创业胜任素质培养效果。

在模拟创业实战的操作过程中，创业团队成员还可以实行职位轮换，对同一创业项目执行同一套操作方案，每一次模拟同一团队成员会在不同的职位上获得不同的体验，从而全面综合地锻炼、提高创业胜任素质。在模拟实战的过程中，学生会遇到许多源自沟通的问题，更深入地意识到沟通在创业过程中的重要性，体会到沟通不是科学技术，它更多地与人的性格相关联，真正体验与理解团队的沟通与协作的真谛。

注重创业技能提升实践，在学校层面上，还应当积极倡导大学生参加大学生创新创业训练计划，制订相应政策支持、帮扶、奖励参加的学生与指导教师，促进大学生创业技能的综合提升。

在“十三五”期间，各高校应该根据教育部和财政部的相关意见，继续实施国家级大学生创新创业训练计划[①,②]。通过大学生创业训练计划的实施，可以促使高等学校转变传统的教育思想观念，创新人才培养模式，强化创新创业能力的培养训练，提升高校大学生的创新能力和在此基础上的创业能力，培养高水平的、创新的、适应国家建设需要的人才。大学生创新创业训练计划的内容包括创新培训计划、创业培训计划和创业实践计划 3 项。

创新培训计划是根据教师的指导，大学生个人或团队自主创新研究、设计研究项目、进行研究条件的准备、编写项目报告、书面汇报结果等；创业培训计划是在教师的指导下，创业团队中每个成员在项目的实施过程中担任一个或多个具体的商业角色，进行制订商业计划、研究项目的可行性、模拟企业运行、参加就业实践、书面报告创业过程等工作；创业实践计划除了学校提供指导教师外，还从企业外聘合作导师，指导学生创业团队，利用初期创新培训计划的成果，提出一个有广阔的市场前景的创新产品或服务，基于此基础开始创业实践。

高校要高度重视大学生创新创业训练计划，了解其在促进人才培养模式改革中的重要作用。高校要建立一个校级组织协调机构，制订切实可行的管理办法和支持政策，在学校的人才培养方案和教学计划中加入大学生创新创业训练计划。要加强大学生创新创业训练计划中教师队伍的建设，对参与大学生创新创业训练

---

① 教育部，财政部．关于“十二五”期间实施“高等学校本科教学质量与教学改革工程”的意见．2011-07-01.

② 教育部，财政部．教育部财政部关于做好高等学校本科教学质量与教学改革工程工作的指导意见．2014-05-07.

计划的学生实行导师制。加大投入建设大学生创新创业训练计划实施条件，免费向学生开放大学示范性实验教学中心，并提供实验设备。同时高校要在校内营造创新创业文化氛围，提供交流平台展示学生自主开发的项目，定期进行交流。

(2) 大学生实际创业

创业教育的实习实训活动，让大学生将认知经验和知识通过基础技能实践和技能提升训练的过程，在模拟环境、虚拟环境和相应的综合训练中上升到创业能力的层面，大学生具备了创业行为能力和创业潜能。此时要通过政策支持、文化倡导、奖励大学生创业成功者等手段，施加相应的积极的外在诱因和替代性诱因，促进强化其自我诱因，促使他们将这些创业能力和潜能运用到实际创业中去。

支持大学生实创的创业实践课程可以不局限于课堂，而体现为提供创业指导和分层次为他们提供创业的平台。创业指导可以由指导老师或组建指导团队来进行，通过移动通信、网络沟通等多种方式进行远程指导，也可以提供必要的现场指导，指导内容可以包括管理咨询、技术支持、融资指导等多方面。

对于小规模的创业项目，可以提供校园内的创业平台；对于有一定规模的创业项目，可以让他们进入创业孵化园中进行孵化；对于直接进入社会环境中创业的项目，更要给予相应的支持，当前网络营销方兴未艾，大学生开网店也如雨后春笋般涌现，可以为这些项目提供必要的硬件与软件平台，在不影响学生正常专业学习的前提下给予更多的时间弹性。

6.2.4　大学生创业胜任素质获得的社会层次变量提升路径

无论是对应届生还是对在校大学生而言，自主创业都是一个很大的挑战，但如果更多人选择创业则可以缓解我国日趋严重的就业压力。尤其是在大学阶段，学生可以通过小规模的自主创业积累财富和工作经验，为以后顺利就业甚至创业打下坚实基础。不管是从缓解社会矛盾还是从学生自身角度看，鼓励大学生自主创业应该成为社会主流趋势，社会各界应当齐心协力为大学生创造有利的创业环境。创业社会环境是一个广义的词，里面包括了政策环境、文化环境、市场环境等，其中政府、学校、社会构成了创业社会环境的主体，因此它们必须为创造有利的创业环境发挥积极的贡献。

“大众创业、万众创新”已成为时代主题，造就适应时代发展要求的创新创业者，是创新创业教育较为核心的命题。要提高高校创业教育的有效性，必须借助政府、企业等社会资源，将学校育人资源与社会资源进行有效融合，形成完善的政府、企业、学校协同育人机制。大学生创业胜任素质获得的社会层次变量提升路径，主要依靠政府和企业助推。

1. 政府助推

推动共建大学生创业孵化平台。政府应探索构建政府、高校、企业三方合作共建机制，发挥政府的行政优势、政策优势，成为政校企合作的协调器和润滑剂。调动三方积极性，挖掘高校的科技优势、人力人才资源优势，培育一批高水平的创业孵化导师，借助企业的市场运行资源、实践平台资源、技术人才资源以及金融资源，充分运用各项扶持政策，最大可能地发挥大学生创业孵化平台的作用。

培育“宽容失败，创业光荣”的创业文化。以打造“创业榜”的形式宣传成功创业型企业家，通过介绍他们的创业历程，挖掘其中蕴含的人生观、价值观，对其创业精神进行广泛的宣传，形成鼓励大学生创业的舆论氛围。通过大众媒体、当地报纸传达给社会这种鼓励创业的信号，这对大学生的创业胜任素质的培养具有引导作用，可以促进大学生创新思维、风险评估能力的发展。

帮助大学生进行创业项目的选择。随着我国经济发展转型时期对产业结构、城乡结构、需求结构、要素收入分配等的调整和转变，政府应提供更全面的信息帮助大学生清晰了解社会状况，认清创业方向，进行创业项目的选择，为大学生创业能力方面提供辅导。

帮助大学生解决创业资金问题。为解决学生们开始创业过程中遇到的资金筹集困难问题，政府可以从财政收入中直接拨款成立大学生创业基金，或通过财政政策增加小额创业贷款的额度，并且延长还款期。这就需要政府和金融机构保持良好的沟通，改善大学生创业的融资环境。

2. 企业助力

一个成熟的企业必定有强烈的社会责任感：一是表现为自觉奉公守法；二是表现为敢于担当，勇于承担社会责任；三是自觉落实企业、社会、环境协调可持续发展。在国家积极推进建立创新创业型社会的形势下，企业的社会责任也就聚焦在服务经济社会、服务青年创新创业上。利用自有优势，挖掘富裕资源，主动与高校合作，建立合作共建平台，具体表现为以下 3 点。

① 建立大学生实习实训基地。企业要充分发挥自身在企业管理、市场运行、科技研发、生产技术、人力资源开发等方面的优势，为大学生从理论走向实践提供场地、市场和环境。

② 建立专业建设管理平台。建设社会需要的创新创业型人才，必须强化专业建设的应用性，必须把专业教育与创新创业教育相融合。进行专业建设就要借助企业专家的智慧与力量，邀请校外企业专家担任学校专业指导委员会兼职主任或委员，建立专业建设管理平台，形成专业建设的长效机制。企业应该为这些企业专家服务学校人才培养提供支持和便利。

③ 建立“双师型”师资队伍管理平台。创新创业型人才的培养，需要既有教学能力，又有生产实践经验；既有创业理论教学能力，又有创业实践经验的“双师型”教师队伍。构建校企合作桥梁，建立“双师型”师资队伍管理平台，让专业教师“走出去”，深入工厂车间，到生产一线，到社会创业的主战场，真刀真枪去练练，让实践经验在实践中获得。把企业中的专家、创业中成功者“请进来”，聘请一批生产专家、创业成功者作为兼职教师。

总之，社会各界携手共进，共同搭建创业扶持体系，合力营造创业文化环境，必将有力地激发大学生的创业热情，帮助创业者取得成功。

案例与阅读材料

温州大学：整合区域资源，融合专业教育，提升地方高校创新创业教育质量与水平①

温州大学于 2001 年开始开展创业教育，并成为全国首批成立独立建制的实体性质创业学院，经过 15 年的改革与发展，形成了具有鲜明特色的创业人才培养温州模式，曾获得国家教学成果奖二等奖，两度获得省教学成果奖一等奖，被确立为国家创业型人才培养温州模式创新实验区、全国创业教育示范院校、首批国家级“大学生创新创业训练计划”高校，被誉为国内高校创业教育四大模式之一。

1. 依托区域优势，强化顶层设计，加强创新创业工作组织保障

(1) 全国首批成立独立建制的实体性创业学院

学校把创业教育作为学校发展的重要特色，成立了以校长为组长的学校创新创业教育工作领导小组，并于 2009 年专门组建了处级建制、实体运作的创业人才培养学院，统筹学校创新创业教育工作，主要开展全校的创业教育管理、创业实践与创业研究等工作，设专职工作人员 9 名，是全国最早成立实体创业学院的高校之一。

(2) 建立了多部门协同育人的联动协调机制

就业处、教务处、团委 3 个部门的负责人兼任创业学院副院长，分别从就业创业指导、创新能力培养、课外创新创业实践等方面开展工作；在各学院建立了

① 资料来源：http://www.zjedu.gov.cn/news/146243664757442240.html。

分布式创客空间，打造四级联动的创新创业教育平台，为大学生搭建持续帮扶、全员全程指导、一站式服务、齐抓共管的创新创业帮扶体系。

（3）顶层设计全校创新创业教育行动计划

学校出台《温州大学创业教育创新行动计划》，基于分层分类导向，以培养专业基础扎实且具备创业管理与实务能力的复合型人才为目标，通过建立深度融合专业教育的创业教育新体系，建设校内创业导师和校外创业导师两支队伍，完善创业文化、创业教学、创业实务3个平台，实现创业教育受益面、创业项目孵化面、学生自主创业率、创业教育影响力4个方面的提升。学校设计了“1235”实施方案，即建立一种竞争性教学激励机制，完善人才培养体系和质量保障体系，夯实专业建设、实践教育、开放教育3个平台，实施创新课堂教学、创新实践教学、创新学业管理、创新教师发展、创新教研活动5项创新，达到创新创业人才培养质量的全面提升。

2. 整合区域资源，专业融合，打造协同递进的创新创业教育新体系

（1）强化区域特色的创新创业课程体系建设

在理论课程设计上，以培养既懂专业又懂管理的复合型应用人才为目标，开设全校性《大学生创业基础》公共必修课，创新创业实践项目，跨学院跨专业选修课，实现了创业教育全覆盖。学校充分结合温州区域资源，开发了高等教育出版社出版的《大学生创业基础》通识课程教材，并积极筹建网上慕课课程；建立了包含基础类创业选修课程、温州区域特色的创业类选修课程、专业类创业选修课程三大类共50门创新创业教育课程群。

在实践教学体系中，建立课内外、校内外一体化分级创新创业实践教学体系。学校以培养学生实践与创新能力为核心，树立大实践的教育理念，强化课内外、校内外实践教学一体化。明确规定各专业要设置足量的实践课程，人文类不少于总学分的20%，理工类不少于总学分的30%，并鼓励学生选择课外开放实践项目、创新创业训练计划项目、科技创新、学科竞赛等多种形式的自主实践项目和创新创业实践项目。要求各专业结合专业特点和相应的专业实践与应用能力培养规律，加强课内外、校内外实践教育教学资源的整合与利用，支撑从学科基础技能、专业基本技能、专业综合实践能力到职业适应能力的渐进式培养，建立专业实践与创新教育教学体系，促进学生实践创新能力、综合素质的培养。

（2）创新创业教育与专业教育深度融合新机制

温州大学出台了《温州大学创业教育与专业教育深度融合实验班项目管理办法》《温州大学创业教育辅修专业、双专业班级管理办法》。结合区域产业布局，建立跨院系、跨学科、跨专业、跨行业交叉培养创业人才的新机制，设立汽车服务工程、鞋靴设计、服装设计、经济、法学等专业教育与创业教育融合的人才培养模式实验区建设，每学年设立创业教育专项教学改革课题。全国首创“3+1”

创业精英班（3 年本专业学习＋1 年创业实践）创业人才培养改革试点班，主要针对有创业意愿的学生，在完成本科三年学习后，转入创业学院集中进行创业能力培养、创业实践锻炼和创业园区项目运营，并且以实战项目牵引全程贯穿 1 年的教学。精英班学生 100％真实运营创业项目，并且全部实现自主创业。

（3）建立灵活多样的创新创业人才培养规制

温州大学出台并实施了《温州大学课外教育项目学分管理办法》《温州大学学生综合素质考评实施办法》《温州大学本科毕业设计（论文）多样化管理办法》等文件，完善弹性学制，允许保留学籍休学创业，建立健全创业成果和学分转化教学管理制度，建立创新创业学分与专业学分、学生创新创业活动绩效与学分业绩之间的关联，建立创新创业教育学分积累与转换制度。在国内高校最早落实了创业计划书充抵毕业设计、创业项目实践充抵专业实习实践等创业成果认定机制。

3. 强化分层分类，能力为本，全面提升大学生创新创业能力培养

（1）分层分类实施创新创业人才培养

学校基于高等教育的“选择性机制”，需要充分考虑个体学习诉求，根据学生对创新创业教育的差异化需求，通过实施《温州大学创业教育创新行动计划》，开展分层分类的创新创业人才培养。分层方面：一是通过通识教育、创业文化传播培育全体学生的创业意识与创业精神；二是通过创业苗圃、众创空间等挖掘兴趣学生的创业潜能；三是通过创业课程、特色班级等发展意向学生的创业知能；四是通过孵化区、园区等提升创业学生的创业实务。分类方面：一是开发了青年创客班、创业先锋班、创业管理班、创业精英班 4 类创业教育试点班，满足个性化学习需要；二是以区域新兴产业创业为导向，针对不同专业行业类别、不同学生类别实施不同的创业课程与创业实践，形成设计、影像技术、“互联网＋”、新媒体、文创、电商、公益、综合 8 个类别的创业项目布局。

（2）建立“同心圆”创新能力培养模式

学校紧密围绕培养应用型创新创业人才目标，结合学科建设和专业特点，充分结合多方资源，注重学科高效协同，鼓励学生参与教师科研项目，以国家级创新创业训练计划项目以及省、市、校科研实践项目为依托，建立“同心圆”科技创新工作模式：以“挑战杯”系列赛事为圆心，以各类课题立项为内环，以科创训练营及社团为中环，以各类科技学术活动为外环，形成立体化、全覆盖的科技创新工作体系。制订《温州大学学科竞赛管理办法》《温州大学学生课题立项管理办法》《温州大学“挑战杯”大学生课外学术科技竞赛管理办法》等一系列政策文件，鼓励专业教师和学生广泛献力参与。建设大学生科技创新训练营、大学生科技型社团，打造大学生科技创新典型，完善学术活动、科研训练、学科竞赛平台。

(3) 整合教学学科平台资源，支持创新创业能力发展

学校建有19个实验教学中心、7项虚拟仿真实验教学中心和2个公共服务平台（实验室），全面向在校学生开放，用于开展课外科技活动、创新创业训练、专业实习以及毕业设计等。学校建设“E-learning 教学平台”，借助多媒体教学环境和交互式教学环境，开展研讨式、探究式、互动式以及翻转课堂教学创新，目前已完成网络课程834门，总访问量达16 085 648人次。建立校级众创空间，并在二级学院建立7个分布式创客空间，拓展全校的创新创业发展空间，打造创新与创业、线上与线下、孵化与投资相结合的一站式服务的共享开放式众创空间。

4. 坚持实务导向，协同育人，构建一体化的学生创新创业帮扶体系

(1) 较早成立大学生创业园，支持创业项目孵化

学校于2007年建立5 000平方米的大学生创业园，并于2014年增设500平方米的众创空间，现有常驻大学生创业团队55支，出台了《温州大学大学生创业园管理办法》。创业园区对入驻团队一律免租金，并提供免费的水电、物业服务，配备1 000 MB光纤宽带和多台70英寸（1英寸=2.54厘米）交互式平板，提供创业咖啡吧、路演厅、会议室、洽谈室等开放共享式场所，提供一站式的工商注册、财务管理、法律咨询、纳税申报、知识产权代理、物业管理等全方位专业化服务。

(2) 多维协同指导大学生创业实践活动

学校建设有创业指导和就业服务信息网站、公众微信号及QQ群，开通“大学生科技创新”专题网站和“挑战杯”竞赛项目网络申报系统，高频率更新大量丰富实用内容。设有校外中小企业实践教育基地239个、创业实践深度合作基地35家，组织成立了全国首个大学生创业投资机构联盟；出台了《温州大学大学生创业补贴实施办法》，为创业教育教学改革和大学生创业实践活动提供充足的经费保障；积极承接政府服务购买，举办大学生创业大赛、创业项目资本对接会、大学生村干部创业培训、海峡两岸创业实战营等；全方位拓展大学生创业教育生态圈，真正实现了创业人才培养的“校、企、政、产、金、介、创”多维协同与合作。

5. 创新服务体系，强化落实，建立创新创业工作保障机制

(1) 落实创新创业指导服务“四到位”

在机构上，成立以校长为组长的学校创新创业教育工作领导小组，设立处级建制、实体运作的创业人才培养学院，配备9名专职工作人员，就业处、教务处、团委3个部门的负责人兼任副院长，建立多部门协同育人的联动协调机制；在场地上，成立5 500平方米的大学生创业园和众创空间，常驻55支创业团队600余名学生，提供物业管理、工商注册、财务管理等全方位专业化服务；在人

员上，实施创业导师“双百计划”，构建了一支包括创业基础课专任教师、专业课程导师、专业创新创业导师、学生创业先锋在内的结构合理、专业行业均衡、实务导向的创新创业导师库；在经费上，学校每年拨款 400 余万专款用于创新创业人才的培养，并通过企业投资和社会捐助等多渠道做大创新创业基金，设立了新湖创业教育基金、奥康创业基金、邦盟汇骏创投基金、掌上大学梦想基金等大学生创业孵化基金，共计 4 000 余万元，与银行合作授信 2 000 万元扶持大学生创业。

(2) 实施创新创业教师发展“双百计划”

学校成立了教师发展中心，实施创新创业教师发展“双百计划”，建设一支结构合理、专业行业均衡、实务导向的双百校内外创业导师队伍；建立了创新创业教育专职教师到行业企业挂职锻炼制度；同时充分利用创业园等校外师资，吸引更多相关行业企业优秀经营管理人才、企业家到学校兼职或挂职任教。

6. 辐射示范突出，成效显著，引领地方高校创新创业教育新发展

(1) 毕业生就业水平与质量不断提升

学生创业就业竞争力提升明显，根据对曾在创业特色班就读或者在创业园从事过创业实践的 306 名毕业生的抽样跟踪调查显示，毕业生工作第一年的平均年薪约为 6.51 万元，年薪 10 万元以上的占 17%，最高为 31 万元，平均起薪是同届毕业生的 1.6 倍。其中，约 1/3 毕业生进入国内外知名企业或者直接受聘为企业中层。毕业生具备较强的岗位适应能力，职业稳定度为 90.48，70.98%的受雇毕业生能在初入职时适应新的职场环境，98.61%的人表示能够胜任当前工作，98.98%的毕业生能够处理好工作中的各种人际关系。用人单位对我校毕业生综合素质比较满意，满意率为 96.61%，98.31%的用人单位表示今后继续愿意从本校毕业生中选择员工。

(2) 学生创新意识和创业能力明显增强

近三年来，学生获国家级大学生创新创业训练计划立项 90 项，省新苗计划立项 203 项，校级课题立项 987 项。学生获得国际级竞赛奖项 18 项、国家级奖项 255 项、省级奖项 1 159 项。学生获“挑战杯”创业计划竞赛金奖 2 项、银奖 1 项、铜奖 2 项；挑战杯大学生课外学术科技作品竞赛一等奖 1 项、二等奖 5 项，三等奖 2 项；先后获全国大学生数学建模竞赛、机械创新、广告艺术等赛事 18 个奖项；参加国际可再生能源技术设计大赛获金奖 1 项、银奖 2 项；参加美国大学生数学建模竞赛共获一、二等奖 8 项；参加 NetRider 亚太区大学生网络技术大赛获团体冠军。涌现出 2015 年获团中央、农业部评选的第九届“全国农村青年致富带头人”十大标兵，受到国务院汪洋副总理接见的傅智建，基于温州机电产业转型升级而在校创办多家企业、年销售额 3 000 多万元并荣获全国优秀共青团员的胡雪林，荣获团中央“2015 年大学生创业英雄”十强的郑兴伟，荣

获全国“挑战杯”创业计划大赛金奖并成功获得千万融资的张良玉等一大批创新创业精英。

(3) 毕业生自主创业率和企业存活率显著提升

学校创业园区自运营以来，共成功孵化出120余支大学生创业团队，孵化存活率达80%以上，提供就业岗位（含在校生实习岗位数）1 800余个，大学生创业企业营业年总收逾5 000万元。相关专业自主创业能力明显提升，自主创业率明显高于全省平均水平。据浙江省教育评估院发布的2012届、2014届毕业生调查数据，除师范专业之外的27个专业中，有19个专业毕业生毕业后一年创业率高于全省同专业创业率；有23个专业毕业生毕业后三年创业率高于全省同专业创业率；以2012届为例，服装设计与工程、计算机科学与技术、工业工程、工业设计等专业学生自主创业率为本省高校同专业创业率的2倍以上，分别达到25.00%、19.05%、15.38%、15.00%。

(4) 教研成果丰富，影响广泛

学校创新创业教育改革成果曾于2009年、2014年分别获得国家级教学成果奖二等奖、一等奖；理论研究获省部级奖3项，获国家社科基金3项，获省部级项目6项，在《教育研究》《高等教育研究》等CSSCI期刊发表论文42篇。2009年被教育部、财政部评为“国家级创业人才培养模式创新实验区”，2013年被科技部确立为“温州市国家大学科技园温大分园”，并荣获“全国创业教育示范院校”、首批国家级“大学生创新创业训练计划”高校、“全国大学生KAB创业教育项目基地”“全国青年就业创业教育先进集体”“浙江省人才培养模式创新实验区”“浙江省普通高校毕业生就业工作优秀单位”等荣誉。

(5) 引领示范效应显著

中央人民政府网站、《人民日报》《光明日报》《中国教育报》等媒体报刊先后报道学校创新创业教育事迹200余次；华南师范大学、天津工业大学、贵州财经大学等高校多次来校考察学习，并借鉴我校的创新创业教育模式。北京大学、浙江大学、厦门大学、山东大学、新加坡国立大学、日本广岛大学等国内外高校来校考察交流300余次。2013年，学校作为应邀的4所高校之一，在教育部召开的“全国高校创业教育和大学生自主创业工作经验交流视频会”上做典型经验介绍；2015年，学校应邀在全省本科高校创业学院建设工作现场推进会上做典型发言。此外，学校还连续五年应邀团中央主办的“KAB创业教育年会”作了专题发言和经验介绍；并应邀在“世界创业论坛”“全国大学教学论坛”“创业型大学——国际视野与最佳实践”国际会议、中国高等教育学会创新创业教育年会、上海智慧教育论坛、联合国教科文组织中国创业教育联盟年会等重要会议上作专题报告，影响广泛。

第7章　应用型院校创业教育师资队伍融合机制的构建

由于我国经济社会发展的现实需要，辅之以政府政策的大力推动，创业教育已经成为高校教育的重要内容。特别是随着国务院办公厅《关于大力推进大众创业万众创新若干政策措施的意见》《关于深化高等学校创新创业教育改革的实施意见》等一系列政策的出台，使高校创业教育从原有边缘性的创业实践活动，纳入高等教育人才培养的全过程，融入学校教育教学体系中。但在现实实践中，创业教育实施受到多种因素的困扰，高质量创业师资缺乏成为制约创业教育发展的主要因素。创业教育师资是创业教学活动的组织者、创业实践活动的指导者、创业理论的研究者。欧美国家创业教育起步较早，在师资建设上已经积累了相当多的经验，我们不妨借鉴国外高校创业教育师资建设经验，针对地方高校创业教育师资队伍建设面临的困境，基于问题导向，对创业教育师资队伍建设遵循的原则、机制融合与体系重构展开探讨，以期对创业教育师资队伍建设提供参考和借鉴。

7.1　地方高校创业教育师资队伍建设的困境

为厘清地方高校创业教育师资的发展现状，笔者参照某省教育厅2016年公布的全省教育事业统计数据、省人社厅进行的全省高校创新创业状况统计数据，对全省地方高校创业教育师资情况进行了调查分析，经调研发现地方高校创业教育师资队伍在数量、质量、结构以及制度机制等方面存在诸多问题，需要引起政府、高校等创业教育主体的高度重视。

7.1.1　创业教育师资生师比例不足

随着国家“大众创新、万众创业”战略的深入推进，各项政策措施的不断实施，高校创业教育已经由面向个别学生的精英教育，转向面向全校学生分层分类的普及教育。大学生受创新创业型社会环境吸引、政府创业政策引导，以及日益严峻的就业形势的挤压，表现出越来越强的创业意愿，高校创业课程普及率也愈来愈高。但在良好的发展势头下，仍然发现存在若干问题，特别是创业教育师资匮乏成为制约创业教育质量的瓶颈。

从笔者对 2015 年某省 64 所地方普通高校创业教育师资状况的调查来看，在校学生 182.2 万人，专任教师 9.72 万人，创业课程教师 1 672 人，外聘创业导师 2 421 人，即使按照一级学生为基数开设课程，2015 年招生 57.7 万人，创业课程师资的生师比为 346∶1。而教育部 2012 年出台的《普通本科学校创业教育教学基本要求》中，关于创业课程设置明确指出："高等学校应创造条件，面向全体学生单独开设'创业基础'必修课。支持有条件的高等学校根据办学定位、人才培养规格和学科专业特点，开发、开设创业教育类选修课程（含实践课程)。"《"创业基础"教学大纲（试行)》提出："创业基础"是面向全体高校学生开展创业教育的核心课程，要纳入学校教学计划，不少于 32 学时、不低于 2 学分。按照这一要求来核算创业教育师资配置，显然创业教育师资缺口较大，无法完成正常的创业课程教学任务，不能满足学生日益高涨的创业学习需要。

7.1.2 创业教育教师胜任能力不强

1. 创业学理论素养欠缺

从创业教育的专业要求来看，高校创业教育师资缺乏专业衔接，大部分创业教育教师缺少系统的创业学理论教育，专业背景较弱。从 2015 年 12 月底的统计数据来看，全省创业课程教师 1 672 人。其中，团学干部兼任 1 257 人，占比 75.2%；管理与教辅人员兼任 110 人，占比 6.6%；专业课教师兼任 305 人，占比 18.2%。团学干部、管理与教辅人员中具有经济学、管理学等专业背景的仅有 12.1%。

2. 创业课程讲授能力不足

我国创业教育目前仍然处于探索开创期，创业教育教师既缺少创业教育学的知识基础，也缺少创业学的理论基础，而师资培训的支持保障也没有及时跟进。自 2009 年以来，省属高校参加 KAB 创业教育项目讲师培训班获得"KAB 创业教育讲师"资格的教师共有 176 人；参加由北京航空航天大学创业培训学院承办的"教育部高校创业教育骨干教师高级研修班"培训的教师仅为 23 人。这与创业教育的庞大需求来比，显得杯水车薪。全省创业基础课作为必修课课程，开出率仅为 37.2%，创业选修课的开出率为 65.8%。学生对创业课程满意率分别为：满意，39.1%；一般，45.7%；不满意，15.2%。

3. 创业实践指导能力不强

创业教育是体验式教育，教师是大学生创业实践活动的指导者，而大部分高校创业教育教师最缺乏的就是实际创业经验。在创业教育支持条件硬件建设上，地方政府支持力度较大，仅从 2014 年开始，三年时间里，某省就创建省级创业孵化示范基地 34 个、省级创业示范园区 36 个、省级大学生创业示范平台 12 个；各高校创立的大大小小的创业孵化园 57 个，占比 89%。在创业教育师资建设上，步履维艰，收效甚微。校内兼职的创业课程教师缺少创业经验，校外聘任的创业导师由于受人事制度的束缚，基本是“一次聘任仪式、一本聘任证书、一场创业报告”的一次性讲座式，缺乏项目指导的针对性、持续性和有效性。

4. 创业课程教学研究能力较弱

笔者在中国期刊全文数据库中，截取 2010—2016 年为检索年限，以“创业教育”为关键词跨库检索的统计数据显示，创业教育理论研究呈现快速增长势头，但创业课程教学研究数量较少，比例偏轻。通过对某省本科高校教学改革研究项目立项课题数量来看，2014 年本科高校立项课题 555 项，其中创业教学改革立项只有 7 项；2015 年本科高校立项课题 273 项，创业教学改革也只有 10 项。好在 6 项重大立项中有两项创业教学改革立项，并且在 2016 年立项课题指南的人才培养模式改革栏目中，明确开展“高校创业教育研究”。

7.1.3　师资培训体系不完备

1. 师资培训组织安排计划性不足

大多高校没有将创业教育师资培训纳入学校整个教学师资培训计划中，在时间、经费、人员以及机会上难以获得稳定持续的支持。于是，各个部门各显神通、各个学校各有不同，导致教师接受较为专业培训的机会甚微。

2. 培训机构专业权威性不够

随着创新创业教育上升到国家战略，创业课程教师作为创新创业课程体系的构建者，其能力胜任素质的培训提升，受到了高校与社会的关注，于是，各种培训机构应运而生。特别是一些社会组织从社会责任感出发，自觉承担起创业教育普及之责，如 KAB 创业教育（中国）、YBC 创业教育、高校创业教育联盟等；也有一些教育培训企业在利益的驱动下，应势而为，参与到创业教育培训中，水平良莠不齐，不一而足。

3. 培训内容科学系统性不强

创业课程教师作为创业教育理论的研究与传播者、创业课程的组织者，既要整体把握创业教育课程体系，又要熟练掌握课程内容，因此，创业教育师资培训必须重视内容的科学性、系统性。目前，师资培训多以短训班为主，针对创业形势、创业管理、创业研究等某一单元开展，缺乏整体系统安排。

7.2 国外创业教育师资队伍建设的经验

高校创业教育师资队伍建设的核心问题是师资的遴选与培育。美国、英国等欧美国家在创业师资管理、遴选、培育上积累了许多成功经验，具有重要的借鉴意义。

7.2.1 科学协调的创业师资管理机制

1. 设立专门的管理机构

创业中心、创业学院是美国高校管理创业教育教学的最为典型的形式，由专门管理机构统一管理创业师资，如亚利桑那大学、得州大学艾尔帕索分校等。

2. 采取多样的激励措施

重视创业文化建设。百森商学院将创业教育作为独立的学科已有近 50 年的历史，学院极力推广“创业的思维和行动”，鼓励“所有形式的创业”，形成了独特的校园创业文化。百森商学院拥有世界上最强的创业师资队伍，创业系有超过 50 名教职工，包括 18 位具有终身教职的教师和 30 多位兼职创业者。

重视创业教学激励，设立专门的创业教育奖项。麻省理工学院专门设立了阿道夫创业导师奖。从 2005 年至今，每年都会有一位创业导师获得该奖项，以表彰创业导师为创业教学所贡献的时间、精力和资金。康奈尔大学设立了“克拉克教席”，该教席每年授予一次，只有在“创业精神和个人创业项目”中表现积极，或有重大贡献的教师才能获此荣誉。自 1992 年以来，共有来自 7 个不同学院的 17 位教授获得该项荣誉。

7.2.2 开放灵活的创业师资遴选机制

1. 师资遴选兼顾理论与实践

百森商学院、麻省理工学院等实施理论型师资和实践型师资一对一联合教学。每门课程都由一位资深的教授和一位富有创业经验的创业者共同执行，力图为学生提供创业教育理论和与实际生活相平衡的创业教学。伦敦商学院有来自不同国家的创业师资 18 名，多名师资具有实际创业经验，其涵盖了战略管理、企业战略、技术和竞争力的战略、管理创新、国家管理、经济社会学、组织学习、就业的关系、产业演进等极为广泛的课程领域。

2. 注重师资学科背景的多元化

创业教育是一种素质教育，这一属性决定了高校应提供具备多学科背景的师资。百森商学院充分吸收来自不同专业的师资，形成了结构化的师资队伍。美国亚利桑那大学埃勒管理学院吸引了来自工程管理、音乐、社会学等不同专业的 37 名创业师资。得州大学艾尔帕索分校汇集了 18 名创业师资，其中 6 名委员，3 名来自工程与科学专业，3 名来自社会科学专业。3 名来自工程与科学专业的教师代表了距离市场较近的领域，3 名来自社会科学专业的教师代表了距离市场较远的领域，很好地满足了多学科教师文化的需求。

3. 引进数量庞大的兼职教师队伍

英国全国大学生创业委员会的研究报告《英国高等教育创业发展的优秀实践》显示，英国高校创业师资主要有两大来源：一是理论导向的师资，主要由商学院教师构成；二是从企业聘请创业投资家、咨询师、企业家等有丰富管理经验的人员担任创业导师。剑桥大学创业中心邀请有经验的企业家为学生提供课程教学、讲座和研讨，分享他们的知识和经验。近年来，已有 300 余名企业家参与了剑桥大学创业中心的教学活动。敛桥大学创业中心还配备了由企业家和商业领袖组成的辅助师资队伍，包括 2 位访问企业家和 19 位常驻学校的企业家。麻省理工学院创业中心配备的师资包括 3 类人群：经验丰富的创业者和专家所构成的战略专家队伍，刚成立公司不久的创业者所形成的教练网络，已经完成企业初创的在校生或刚毕业的学生所构成的同行网络。目前，该中心共有 17 名同行网络师资、11 名教练网络师资和 19 名战略专家。

美国创业教育课程师资来源分布较广，社会兼职教师占创业理论课程的 7%，占创业实践课程的 21%；具有管理实践经验的教师的比例甚至达到 61%和 98%，即社会兼职教师占整个创业师资的 14%，具有管理实践经验的师资占 80%。具体如表 7-1 所示。

表 7-1 美国不同创业课程的师资构成①

创业教育师资类型	创业理论课程	创业实践课程
社会兼职教授	7%	21%
具有管理实践经验的教师	61%	98%
已创办企业的教授	36%	70%
创业为其主讲课程	44%	29%
创业为其主要研究方向	28%	47%

资料来源：游振声．美国高等学校创业教育研究［M］．成都：四川大学出版社，2012：108.

7.2.3 系统有效的创业师资培育机制

1. 创业教育师资的专业化

创业学学位体系建设是确保创业师资良性补给的重要保障。1999—2000 年，美国已有 142 所大学在本科或研究生阶段将创业作为专业领域，有 49 所学校设置了创业学位。美国、意大利、加拿大、英国、日本等国在本科阶段开设创业学位的高校达 224 所。以美国为例，2003 年的一项调查结果显示，在美国 370 所经过认证的商学院中，11%的教师获得了正式的创业学博士学位，25%的教师正在参加此类项目，60%的教师所在单位提供硕士或博士的创业学方向学习。

2. 创业教育师资的职业化

捐赠教席是高等教育机构中的一种特殊类型的专业职位，企业或者私人捐赠于某一职位，使之区别于学术圈的其他职位，同时授予持有者特殊的地位。通过设立捐赠教席吸引创业师资，是鼓励高校师资参与创业教学的重要途径。捐赠教授席位数量是衡量创业教育发展的重要指标。它吸引私人资金和基金会资金投入高校创业中心，支持创业教育的开展。

捐赠席位的设立是对创业师资的一种认可，极大地刺激了其他专业领域的高水平师资参与创业教学的热情与积极性，在扩充师资队伍的同时，提升了创业师资队伍的质量水平。

3. 创业教育师资培训的系统化

随着创业教育的蓬勃发展，创业师资面临巨大的缺口，对在职教师进行创业培训是世界各国培养创业师资的主要形式。欧美国家高校逐渐探索形成较为系统的创业师资培训体系，主要有 4 种途径。

（1）高校搭建起师资培训平台

英国有多所高校发起各类培育创业师资的项目，如伦敦大学学院、诺丁汉大学、雷丁大学等都开设了与创业相关的师资培训项目，如图 7-1 所示。

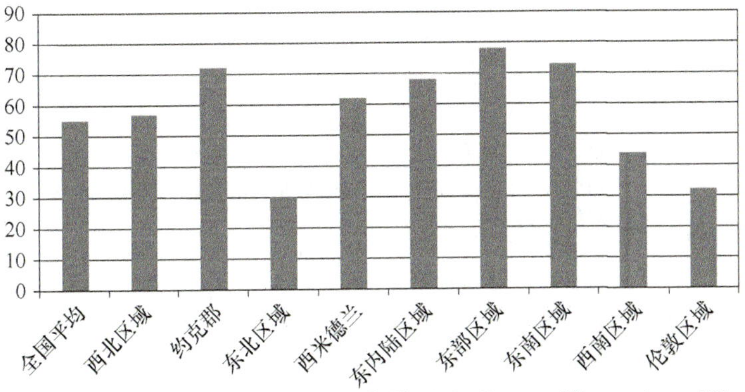

资料来源：Rae D，Martin L，Antcliff V，et al. The 2010 Survey of Enterprise and Entrepreneuyship in Higher Education［C］//The 33rd ISBE Conference：［s. n.］，2010. 转引自：胡瑞．新工党执政时期英国高校创业教育研究［M］．北京：高等教育出版社，2013：128.

图 7-1 英国不同区域开展创业师资培训的高校比例

百森商学院通过多种形式开展面向全球创业教育者的培训。自 1984 年起，百森商学院已经培训了来自 68 个国家 3 200 名学术研究者和创业者，每年还向千百万培训者传授创业理论和实践。创业教育者研讨会项目包括两种类型：公开招生项目和传统项目。以“创业教育者单元”为例，该模块分为 6 个教育模块，由百森商学院与国际上多个大学、学院和学术机构联合制订。其核心思想是“应当定期参与学习，提升教师的教学效果”，如表 7-2 所示。

（2）设立区域师资培训计划

欧盟委员会于 21 世纪初期推出了竞争力和创新发展框架项目（Competitiveness and Innovation Framework Programme）。在该框架下开展子项目“欧洲创业教育者项目”（the European Entrepreneurship Educators，3EP），由英国全国创业教育委员会、丹麦奥尔胡斯创业中心、芬兰图尔库经济学院和克罗地亚奥西耶克大学承担实施。项目通过开办欧洲年度暑期学校的方式支持和促进创业教育发展。3EP 培训项目的目标与课程模块如表 7-3 所示。英国实施了著名的“国际创业教育学者项目”，该项目由英国全国创业教育委员会负责实施，得到了北美多个创业基金会的支持。

表 7-2 百森商学院 MEE 师资培育项目

目 标		• 理解创业思维和行动的“魔力”，探索如何将该思想传递给创业者 • 理解企业家和创业者的心态 • 认识到创业教学的关键环节和内容 • 强调个案研究的方法，增加其他不同的经验型的、基于行动的方法 • 为有共同创业教育爱好的教育者建立创新创业教育网络 • 加深与创业教育相关的具体内容的理解
课 程	课程模块	• 创业思维和行动 • 设计型的思维方式 • 创业影响 • 新创企业 • 价值赋予 • 妇女和少数民族创业 • 技术创业 • 创投管理 • 创造力和创业的产生 • 机会评价和商业计划 • 公共政策和经济发展 • 社会创业 • 家庭创业 • 创业合作 • 企业采取
	教学模块	• 创业师资和行动学习 • 在线远距离学习 • 个案研究 • 课程设计和发展 • 个案教学 • 创业教学的挑战
参与者		项目参与者包括那些来自大学或学院的、已经或将要进行创业教育教学的师资，或者创业教育研究的教育者、管理者和高级管理者。每次参与人数从 40 名到 60 名不等

资料来源：Babson College. Modules for Entreoreneurship Educators [EB/OL]. [2014-10-13]. http://www. babson. edu/enterprise-education-programs/education-educators/modules-entrepreneursship-education/Pages/default. aspx.

表 7-3 3EP 培训项目的目标与课程模块

目 标	①创建教学驱动计划，解决课程变革的关键需求 ②通过课程变革或制度变迁，诱导机构的革新（NCEE 模式） ③培育 3EP 毕业生，积极主动参与“变化行动”（承诺） ④通过跨国导师，支持 3EP 的学员在各层次的教育体系中传递革新的思维 ⑤构建由 3EP 的学员、跨国导师形成的欧洲网络。提供网络资源，更为核心的是提供一个可持续发展的 EASA 模式，促进该模式在国家和区域的传播
课程模块	①创业教育挑战：教育者的角色和体制变革的催化 ②传递创业精神 ③传递创业行为、态度和技能 ④机会识别和新企业的发展 ⑤发展创业教育战略 ⑥学习风格

资料来源：Challis T, Wilkinson D. 3EP European Entrepreneurship Educators Project: Evaluation [EB/OL]. [2013-06-21]. http://3ep. eu/images/3EP-evalreportv5. pdf.

(3) 校企合作培养师资

英国高校通过提供“专业持续发展项目”(Continuing Professional Deveiop-ment，CPD)，以校企合作的方式培育高校创业师资和企业雇用人员。CPD 项目是在高校与企业互惠互利的基础上开展的。企业可以通过 CPD 促进员工把握最新的学术观点，提升员工技能，高校教师可以通过 CPD 获得专业化实践，为创业教育教学融入新的素材。利物浦约翰莫尔斯大学是成功运用 CPD 培养商学专业创业师资的典范。其经验概况为两个方面：将基于网络培训模块的创业师资培训与从中小企业雇员或雇主获取的创业知识有机结合，通过整合过程提升创业师资技能两者互动；通过 CPD 项目建立区域师资共享培训模块，与其他高校互认师资培训学分，促使学院在区域内的交流互动。

(4) 基金会提供捐赠支持

为提升创业师资水平、开发创业课程，科尔曼基金会启动了科尔曼创业师资伙伴计划，在之前的 5 年时间里，科尔曼基金会对 19 所高校投入了 160 万美元，用于伙伴计划和高校补助基金，同时投入 50 万美元支持相关项目的运营。此外，考夫曼基金会为参加第一轮“考夫曼校园计划”的每所高校提供 500 万美元的资金支持，为参加第二轮“考夫曼校园计划”的高校提供 1 900 万美元的资金支持。各个基金会在高校创业师资发展方面都投入了大量的资金支持。

7.3　应用型院校创业教育师资队伍建设的对策

7.3.1　高校创业教育师资队伍建设需要遵循的原则

从上述分析可以让我们深刻地认识到，现有的高校创业教育师资队伍与“大众创新、万众创业”时代要求相距甚远，根本无法满足创新创业型人才的培养需要。要改变这一现状，当务之急是转变思维方式，坚持系统性原则、协同性原则、复合性原则，着力在师资培养机制上进行深刻变革，培养学创兼备、专兼结合的创业教育师资队伍。

1. 系统性原则

高校创业教育系统是一个复杂开放的系统，说它复杂，因为它是由高校、政府、企业等多主体参与的系统；说它开放，因为它不是孤立封闭的，而是与外部环境紧密联系、双向互动的。创业教育师资是这一大系统中的一项关键要素，其数量质量、适配状态，决定着整个系统运行的优劣。因此，高校要把创业教育师资队伍建设放在学校创业教育的大系统上来思考，更要放在学校教育教学的层面上来设计，与学校整体发展规划相结合，强化顶层设计，全局规划，全员参与。

2. 协同性原则

协同理论是由德国物理学家霍尔曼·哈肯教授于20世纪70年代提出的，协同效应是其理论的主要内容，是指在一个庞杂而开放的系统中，众多子系统相互作用从而产生的整体效应或集体效应。任何复杂系统，无论是千差万别的自然系统，还是错综复杂的社会系统，都蕴含着协同作用，它使系统从无序到有序，从混沌然后达到某种稳定结构，是系统得以形成有序结构的内驱力。

创业教育的主体是多元的，包括高校、政府、企业、科研机构等，创业教育师资选聘来源、培训途径也是多元的，要提升师资队伍建设成效，要依赖不同主体、不同要素间互利共生、利益共享，在协同的基础上，达成合作共识。因此，协同性应该成为创业教育师资队伍建设遵循的重要原则。

3. 复合性原则

复合性首先是针对创业教育教师的个体胜任素质而言的。复合型人才的培养要求高校教师具备复合型的职业胜任素质，创业教育所特有的实践性与跨学科特质，使创业教育师资必须具备复合性的胜任素质，包含良好的职业品质、先进的教育思想和教育理念、复合型的知识和技能，尤其是要具备创新创业精神、创业实践经验与经历，应是学创兼备、复合融通的复合型人才。

复合性也是针对创业教育师资队伍结构而言的。创业教育师资建设的系统性、协同性，决定了创业教育师资结构的复合性，既要克服师资来源的单纯，也要克服师资构成结构的单一。

7.3.2 融合与重构：高校创业教育师资队伍建设机制创新

通过以上论述，我们明确在国家全面实施“双创”战略、大力推进高教综合改革的大背景下，创业教育师资培养的目标：既有创业理论，又有创业实践的学创兼备、复合融通的复合型师资。创业教育师资队伍建设的目标：全员参与、专兼结合。由此，我们进一步明确创业教育师资队伍建设的思路：融合与重构，推进高校创业教育师资队伍建设机制创新。

1. 创业教育师资队伍建设的协同融合机制

（1）创业课程与专业课程融合，培养“双能型”教师

创业教育与专业教育相协同，促进创业课程与专业课程相融合，是社会现实发展的需求，更是创新创业型人才培养的需要。创业课程与专业课程融合，主要表现为过程融合和要素融合。从过程上来看，就是将专业课程纳入创业课程的系统学习过程，促进学科渗透。要素融合包括3个方面：一是将专业课程融入创业教育的元素，实现创业通识知识、创业技能在专业课程里嵌入融合；二是挖掘专

业课程的创业教育的内容，实现创业能力在专业学习与实践中提升；三是开发适合专业特点的创业教育项目，探索开设跨学科的创业项目，授予融合创业教育和专业教育的新型学位。

课程发展需要倒逼师资能力水平提升，在创业课程与专业课程协同融合的过程中，专业教师既要重视专业知识、能力的凝练，又要关注创业理论、技能的融通，实现专业与创业、理论与实践的结合，成长为满足创新创业型人才培养需要的“双能型”教师。

(2) 创业课程教学与创业实践融合，培养“双师型”教师

偏重理论教学、创业实战经验缺乏是形成创业教育师资困境的主要因素。提升创业教育师资胜任素质，最有效的途径就是推进创业课程教学与创业实践融合。其具体体现在：一是将创业课程教学与创业实践融合的理念，融入教师职业发展规划体系中，有可以支持的制度保障，可以预期的职业前景；二是利用校企合作平台，鼓励教师到创业企业兼职挂职，获得创业实践实战体验，促进创业课程教学与创业实践融合；三是创业课程教学技能培训与创业实战培训的融合，无论是政府主导，还是高校主导的师资培训项目，培训内容上要更加关注创业实践实战；四是鼓励创业课程教师兼职创业，在创业实战中获得真实体验，在现实实践中提升从教能力。

(3) 内源性师资与外引性师资融合，培养“双创型”教师

在校内师资资源充分利用的基础上，不妨借助社会力量，推进内源性师资与外引性师资融合，形成专兼结合的创业教育师资建设。在现实实践中，外引性师资以成功创业者、风险投资商等多元化的实践人才为主，较为系统地参与学校创业教育。鉴于校外兼职创业导师时间上的不确定性，高校应创新人事管理，实行长聘制和特聘制。在协同融合过程中，外引性创业导师重点选聘富有创业成就兼具理论素养的学者型企业家或企业家型学者，培养“双创型”教师队伍。按照创业课程设置需要，创业教育师资表现为 5 种形态：一是渗透创业元素专业课的专业教师；二是专职创业课程教师；三是校内兼职创业课程教师；四是校外长聘创业导师；五是校外特聘创业导师。

2. 创业教育师资队伍建设的体系重构

(1) 师资培训体系需要重构

鉴于我国创业教育师资面临的现实困境，迫切需要从以下 4 个方面对师资培训进行体系重构，以满足创业教育发展的需要。一是建立清晰明确的创业教育师资培训目标体系。培训目标聚焦于创业知识与能力，包括：宏观层面的国家有关创业的形势政策、创新创业研究、创业学科专业建设，着力关注教学大纲；中观层面的创业课程建设、创业管理理论，着力关注教材建设；微观层面的创业教学方式、创业实践、创业竞赛、创业特训等，着力关注实践实创。二是重构创业教育师资培训实施体系。实施主体由政府主导转向政府扶持、高校主导，构建校本

师资培训为主、政府师资培训为辅、社会第三方培训机构参与的实施体系。校本师资培训是创业师资培训的主体，要统筹规划，增强计划性；要校内校外协同互助，增强开放性。可以邀请国内知名专家进校培训，也可以邀请成熟机构订单式培养，加大企业、社会组织的参与程度。三是完善创业教育师资培训组织体系。高校建立相应领导小组，负责校内师资培训工作协调，制订支持政策，提供物质资金保障。四是搭建创业教育师资培训资源平台。将创业教育课程、创业师资培训课程纳入国家精品课程、省级精品课程建设计划，打造精品课程多媒体课件库，通过数字技术搭建网络师资培训资源平台，同时，充分吸纳国外优质创业教育资源，实现培训资源互联共享。

（2）教师评价体系需要重构

科学合理的教师评价体系对创业教育师资队伍建设具有考评监督、引导激励作用。相对于国外臻于成熟的创业教育评价体系而言，我国还处于幼年时期，教师评价体系更是处于初步探索期。现有的创业课程教师评价体系存在着评价主体单一、评价指标侧重结果、评价方法定性与定量权重失衡等问题，亟须对评价体系重构，构建科学、合理、高效的创业教育教师评价体系。

首先，评价主体要多元参与。现有的评价体系，评价主体偏重于学校评价，忽视学生评价，缺少教师自我评价以及社会第三方机构参与评价。强化教师自我评价，增加教师对教学能力的自我认知，促进教师自我发展；强化学生评价，增强评价客观性、针对性；吸收第三方评价，提高评价社会性，减少评价主观性。其次，评价指标要兼顾结果与效率。现有的创业教育评价方法侧重于创业教育基地数量和规模、创业教育项目和教师科研成果数量、创业课程开设数量等，而创业人才的培养具有时滞效应，偏重结果导向不合理。要注重教育的效率，而不唯创业的效率。再次，评价对象要分类。由于创业教育的社会性、复合性，需要根据创业教育师资的 5 种形态，制订针对性的分类评价体系。最后，评价方法采用定性与定量相结合的综合评价法更为适宜。

案例与阅读材料

青岛理工大学：“双创”领航人才培养，促进教育质量提升①

日前，教育部办公厅下发《关于公布 2016 年度全国创新创业典型经验高校名单的通知》，青岛理工大学成功入选，荣膺首批“全国创新创业 50 强高校”。

① 资料来源：http：//paper.dzwww.com/dzrb/content/20161208/Page14NU.htm。

这是近年来该校继荣获全国高校毕业生就业工作先进集体、全国50所毕业生就业工作典型经验高校、全国就业先进工作单位之后，在创新创业教育工作中取得的又一重要成绩。

“创新创业人才培养是大学的时代使命，在十余年的摸索实践中，学校始终把创新精神和创业实践作为人才培养的重要目标，率先构建‘一轴双驱’的创新创业人才培养体系，形成‘一体两翼’的创业实践孵化模式，有力地促进了人才培养质量的提升。”该校校长王亚军说。

1. 创新创业教育：为学生建立人生精神账户

创新创业教育，归根结底仍是素质教育的范畴，是高校“培养什么人、如何培养人”这一核心问题的时代拓展与升华。青岛理工大学副校长李东认为，“通过创新创业教育，为在校大学生建立人生精神账户，使他们今后在瞬息万变的世界上闯荡时，有一种内在的资源，这种资源能够使他们应付各种环境和挑战。这是高校的责任和义务。”

正是基于这一认识，长期以来学校始终把学生的创新精神和实践能力作为培养应用型高级专门人才的重要目标来抓，把创新创业教育与人文教育相结合，开设《创业基础》《就业指导》《职业生涯规划》等必修与选修、线上与线下相结合的创新创业课程群，通过构建创新创业课程体系，紧扣时代脉搏，不断提升人才培养的社会适应性，为社会培养创新创业能力较强的应用型高级专门人才。

2004年，学校开启了创新创业教育的探索之路，成立创业教育领导小组，专设大学生创新创业教育指导中心，开始面向全体学生开设创业课程。学校在人才培养方案的修订中，将实践性环节、综合教育体系和创新能力培养单独列入课程设置。2007年，山东高校唯一的大学生创业教育研究基地落户学校，以基地为依托，先后编著出版了普通高等教育“十二五”规划教材《大学生创业教程》等3部；2009年，学校获批教育部质量工程项目“地方院校‘六纵十横’体验式创业教育人才培养模式实验区”，制订实施创业板人才培养计划，开设创业实验班，先后共设立6个创业教育示范学院、11个试点专业，开设创新创业类课程15门，形成了以素质教育为基础，以创业教育为主导的创新创业教育理念；2015年，结合山东省特色名校建设与学分制改革，学校在人才培养方案中新增创新实践学分，启动“基础＋专业”通识教育和专业教育有机结合的人才培养模式。

2016年学校制订创新创业教育改革实施方案，成立创新创业教育领导小组，构建“一轴双驱”创新创业人才培养体系，探索“一体两翼”创业实践孵化模式，获批“全国创新创业典型经验高校50强”“科技部火炬中心国家级众创空间”，学校创新创业工作日臻完善。

十余年来，学校以促进创新创业教育与专业教育有机融合为切入点，通过课程立项等方式，共开设《创新创业基础》《创业管理实战》等47门必修与选修相结合的创新创业课程群，并引进尔雅教育和智慧树网络教育平台，形成了线上线下相结合，由通识课、基础课、专业课以及实践教育等组成的课程体系。

2. 双驱联动：激发学生创新意识，培养学生创新能力

如何把学生创新能力培养贯穿于教育教学实践，如何让创新创业教育落地生根？青岛理工大学的做法是，围绕学生创新能力培养这一轴线，充分发挥课内课外教学的双驱联动效应，构建起“一轴双驱”的富有地方理工科高校特色的创新创业人才培养体系。

将科研优势转化为教学优势，形成科研与教学的良性互动。在青岛理工大学，科研骨干也是教学骨干，品牌专业、精品课程的负责人大多数是科研骨干。这些“双料骨干”不仅将科研成果融入课堂教学，开拓学生视野，激发学生创新思维，有的还引导优秀学生直接参与自己的科研项目，承担一部分力所能及的科研课题。郭峰教授主持国家自然科学基金课题研究，将科研工作与本科教学相结合，把学科发展的前沿知识引入本科生毕业设计，培养学生研究性学习能力和解决问题的能力，有效地提高了毕业设计质量。李朝振、赵先国同学参与的国家“863”项目子课题“新型高速列车空调系统的研究”已投入生产，两位同学也分别完成了《新型列车空调静压送风道的研究》和《列车空调综合实验台测试系统的研制与改造》两篇毕业论文。

协同资源，打造多元创新实践平台。学校38个国家、省部级重点实验室以及30余个校级公共基础与专业实验室全部面向学生开放。近年来学校获批国家级大学生创新创业训练项目126项，合作建立300余个校外实践教学与就业创业实践基地，其中国家级大学生校外实践教育基地1个、国家级工程实践教育中心3个。依托创新实践平台，40余名学生组建青特赛车队，自行设计并制造出五代小型单座赛车，荣获第六届中国大学生方程式汽车大赛“燃油经济性”第二名；张彦彬等5位同学的作品《核桃剪切挤压柔性锤击绒辊分离剥壳取仁关键技术与装备》，获第十三届“挑战杯”全国大学生课外学术科技作品竞赛一等奖，并已实现成果转化。

建立创新竞赛、科普活动、学术论文、发明专利四位一体的创新能力培养体系。学校每年投入200万元创新创业与学科竞赛和50万元科技创新立项专项资金，另设创新创业奖学金、科技创新单项奖学金，扶持、奖励学生创新创业实践。在教师职称评定、岗位竞聘、绩效考核等方面，将创新创业工作业绩列入重要指标内容，提升教师指导学生创新创业活动的积极性。在研究生推免、先优评比、奖学金评定等环节，优先推荐创新创业能力突出的学生。以“挑战杯”课外学术科技作品竞赛和“创青春”创业大赛为龙头，以数学建模大赛、电子设计竞赛等专业赛事为依托，三年来累计有4万余人次参与到学校的四大体系活动中，

学生参加各级创新创业竞赛获国家级奖项310余项、省部级奖项720余项，涌现出了以“多功能行李车”为代表的一大批创新产品和以获三项国家专利和一项文字作品登记的王君昌同学为代表的科技创新标兵。

3. 两翼齐飞：培育科技创业团队孵化规范企业

2009年，学校在市北校区建成835平方米的创业孵化基地；2013年，学校开始探索创业孵化基地建设的新模式，进一步促进创新创业教育与实践孵化的紧密融合，成立创业孵化基地管理委员会，全面推进创业孵化基地建设。以孵化基地为载体，学校充分发挥学科优势培育科技创新团队，遵循市场规律孵化规范创业企业，打造创新创业人才培养的制高点和辐射源，逐步探索形成了以校内创业孵化基地为载体，发挥优势学科培育科技创业团队，遵循市场规律孵化规范化创业企业的“一体两翼”创业实践孵化模式。

以培养创新创业人才为出发点和落脚点，近三年学校投入创新创业经费958.2万元；先后获批山东省大学生创业孵化示范基地、山东省大学生创业实训示范中心建设立项、青岛市科技企业孵化器，获得上级创新创业奖补资金720万元。目前已形成以嘉陵江路校区为核心，覆盖一校三区，总面积为13 618平方米的创业孵化基地格局，与大学生创业实训中心、科技孵化器等形成衔接补充的创业孵化示范平台。

以学科为引领，培育科技创业团队。结合办学定位和学科特色，学校以学科专业发展、科技成果转化、服务社会为导向统筹规划孵化平台建设；积极发挥土木、机械、环境等传统特色学科的资源优势，按照行业类别和学科专业，构建起土木工程、机械制造、环境能源、电子商务等10个特色孵化区；积极扶持鼓励学科专业创业和跨学科创业，推进科技创新成果转化创业，挖潜“导师＋团队”模式创业，开展“企业＋团队”协同创业；遴选具有潜质的项目团队入驻孵化基地，培育精英创业团队。以机械学院博士、硕士为主体的创业团队研发的电动餐饮车，年出口量100辆，实现500万元年营业额。近两年，学校共培育项目团队近200个，目前在孵项目团队51个，其中结合学科专业的项目比例超过90%。

遵循市场规律，孵化规范创业企业。该校孵化基地负责老师介绍说，为解决大学生创业经验不足、资金缺乏等问题，学校积极挖掘校内外资源，全方位为入驻企业、团队提供“进—管—帮—出”的“一条龙”服务和“一站式”服务：构建了学校、学院、创业者协会三级管理服务体系，对创业团队和企业进行分层次、精细化管理；引进青岛启迪投资有限公司，为入驻创业团队提供创业融资；引进青岛理工创业财务会计服务中心，为入驻企业提供财务管理与服务；注册成立了“青岛理工创业服务有限公司”，对入驻未注册企业的团队提供专业性服务和社会对接平台；组建了由国家“千人计划”等有工程背景的专家名师、获得国家职业指导师资格的创新创业教师、校内外成功创业者和风险投资人等100余人组成的创业指导师资队伍，为创业者提供技术、心理、管理等方面的持续性指导服务。

4.“双创”带动就业，全面促进人才培养质量的提升

省人力资源和社会保障厅分管领导评价，青岛理工大学“一体两翼”的创业孵化走出了高校创业孵化基地建设的新模式，在创新引领创业、创业带动就业等方面取得了不错的成效。

近三年，学校注册创业企业130个，注册资本金7 195万元，创业合伙人623人，学生创业参与率4%，孵化成功率由早期的31.6%提升至目前的51.3%，创业实体成活率88.5%，成功孵化出青岛理工联创机电有限公司等30余个专业特色品牌企业。创业带动就业效果明显，青岛三十六艺教育科技有限公司带动就业100余人。

学校的创新创业教育研究与实践工作得到了国家和山东省、青岛市主管部门的充分肯定。近年来，学校荣获全国青年创业教育先进集体、全国青年就业创业教育年度先进集体、全国高等学校创业教育与实践先进单位、共青团中央“大学生KAB创业教育基地”、山东省高校大学生创业教育研究基地、山东省大学生创业孵化示范基地、山东省大学生创业教育示范院校、山东高校创新创业示范基地、新浪网评山东高校创新创业示范基地、青岛市十佳创业孵化器等荣誉称号。2015年，130余个政府机构、高校和企业慕名来校参观考察，学校在全国及省市创新创业工作会议上5次进行典型经验交流。

创新创业教育给学校带来的甜头远不止这些，更为重要的是，它全面提升了学生的创新精神和实践能力，有力地促进了学校人才培养质量的提升。近三年，学校毕业生实际签约率均超90%，位居省内高校前列。学生到国字头中字号国有企业、事业单位就业和升学出国人数比例保持较高水平。调查显示，社会用人单位对该校毕业生初入职岗位与专业、能力匹配度和学校人才培养满意度评价较高。以2015届毕业生为例，到国有企业就业毕业生占总体的17.08%，毕业生入职后的岗位与能力匹配度达到91.35%，用人单位对毕业生团队意识与合作精神、毕业生敬业精神和职业道德的满意度均达到90%以上。

青岛理工大学创业孵化基地从无到有，由弱及强，现已进入快车道。该校负责同志表示，“‘十三五’期间，学校将以营造良好创新创业生态环境为目标，以激发全校创新创业活力为主线，以构建众创空间等创业服务平台为载体，有效整合资源，制订配套政策，完善服务模式，培育创新文化，进一步推进创新创业工作向纵深发展。”

福建农林大学：完善“帮扶促”机制，搭建“创试孵”平台[①]

近日，第十三届国际遗传工程机器设计大赛（IGEM）在美国波士顿举行，吸引了全球 40 多个国家的 306 支队伍参加。福建农林大学植物保护学院戴睿成、蜂学院冯豪等 16 名学生组成的“FAFU-CHINA”团队，凭借对“蚊子的生物控制研究”，在该赛事中喜获金牌。

据统计，福建农林大学近年来组织超过 1 万名大学生参加各级各类创新创业计划项目 3 330 项，本科生获得省级以上各类竞赛奖励 793 项。其中，“挑战杯”全国大学生课外学术科技作品竞赛一等奖 10 项、二等奖 14 项、三等奖 12 项，获“优秀组织奖”5 次，获“优胜杯”3 次，获“累进创新奖”金奖 1 次、铜奖 1 次，连续 11 年成绩位居全国高校前列；获“挑战杯”全国大学生创业计划竞赛金奖 1 项、银奖 7 项、铜奖 4 项，获“创青春”全国大学生创业竞赛“优胜杯”1 次、“优秀组织奖”1 次……

不仅如此，福建农林大学还入选了全国首批“全国高校创新创业 50 强”；该校申报的“全国高校实践育人创新创业基地”已进入公示名单……

为何福建农林大学的本科生创新创业屡获大奖？该校获得全国首批“全国高校创新创业 50 强”的经验在哪儿？

1. “234”，做好创新创业实践育人体系的“顶层设计”

福建农林大学是福建省重点建设的高水平大学，具有 80 年办学历史，闽台区域特色和农林学科优势明显，拥有一大批“把论文写在大地上”“把论文写在农民的钱袋里”的科研人员，社会服务覆盖福建省 73 个县区和全国 32 个省市 370 个县区。该校参加中国·福建项目成果交易会，连续 14 年对接并获资助项目数居所有参会高校和科研院所之冠，创造了巨大的经济社会效益，其中学校发明的菌草技术推广到了 101 个国家，育成的甘蔗品种占全国甘蔗种植面积的 85%，育成的麻类品种占全国的 2/3 并覆盖全国种植面积 1/2 以上……

可见，该校大学生开展创新创业有着先天优势和“肥沃土壤”。在此背景下，福建农林大学近年来不断深化创新创业教育改革，构建了“234”（即“两平台、三融入、四转化”）创新创业实践育人体系，从顶层设计上为培养创新创业人才服务。“234”的具体内容是：打造闽台联合育人创新创业实践育人和服务区域经济社会创新创业实践育人“两平台”，做好科教融合、产教融合、社教融合“三融入”，促进资源整合、联合育人机制、人才培养模式和社会服务方式“四转化”。

① 资料来源：中国教育报，2016-11-17，第 8 版。

“234”创新创业实践育人体系的构建，大幅提升了学生的创新创业素养与能力，助推了一大批学生积极参与创新创业。其中“三融入”的落实，便让学生创新创业的“梦想开花”。

科教融合，提升了学生科研素质。该校在国家和部省级科研创新平台的基础上，已建26个校内高端科研创新训练基地。近两年，共接收本科生1 768人进实验室，开展学术讲座161场，指导本科生发表论文94篇，申请专利47项，完成教师科研成果转化为本科教学内容65项，指导本科生参与并获得科技竞赛等学术活动奖项302项，其中获得省级以上科技竞赛奖237项，科研实验室服务本科教学取得了良好的示范效应。

产教融合，提升了学生专业技能。以福建农林大学安溪茶学院为例，茶学院建设了福建省茶产业研究中心，引领助推茶产业改造升级，引入当地企业共同制订人才培养方案，聘任55位企业导师进校授课指导，探索融创新、创意、创业为一体的“三创人才”培养方式。茶学院在八马茶业、安溪铁观音集团、华祥苑等25个知名茶企建立创新创业实践基地，创新创业实践教学内容对接茶产业链，与茶多网络（安溪）有限公司合作共建大学生创客空间，开展由企业全额资助的茶艺技能大赛，逐步形成校地、校企“共创、共建、共享”的创新创业教育模式，学生的专业技能得到了较大发展。

社教融合，提升了学生服务社会能力。该校将创新教育融入大学生社会实践活动，以“三下乡”社会实践为引领，每年组织140多支重点团队、组织90%以上的大学生参与各种形式的实践活动，奔赴全国各地开展科技服务工作，大学生参与推广实用技术累计600多项，举办科技培训讲座750场，制作和发放科技资料10万多册。学校连续21年获得全国大中专学生志愿者暑期“三下乡”社会实践活动先进单位荣誉称号。

2. “帮扶促”，从育人机制上为创新创业“保驾护航”

福建农林大学“帮扶促”并举促进大学生创新创业，在服务就业创业方面提出“三个必须”，即学校工作必须服从服务于育人工作，必须服从服务于就业创业工作，必须服从服务于海西建设，并在政策、师资、资金等机制保障上为创新创业“保驾护航”。

据介绍，学校先后出台了《关于实施海西新农村创业者培养工程的意见》《福建农林大学毕业生创业启动扶持金申请及发放办法》等一揽子鼓励创新创业的好政策。为满足学生创新创业需要进行实验的需求，该校近年来投入400万元专项经费，用于本科生该项目的实验室建设，9 000万元用于本科教学实验室仪器设备补充与更新。

在广泛开设创新创业课程的基础上，该校实施了两大培训工程。一是实施“闽台合作大学生创业培训圆梦工程”，学校引进台湾创业培训模式，由台湾“中国青年创业协会总会”选派兼有创业经历和培训经验的成功人士担任培训教师，已完成 3 期培训，培训大学生 3 000 多人，参训学生满意度 98%。二是实施返乡大学生创业培训工程，近两年开展各类创业培训活动 50 余期，参训参与学生近 7 000 人次。

该校还坚持“三全育人”思路，以“学生培养需求导向计划”打造职业化的教师队伍，并设有职业指导教研室、大学生创业指导机构，有专门的场地和咨询室，配齐配强专职创业指导人员，建立校级创业导师库。截至目前，学校共有 386 名教师讲授创新创业课程，外聘创新创业教师 97 人。仅 2016 年，学校就有 10 名教师入围福建省首批火炬导师备案名录。

2016 年，福建农林大学划拨大学生创新创业训练项目、科技竞赛的经费为 180 万元；划拨大学生创业孵化基地 50 万元，专门用于服务大学生创新创业实践育人工作；划拨校内实践基地维持费、基础实验室和基地建设经费 4 029.28 万元，用于建设各类大学生创新创业实践基地（平台）；每年预算 160 万元校级年度就业创业工作经费，确保“机构、场地、人员、经费”四到位。

对于毕业生创新，该校在经费方面落实 4 项保障政策：设立 100 万元“海西新农村创业者培养工程”专项资金；资助每名自主创业毕业生启动资金 5 000 元（2015 年起增加到 8 000 元）；大学生创业园为每个入驻创业团队免费提供 20 平方米的工作室作为办公场所，且免收水电费、宽带费；对有意向创业学生实行全程免费培训，并从校内外遴选专家组成服务团，开展“1 对 1”导师指导。

3.“创试孵”，多功能一体化的创业空间助推“阶梯发展”

创新创业终须试验田。根据大学生创新创业规律，福建农林大学对大学生创业园进行一体化设计，建成“创意、试水、孵化”递进式三大功能区，助推大学创新创业“阶梯发展”。

福建农林大学相关负责人对创业园作了简要介绍：A 区——创意转化区。创意区位于校内东大门附近的大学生创业园，建于 2008 年，是福建省高校首家“闽台大学生创业培训基地”，现有蝶韵公司、创衍茶艺居等 13 个创业团队入驻。B 区——创业试水区。该区建设面积约为 1 000 平方米，主要面向已注册公司的在校学生团队，现有聚优校企、丝路印象等 13 个团队在园区试水创业。C 区——创业孵化区。主要面向近 5 年毕业生初步孵化成功的项目，继而推荐到各设区市创业园，目前有“实在土”互联网农业营销平台、云数字校园等 5 个大学生初创公司在园区进行孵化。

在福建农林大学安溪茶学院，建设有蒲公英众创空间，一期建筑面积近 1 000 平方米，主要聚焦茶业及衍生品、农村电商、文化创意领域，已与多家天使投资机构和风险投资机构建立了框架合作关系，目前有花茶小铺、7 号女生工作室等多个项目入驻。

此外，在校外“福建高新技术创业中心大学生创业孵化基地”，福建农林大学有3个项目入驻，均以正式工商注册的形式经营。

据统计，从2012年福建省首届创业之星评选至今，福建农林大学共有57个项目获得资助，资助总金额为234万元，居全省高校前列。从2013年福建省级资助创业项目评选至今，福建农林大学共有27个项目获得资助，资助总金额139万元，也居全省高校前列。

福建农林大学的创新创业工作，正是秉承了首任院长严家显“教育生产化，生产教育化之目的，合‘学’‘用’于一途”的教育理念，遵循了教育教学和人才成长规律，从而取得学生就业创业的佳绩。据统计，2014—2016年，学生初次就业率均在94%以上；2015年，学生自主创业比例达到2.82%。

2016年10月20日，值建校80周年华诞之际，福建农林大学海上丝绸之路创业学院揭牌成立，系学校与知名校友发起成立的福建海丝发展有限公司合作共建。福建农林大学海上丝绸之路创业学院将契合国家“一带一路”战略，围绕产业升级发展需求的创新创业教育生态圈和创业孵化服务生态链的构建，打造开放式合作联盟众创平台，实现创新创业信息交流、人才培养、导师培训、项目开发以及优质创业项目培育与投融资扶持五大职能。

福建农林大学海上丝绸之路创业学院的成立，标志着该校创新创业教育的再出发、再创辉煌。

第 8 章　应用型院校创业孵化平台协同机制的构建

8.1　国外创业孵化平台发展的概况

8.1.1　国外创业孵化平台的演进历程

自 1951 年美国斯坦福大学创立世界上第一个科技园区——斯坦福研究园——以来，以科技园、孵化器为代表的各类创新创业平台如雨后春笋般在世界各地涌现。尤其是 20 世纪 80 年代以来，随着信息技术革命的到来和全球产业结构的转型升级，各类创新创业平台层出不穷。根据世界创新创业平台发展的数量与发展模式，我们将世界创新创业平台的发展历程分为以下 3 个阶段。

1. 诞生与缓慢发展阶段（20 世纪 50 年代—20 世纪 70 年代末）

在这一阶段，自斯坦福研究园于 1951 年诞生以来，欧、美、日等相继着手实施科技举国计划，加快举办种类科技园区。苏联于 1957 年开始筹建世界上最早被冠以“科学城”名称的科技园区——亲西伯利亚科学城（1966 年基本建成），日本的筑波科学城（1966 年开始兴建）、法国的索菲亚·安蒂波利斯科技园（1969 年开始兴建）、英国的剑桥科学园（1970 年兴建）、中国台湾新竹科技园（20 世纪 70 年代末开始兴建）均在这一时期开始建设。但总体上这一时期的创新创业平台数量较少，以科技园区为主，且大多分布在欧、美、日等发达国家和地区。

2. 快速发展期（20 世纪 80 年代—21 世纪初）

在这一阶段，美国北卡三角研究园（1984 年）、日本神奈川科技园（1986 年）等创新创业平台相继成立并取得长足发展；我国的武汉中国光谷（1988 年）、中关村科技园区（1988 年）、苏州工业园（1994 年）等一批政府主导、企业参与的创新创业平台先后成立并迅速成长。

3. 互联网时代新型创新创业平台快速发展阶段（2000年至今）

互联网尤其是移动互联的发展，带来信息与资源共享模式的深刻变革，新的商业思想及新的商业运作模式不断孕育和涌现，进而形成新的创新创业变革潮流。在此背景下，涌现出以YCombinator、创新工场、x-lab、3W咖啡、36氪等为代表的新型创新创业平台，呈现百花齐放、百家争鸣的欣欣向荣之态。在这一阶段，创新创业平台趋于多样化，内涵不断丰富，进一步推动着信息的迅速传递、资本的快速融通、资本与项目的便捷对接。

8.1.2 国外创业孵化平台发展的特点

经过60多年的发展，世界创新创业平台经历了从依靠市场力量自发形成到政府引导和市场主导相结合方式发展、从效仿“硅谷”到根植区域特色、从立足国内到面向国际的发展历程，并且功能专业化趋势日益明显。

1. 从依靠市场力量自发形成到政府引导和市场主导相结合方式发展

举世闻名的“硅谷”主要依靠市场力量自发形成，但是在硅谷之后，政府更多地参与到创新创业平台的发展之中，成为各国特别是发展中国家发挥后发优势、加快创新创业平台建设的普遍做法。在此过程中，政府曾一度主导创新创业平台的建设发展，这样尽管有利于在短期内集中有限的人力、物力和财力，但也存在政府“越位”和“缺位”等“政府失灵”问题。因此，目前比较普遍的做法是“政府引导、市场主导”。政府主要从宏观层面制订总体规划，确立园区发展目标与方向，统筹考虑基础设施、市政交通设施、公共设施布局和环境等公共问题，除此之外则更大限度地发挥市场对资源的配置作用。这样既能充分发挥政府的行政职能，同时又能发挥市场主体的能动性，两者相互配合、相互促进，能更加有效地推动创新创业平台的建设。

2. 从效仿“硅谷”到根植区域特色

在20世纪80年代全球科技园建设热潮中，各国家、各地区纷纷效仿美国硅谷。但实践证明，世界上只有一个“硅谷”，且不可复制。因此，各国和地方政府日益认识到立足地方特色、根植区域特性，走特色化发展道路才是创新创业平台建设成功的关键。例如，清华科技园经过20年的发展与探索，逐步形成了特色鲜明的运营模式和园区文化。20年来清华科技园抓住机遇，致力于成为具有全面业务能力的科技服务提供商，打造了金融资产管理平台、创新研究与咨询平台和实业运营管理平台，取得了丰硕的成果；联想之星根据中国科技创业行业特点，将国外好的做法与国内实际有机结合起来，走更加本土化的道路——开展具有特色的创业培训课程，并加入天使投资的因素，更好地解决了创业过程中面临的缺乏创业知识和经验、创业环境更具挑战和早期投资不足等现实问题。

3. 创新创业平台国际合作纵深发展

随着全球化进程的加快，创新创业平台国际化发展趋势日益明显，国际合作程度日益加深。一是合作开发建设创新创业平台，如中关村于 2013 年与芬兰合作建立中芬国际合作创新平台——北京芬华创新中心。二是在国外设立分支机构，如瀚海、江龙森和清华科技园纷纷在硅谷建立孵化器。三是资源整合日益国际化，如 Seedcamp（英国种子学）的 2 000 多名导师资源来自世界各大科技中心，覆盖全球。四是国际创新创业平台组织的作用日益重要，如 IASP（国际科技园区协会）已形成连接全球科技园区的国际化网络。

4. 功能专业化发展趋势日益明显

功能专业化是指创新创新，平台主要针对某一个或几个专门领域提供更为精细的专业化服务。随着信息化时代的来临，创新创业平台服务领域、服务形式的细分日趋明显，精准的定位是客户和社会快速识别的关键，更是开展各项工作的基本原则。例如，启迪孵化器于 2013 年成立了启迪纳米专业孵化基地，将纳米科技产业作为孵化重点方向，目前已集聚纳米高科技项目超过 30 项；又如，定位于移动互联网的专业孵化器厚德创新谷，始终站在移动互联网行业角度上布局、实践、发展，专注服务于移动互联网领域的早期创业者。总之，随着专业分工的日益深化，选择有所为有所不为，是创新创业平台形成自身鲜明特色的关键。

8.1.3 国外高校大学生创业孵化器的发展

孵化器作为一种新型的经济组织，于 1956 年由美国曼库索（Mancuso）首先创立，直到 20 世纪 70 年代，才引起美欧等发达国家的重视，到 20 世纪 90 年代得到了快速发展。它最初以扶植小企业成长为己任，而后承载着加速科技与生产结合的使命，其价值与功能被广泛认同。不同国家（地区）其称谓不同，美国称其为企业孵化器（Business Incubator），中国台湾地区称其为育成中心，欧洲称其为创新中心，我国大陆则翻译成孵化器、创业孵化基地、创业服务中心、创业中心等。目前，各个国家为鼓励大学生创新创业，不断出台扶持政策和措施，为创业学生提供孵化器服务。

美国作为孵化器发源地，起步最早，发展也最为成熟。1956 年，美国曼库索（Mancuso）将位于纽约的一栋大楼分成若干单元，按需求出租给不同的企业，为他们提供公用场地、相应的设施及其相关的服务。因为这一经营模式来自于一家入驻的养鸡公司的启发，所以称其为“孵化器”。1963 年，美国、英国分别建立了1家企业孵化器。20世纪70年代末，欧洲创立了第一批孵化器。1980年，美国创立孵化器12家。20世纪80年代后期，美国企业孵化器得到快速发展，涌现出大量的孵化项目。进入21世纪，企业孵化器以其惊人的速度快速发展。1986年，美国国家孵化器协会在俄亥俄州成立，现在已经拥有美国注册会员近1 000家，全球注册会员2 200家。根据美国孵化器协会自1989年以来的调研资料，在最初开始统计的1989年，美国全国孵化器总数是390家，到2015年，总数已经达2 000家。美国孵化器协会（NBIA）调查统计："到2010年，美国各类孵化器总数超过2 500个，增加了19 000个企业和255 000个就业机会，孵化器中的新创企业在入驻期间发展健康，平均每个企业的盈利增长4倍左右，年均盈利增长239 000美元，通过孵化器毕业的企业具有很高的存活率，相关调查显示，北美孵化器毕业的孵化企业有87%在毕业后继续运行。"从上述数据可以看出，孵化器在推动经济发展、扩大就业、创造税收等诸多方面具有巨大的社会价值。同时，伴随着孵化器的发展升级，孵化器的创办主体也相应地扩展优化。因为高校自身所拥有的人才、技术等资源优势，顺应经济社会发展大势，相应拓展自身功能与领域，建立企业孵化器，加速高校科研成果的商业化过程，于是，掀起了新一轮科技革命的浪潮。1999年前后，美国就有近50所大学设立了孵化器，到2015年，美国高校大学生创业孵化器的数量就增长到100多个。其中，较为著名的高校孵化器有哈佛大学孵化器（Harvard Innovation Lab)、麻省理工学院创业中心（MIT Entrepreneurship Center）以及华盛顿大学孵化器(Washington Hatchery)。

哈佛大学于2011年设立I-Lab器，毗邻哈佛商学院，其宗旨是培养新一代初创公司的CEO。迄今已经向1 500多位企业创始人投资了800万美元，孵化打造了400多家新生企业，其中不乏Drop box和Air这样的明星企业。目前哈佛大学孵化器投资企业组合的价值正在接近100亿美元。麻省理工学院孵化器对学生创业影响巨大、成效显著。其功能主要是帮助创业学生组建团队、完成商业计划、融资支持、法律援助等。在近几年的孵化项目中，有的项目获得了数十亿元的股东利益，并获得了数亿的投资额。近期孵化成功的案例较多，如电动汽车高性能电池制造商（A123 Systems)、无声的闹钟和睡眠传感器（Lark）以及为中小企业服务的营销软件（Hub spot）等。华盛顿大学孵化器在项目筛选、团队组建上充分发挥学生的积极性、主动性，具有自身的特点：创业学生把创业项目放在网站上公布，让学生自行审批项目，自行筛选适合的创业项目，自行签名加入组织创业团队。为每个创业项目提供3 500美元的风投资金。华盛顿大学孵化器孵化了许多成功的互联网公司，如Rare Genomics Institute和Answers. com等。

在欧洲，德国的Adlershof科技园截至2010年已投资20亿欧元，由欧共体与德国政府联合出资。瑞士政府成立了技术创新委员会（即 CTI 组织），每年联邦政府提供 1 亿瑞士法郎的经费。瑞典十分重视大学生的创业培训教育，在创业教育体系中，既包括在本科和研究生阶段设立创业管理相关专业、开设创新创业类课程，还包括在校内组建大学生创业孵化园、创业基地等机构。

韩国鼓励以大学为单位建立“创业支援中心”，其数量覆盖 95%以上的大学。服务范围涵盖：免费提供创业办公场地，无偿提供部分启动资金以及人力资源培训、创业指导、商事咨询等。韩国政府特别重视创业成果转化，为鼓励民间资本投入，韩国政府出台了给予高达 30%资金返还的优惠政策。

8.2　国内创业孵化平台发展的概况

8.2.1　国内创业孵化平台演进历程

“大众创业、万众创新”的春风吹暖了万千创业者的心，也吹火了“众创空间”的市场。在创新创业逐渐成为中国新常态经济“新引擎”的背景下，孵化器作为离创业者最近的平台发挥着重要的作用。如今，我国正面临经济结构转型，在寻求新的经济增长点、举国推动创业创新的大环境下，孵化器正日益兴起并快速迭代更新，并已站上了“创新创业”的风口上。中国孵化器飞速发展，成为带动地方经济发展的新窗口。

孵化器在中国早已不是新生事物。早在 1987 年 6 月 7 日，中国第一家企业孵化器“武汉东湖新技术创业者中心”就宣告成立。

1988 年 8 月，中国决定开始实行专门为发展中国高新技术产业而设立的“火炬计划”。在该计划中，国家把建立孵化器——科技创业服务中心——列为重要的内容。时至今日，中国科技企业孵化器的数量超过 1 600 家，国家级孵化器超过 600 家，非国家级超过 1 000 家，在孵企业 8 万余家，累计孵化企业约 6 万家，各项数据均在逐年稳步增长。

根据科技部火炬中心统计，自 2011 年起国家大力推动孵化器建设，目标是为创业者降低创业成本，推动创业创新建设，为创业者提供优质的创业环境，以创业带动就业。在火炬中心最新的数据统计中显示，中国 2013 年科技型企业孵化器面积已超过 5 379.3 万平方米，同比增加 22.93%。在孵企业从业人数也突破 158.3 万人，同比增加 10.16%。在政策的鼓励下，2014 年的面积达到 6 496.6 万平方米，就业人数将突破 178.4 万人，孵化器成为带动各地就业的新窗口。另根据火炬中心统计，截至 2013 年中国科技型孵化器共有 77 677 家企业进驻孵化，同比增加 10.62%，累计孵化企业 52 146 家，同比增长 15.47%。

科技企业孵化器集中一线城市及东南沿海地区，推动中国区域创新能力。中国科技企业孵化器区域分布明显，主要集中在风险投资较为密集的东南部沿海区域。按密度划分，北京、上海、天津、广东为最主要的四大省市，除此之外，江苏省、浙江省、山东省也同样聚集了大量的科技企业孵化器。该现象直接印证了《中国区域创新能力报告 2014》。报告称我国总体上还未进入创新型国家阶段，多数省份仍未投资驱动的发展模式。报告显示，除了京、津、沪、浙、苏、粤 6 个地区已基本进入创新驱动发展阶段外，其他省份仍处于投资和要素驱动的阶段。其中，鲁、鄂、辽、粤、闽、川、陕 6 个省份正从投资驱动向创新驱动过渡。东部仍然是我国创新能力较强地区；中部地区排名稳步上升；东北老工业基地创新活力不足；西部地区整体创新能力仍然偏弱，呈现周期性波动。

8.2.2 国内创业孵化平台发展的特点

以高新区、科技园、孵化器、生产力促进中心、技术转移机构、创新战略联盟等多种模式为代表的创新、创业平台已经成为我国创新创业的一支生力军，在推动技术进步、体制机制改革、区域经济发展等方面发挥日益重要的作用。

自 1998 年“北京市新技术产业开发试验区”（后来的中关村）获得国务院批准成立，国家高新区被赋予“示范、引领、辐射、带动”的功能定位，根据《2015 年国家高新区综合发展与数据分析报告》，截至 2015 年年底中国现有国家级高新区 146 个，国家高新区持续完善创新创业生态，有效支撑和引领“大众创业、万众创新”，如今的国家高新区内自主创新示范区、三类园区、新升级高新区交相辉映，具有“研发、孵化、服务和投资”四位一体功能，“实体化、资本化、国际化”特征明显的新型研发组织呈现井喷式发展，“四不像”的新型研发组织发源于广东，以深圳高新区、广州高新区、东莞高新区为代表逐步向全国高新区扩展。

① 国家高新区中集聚的众多大学机构、科研院所和相关国家级研究机构，为搭建园区创新平台提供知识载体和技术源头。

根据《2015 年国家高新区综合发展与数据分析报告》，截至 2015 年年底，国家高新区内共有各类大学 753 所；研究院所 2 415 家，其中国家或行业归口的研究院所 604 家；博士后科研工作站 1 455 个，其中国家级 844 个。并且国家高新区累积建设国家重点实验室 318 个、产业技术研究院 803 个、国家工程研究中心 97 个（包含分中心）、国家工程技术研究中心 217 个、国家工程实验室 107 个、国家地方联合工程研究中心（工程实验室）114 个。其中，国家工程研究中心、国家工程实验室数量均占全国的 70% 左右。

② 国家高新区通过推进产学研协同创新中心建设、技术转移机构建设，推动企业与各类创新要素的合作与交流，进一步促进科技成果价值化。

截至 2015 年年底，中国现有国家级高新区 146 个，高新区中共有生产力促进中心 311 个，其中国家级 82 个；各类产业技术创新战略联盟 961 个，基中国家级 129 个；累计建成技术转移示范机构 788 个，其中经认定的国家技术转移示范机构 235 个。通过促进科技与技术的紧密结合，不断提升经济发展质量，在实现创新经济价值方面成效显著，146 家国家高新区企业研发的新产品产值达到 8 929.3亿元，新产品实现销售收入 58 914.4 亿元，占产品销售收入的 30.8%。

③ 国家级高新区不断创新创业生态环境，优质创新创业服务，承载“大众创业、万众创新”，加速发展新型创业服务平台，成为创新和创业互促发展、相互助推的培养皿。

传统孵化器、加速器规模庞大，国家高新区在支持“大众创业、万众创新”方面具有绝对的先天优势。截至 2015 年年底，146 家国家高新区内共有科技企业孵化器 1 354 家，其中国家级 369 家；科技企业加速器 371 家。国家级科技企业孵化器和加速器的总面积分别为 1 821.9 万平方米和 3 311.6 万平方米。国家级科技企业孵化器 74.6%的面积供在孵企业使用，截至 2015 年年底，国家级科技企业孵化器内共有在孵企业 32 895 家，其中当年新增在孵企业 8 871 家，累计毕业企业 32 674 家。2016 年我国科技部新增大唐创新港投资（北京）有限公司等 129 家单位为国家级科技孵化器，以进一步推动“大众创业、万众创新”。从 1987 年至 2016 年年底，全国纳入火炬计划统计的众创空间有 4 298 家、科技企业孵化器有 3 255 家和企业加速器有 400 余家，创新、创业、就业实现同频共振地有机融合。

④ 国家高新区创业活动空前活跃，助力创业常态化，成为区域经济发展的助推器。

随着创新创业生态系统的逐步形成和优化，创业“新四军”日益成为创业主群体，创新创业已经成为国家高新区的价值导向和生活方式。2015 年，80%以上的国家高新区建立了创业投资引导机制，近 75%的国家高新区出台了支持高校、科研院所专业技术人员离岗创业的专项政策；2015 年平均每家国家高新区举办创新创业活动超过 80 次、开展创业教育和培训 38 次，40%以上的国家高新区参与了相关的创新创业大赛活动，超过半数的国家高新区存在大学生创业、科研人员创业、留学归国人员创业、大企业高管离职创业及连续创业、返乡就业人员创业 5 类创业并存的现象。

2015 年，全国 146 家国家高新区园区生产总值（GDP）80 657.6 亿元，占全国国内生产总值（676 708 亿元）的比重达 11.9%，其中高新区的园区生产总值占所在城市 GDP 比重达到 50%以上的为 7 家，30%以上的 21 家，20%以上的42家。

⑤ 以清华科技园、北京大学科技园、北京航空航天大学科技园等为代表的国家级大学科技园已成为人才培养、产学研一体化的支撑平台。

国家大学科技园以具有较强科研实力的大学为依托，将大学的智力资源优势与其他社会优势资源相结合，为高等学校科技成果转化、高新技术企业孵化、创新创业人才培养、产学研结合提供支撑的平台和服务机构。自东北大学于1988年创建中国第一个大学科技园东北大学科技园以来，北京大学、清华大学、同济大学等相继建立了大学科技园，目前我国已经有国家级大学科技园94家。经过20多年的发展，国家大学科技园已成为国家创新体系的重要组成部分，是中国特色高等教育体系的组成部分，是大学培养创新创业人才、促进产学研结合、发挥社会服务功能的重要平台。

⑥ 以亚杰商会、创新工场、3W咖啡、创客空间等为代表的新型创新创业平台，凭借更为灵活的资源聚集、资本联动等优势，成为推动创新创业的新生力量。

受益于互联网的快速发展，有别于传统的、依托实体空间大体量的、规模化经营的高新区和工业园区，以创新工场、清控科创等为代表的一批新型创新创业平台，凭借其更为灵活的运行机制、更为迅速的反应能力成为创新创业平台中的耀眼新星。它们有的由富于实践经验的企业家发起，有的由热爱创新的创业者兴起，有的则由天使资本主导。

从平台类型来说，它们有的是整合创业者、风险投资机构、科技公司、科技服务机构、金融机构、创业服务机构等创新创业主体资源的综合服务平台，如清控科创、36氪、3W咖啡等；有的是通过创业培训、天使投资等形式，致力于发现和培养科技创业领军人才、孵化科技创业企业，如启迪孵化器、创业邦、联想之星等。尽管形式各样，但这些新型创新创业平台的共同点在于都是以创业者与社会资源、民间资本的深度互动为主要特征，它们已成为我国推动创新创业的一支生力军，大大丰富了我国创新创业平台体系的内容。

值得一提的是，2014年6月中关村聚合联想之星、36氪等十余家新型创新创业平台，由清控科创和海淀区有关企业共同运营，开创了中关村创业大街(INNO WAY)。目前创业大街已经吸引、聚集了一批“85后”“90后”创业者，整合“天使投资-创业辅导-创业交流-展览展示”等服务要素，以及国家、北京市和区内支持创新创业的政策资源，力争培养出一批有全球影响力的创业企业，构建形成自循环的创业生态，将“中关村创业大街”打造成全球知名的科技服务聚集区、科技企业发源地和创业文化圣地，成为全球著名的创业名片。

8.3　应用型院校创业孵化平台建设策略

大学生创业孵化基地、大学生创业孵化中心、大学生创业园等高校大学生创业孵化平台是培育和提升大学生创业胜任素质的实践平台，是高校实施创业教育的重要载体。随着高校创业教育的广泛推行和深入推进，高校大学生创业孵化平台建设成为决定创业教育质量的重要因素。但是，我国高校大学生创业孵化平台在建设和发展过程中，还存在着诸多问题，难以满足不断发展的高质量的创业教育需求。本节以山东省高校为例，试图从现状、困境以及对策研究 3 个维度，对我国高校大学生创业孵化平台的发展进行梳理和探讨，以期对高校大学生创业孵化平台建设和创新有所启示。

8.3.1　高校创业孵化平台发展现状

为充分了解高校大学生创业孵化平台发展的现状和存在的问题，笔者对山东省普通本科高校大学生创业孵化平台的建设情况进行了抽样调查，样本单位分别选取了山东省省级示范平台与普通平台两类。省级示范平台样本是从山东省省级大学生创业孵化示范基地、大学生创业示范园、大学生创业示范平台中，随机选取了山东农业大学、青岛理工大学、山东科技大学、鲁东大学、烟台大学 5 所大学的大学生创业孵化平台。普通平台样本是从山东省普通本科高校中除省级示范平台以外的其他平台，随机选取了综合类高校 6 所、师范类高校 2 所、医学类高校 1 所，共计 9 所高校大学生创业孵化平台。调查数据依据山东省毕业生就业质量报告、各高校历年毕业生质量报告、各高校网站发表数据以及高校创业管理人员个别访谈。通过调查分析，发现高校大学生创业园在数量、条件、运行、质量等方面存在诸多问题，需要引起政府、高校等创业教育主体的高度重视。

1. 园区数量，扩张迅速

创业孵化平台发端于美国硅谷，以科技力量和产业力量协同合作的模式，极大地提升了高新技术企业的产业化进程，促进了创业型企业的发展。在 20 世纪 80 年代后期，创业孵化平台模式引入我国，直到 2015 年，“大众创业、万众创新”上升为国家战略，在政府的主导推动下，创业孵化平台如雨后春笋般冒出，政府、企业、高校各为主体、多点布局，入孵企业的数量迅速扩大。根据标准排名研究院发布的《2016 中国创新创业报告》显示，截至 2015 年年底，我国已经建立科技企业孵化器 2 530 家，拥有众创空间 2 345 家，共计 4 875 家，是目前全球孵化器数量最多的国家。

山东省科技厅出台的《关于加快推进大众创新创业的实施意见》中，规划到2020年，各类科技企业孵化器超过200家。山东省人社厅提出明确要求，在2017年前，每个设区的市要实现建设1处以上省级大学生创业孵化示范基地，或者建设1处以上省级大学生创业示范园的目标，各高等学校大学生创业孵化基地或者大学生创业园要实现全覆盖。据统计，至2016年9月，全省56所普通本科高校有大学生创业孵化平台达49家。

山东省自2012年全面实施大学生创业引领计划，组织开展省级大学生创业孵化示范基地、大学生创业示范园评选活动，连续五届评选出大学生创业孵化平台达51家，具体如表8-1所示。其中，仅高校就有省级创业示范平台11家。

表8-1　山东省省级大学生创业示范平台统计表

年度	大学生创业孵化示范基地		大学生创业示范园	
	新增/家	合计/家	新增/家	合计/家
2012	8	8	3	3
2013	10	18	3	6
2014	11	29	5	11
2015	7	36	4	15
2016	大学生创业示范平台10家			
总计	大学生创业示范平台51家			

2. 综合配套，差异明显

高校大学生创业孵化平台建设，如果仅从数量上来看，已经颇为可观。但是，经过深入考察、细加对比发现，各高校在创业场地、创业设施等硬件投入参差不齐，综合配套差别较大。

如表8-2所示，5所样本示范平台的园区面积平均在5 800平方米以上，其中一所学校的创业平台园区面积达1.18万平方米，而普通平台的园区面积平均仅为320平方米，其中一所学校的园区仅为180平方米，在学生宿舍楼一层隔离出10个房间，作为学生创业工作室，什么办公场地、共享的服务空间，根本无从谈起。在建设资金投入上，不含楼宇建设成本，示范平台平均630万元，普通平台平均65万元；在运行经费上，示范平台平均520万元，普通平台平均7.4万元；在创业基金设置上，示范平台平均410万元，普通平台平均16万元；在服务人员配置上，示范平台4～5人，普通平台1～2人。

表 8-2　山东省级大学生创业示范平台与普通创业平台基础条件数据均值对比

基础条件 平台	园区面积	建设资金	运行经费	创业基金	服务人员
山东省级示范平台	5 800 平方米	630 万元	520 万元	410 万元	4～5 人
普通平台	320 平方米	65 万元	7.4 万元	16 万元	1～2 人

3. 实践运行，虚实不一

丰富的创业服务内容、健全的管理制度以及完善的运行机制，决定着平台的良好运行。但是，从整个高校大学生创业孵化平台建设来看，创业服务水平以及创业孵化能力强弱不均，各高校服务工作虚实不一，如表 8-3 所示。其中一个示范平台样本高校有 260 余个创新创业团队、102 名创业导师；而在一个普通平台样本高校中，仅有 11 个入驻项目，创业导师、创业服务更是无从谈起。

表 8-3　山东省级大学生创业示范平台与普通创业平台运行情况数据均值对比

对比项 平台	入驻项目	创业团队	导师创业	创业培训	工商注册	服务项目
山东省级示范平台	102 个	265 个	102 名	2 300 人次	45.20%	8 项以上
普通平台	11 个	11 个	0 名	650 人次	4.60%	4 项以下

8.3.2　高校创业孵化平台发展困境

近几年，高校大学生创业孵化平台作为大学生创业教育的实训实践平台，在政府推动、学校主导下得到大力发展，基本实现校校全覆盖，特别是大学生创业孵化示范基地和大学生创业示范园区的创建，先行先试，发挥了示范引领作用。但是在园区规模数量迅速扩大的同时，也面临着诸多方面的发展困境，其中以下 3 个方面尤其值得关注。

1. 缺乏明确的价值认同与清晰的功能定位

认识是行动的先导，认识是否到位是决定高校大学生创业孵化平台建设能否顺利开展的先决条件。在现实实践中，对创业教育与创业实践各级政府一直处于主导地位，高校则主体意识不强，表现出不同程度的滞后与被动应付。究其原因是个别高校没有站在创新创业人才培养的高度，对创业教育与创业实践缺乏明确的价值认同。

大学生创业孵化平台是高校全面实施大学生创业引领计划的重要举措，是深入推进毕业生自主创业的有效平台，在“大众创业、万众创新”的新常态下，各高校不断探索，形成了初具规模、满足基本需求的大学生创业园、大学生创业孵化基地、大学生创业孵化中心等大学生创业孵化平台。通过对示范创业平台与普通创业平台的对比，可以发现有的高校在创业平台功能定位上认识不清、把握不准。高校认识到了创业平台的公益性、创新性、服务性，但是对其具有的虚拟性、协同性以及市场化、企业化认识不足。高校没有主动结合社会发展、学校实际、学生需求，因材施教、因校而宜、因地制宜，实施分类分层次功能定位，呈现出“大而全”或是“各校通”，一种形制，一个标准。

2. 缺乏系统完善的运行机制

高校大学生创业孵化平台的管理、运营是一个系统工程，包括创业项目计划的制订、创业风险的预测和规避、创业信息的提供和利用、创业服务的提供和创新等一系列过程。这一系统工程的实施，既对管理者提出较强的胜任素质要求，需要管理者具有完备的经济管理知识、丰富的市场运作经验以及富有创新创业精神；同时，要为这项工程建立起一套系统完善、运转协调的内部运行机制。从调研情况来看，大多数高校缺乏总体统筹与协调，管理职能不一，管理主体分散，分别由教务处、学生处、招生就业处、团委、创业学院、管理学院等部门或单位承担，缺少专职专业的管理人员；大多没有建立起系统规范的管理运营机制，难以保障平台持续良性地运行。

3. 缺乏学校内部协调以及政校企协同的园区共建机制

由于普通高校创业教育的价值认同缺乏，特别是大学校园创业文化的先天不足，导致创业教育与创业实践推进困难，在整个学校教育体系中，呈现出明显的弱势状态。若是顶层设计不足，没有决策层的强力支持，更是步履维艰。从调查的数据可以看出，大学生创业示范平台领导重视，认识统一，配套体系较为完善，内部机构相互支持、运转协调，外部政校企协同、获得有效资源；而一般高校创业平台的条件建设不一而足，大多数设施条件难以得到持续有效改善，其运营能力自然难以提升。相对于社会资源，高校创业孵化平台的平台优势没有形成，大学、政府和社会力量对大学创业孵化的社会网络资源支持还不到位。由于缺失学校内部协调以及政校企协同的园区共建机制，致使创业孵化平台建设难以获得有利的条件支撑与持续的资源供给。

8.3.3 高校创业孵化平台发展对策

1. 明确功能定位，强化顶层设计

面对上述问题，笔者认为首先要解决的是必须进一步明确高校大学生创业孵化平台的功能定位。基于此，一是明确建设主体。天津大学刘刚教授根据投资主体的不同，识别和刻画了 4 种最为普遍的孵化组织模式：社会孵化、企业孵化、公共孵化和创意孵化。高校大学生创业孵化平台尽管因投资主体的构成不同，分为“高校直管型”“校企合作型”“校府共建型”等类型，但是整体建设由学校主导，投资主体主要是高校，属于公共孵化组织模式，理应服务于高校的培养目标。二是明确服务主体。显然其服务主体是大学生，大学生具有创业意愿，进入学校创业平台进行实训实践；或者是发现创业机会后，进入学校创业平台进行孵化的大学生创业者。三是明确服务功能。创业孵化平台的主要功能是为创业者提供共享的营运服务，帮助新创企业降低成本，提升创业成功的机会，其兼具公共服务和市场服务双重特征，也就是体现出公益性、服务性、创新性以及市场化、协同性的特点。但是，高校大学生创业孵化平台因其服务主体的不同，而表现出功能的特殊性（即虚拟实验性），因为它首先是高校创业教育和实践教学的平台，其次是创业孵化平台，发挥一般孵化器的基本功能。其功能界定为：培养创业人才、促进企业孵化、推进创新研发。在此基础上，学校要在战略层面上，进行顶层设计，将人事、资金、设施建设，纳入整体规划，系统推进。

2. 构建运行机制，完善协调系统

运行机制是指为了实现管理目标，协调、监督、保障培养过程中各相关要素的行为及相互作用关系的管理规则与行为系统。运行机制是否健全协调、规范有序，决定着创业孵化平台运行质量的优劣。高校大学生创业孵化平台的运行系统包括团队选拔机制、团队扶持机制、绩效评估机制等。

第一，优化团队选拔机制。筛选优质团队入驻是确保高校大学生创业孵化平台良好运行的基础。选拔团队，项目是依据。首先，要建立明确的项目选拔标准，这是创业平台能否高效运行的基础与起点。选拔标准的制订要根据学校类型、发展阶段等因校而异、因时而异。例如，本科院校就要以创新创意类项目为主，控制服务类项目；理工类院校以技术创新类为主体，而文科院校则以创意产业和服务产业为主体，但是必须具有园区、阶段的一致性与稳定性，注意自身标准的统一性。其次，要拓展选拔途径。既可以通过评审选拔入驻，也可以通过科研创新项目、各类创业大赛获奖等团队项目，推荐或自荐入驻。最后，要建立科学的考核机制。组建专业权威的审核专家团队，制订包含项目前期研究、市场调研、财务分析、市场前景等明晰的考核指标。

第二，优化团队扶持机制。经过近几年的发展，高校基本建立起包含场地使用、导师指导、税费减免、资金支持、商事服务等内容的创业扶持政策体系和管理体系，但是实际运行并不理想。究其原因主要有，创业平台的管理是行政性而不是企业化的，创业孵化的条件是公益性的而不是市场化的，创业孵化的环境是虚拟性多于真实性的。因此，要提升创业孵化效能，提高创业管理质量，需要进一步优化创业扶持机制。首先，推进管理体制的企业化。借鉴政府开发区的管理体制和运行机制，高校成立平台管理委员会，委托服务公司管理，实现企业化运作。其次，推进扶持体系的市场化。积极引入社会资源，创新融资风险分担机制。促进工商、税务、人力资源等相关部门形成网络互联互通，构建服务部门联动机制。鼓励教师兼职创业，聘请企业家进校兼职，促进创业导师双师双能。

第三，优化考核与退出机制。首先，根据创业孵化平台的功能定位和发展目标，明确考核导向，以培养企业家胜任素质、提升创业能力为考核目标，不断强化创业成功率以及经济效益。其次，调整考核指标比例，以定性指标为主，定量指标为辅。再次，完善考核评估体系，把创业团队经营管理能力、技术开发水平、管理制度落实情况、项目发展潜力等纳入指标体系，实施考核评估的定期制、常态化。最后，依据考核评估，完善退出机制，发挥资源最大效益。

3. 构建协同机制，提供持续保障

构建高校创业孵化平台建设的协同机制，目的是实现政府、高校、企业之间的深度合作、有效互动，发挥协同效应，促进资源整合、协同合作。

第一，深化高校内部协同。创业平台是高校创业教育体系的重要组成部分，高校要在制度层面上进行安排，形成校内组织协同：成立专项领导小组，形成定期联席会议制度，明确各职能部门职责，协调推进。高校要在运行运营上进行设计，形成校内运行机制协同：调整人才培养方案，增设创业基础理论课程，充实实训实践课程，形成完善的创新创业课程体系。

第二，构建政府高校企业联动共建的外部协同。首先，平台协同。政府、企业多主体参与高校平台建设；建立创业园区综合信息服务平台，通过网络链接实现校内外平台信息互联互通，促进资源共享。其次，服务协同。政府要使政策进校、服务到园，通过购买服务的方式促进社会各类中介组织进校园，提供专业的公共服务，与高校共建“一站式”服务平台。企业家要自觉加入专家服务团，主动为创业者提供项目筛选、风险评估、运行扶持等“一条龙”服务。最后，融资协同。充分发挥政府、高校、企业三方的主体作用，构建渠道广泛、形式多样的多元化的大学生创业资金支持体系。建立政府引导，高校、企业以及社会各界参与筹集的大学生创业基金；用好“天使基金”，引入风险投资，促进项目的市场化与生命力；用足担保政策，建立信用体系，吸引金融机构贷款，做大创业扶持基金规模。

8.4 协同学理论下的高校创业孵化平台协同机制的构建

随着“大众创业、万众创新”上升为国家战略，创新创业型社会格局的渐近形成，高校创新创业教育推进如火如荼。但是，在欣喜的同时，必须清醒地认识到，大学生创业教育是一项寓开放性、挑战性、复杂性、系统性为一体的综合工程，必然受到来自于各个领域、各个主体、各个层面的多因素的影响。高校大学生创业孵化平台作为创业教育系统的一个子系统，是高校实施创新创业教育的重要载体，是沟通学生、学校、社会三方以及链接政府、高校、企业、学生四者的“三方四者”的桥梁与纽带，作为新型的社会经济组织，在关注战略层面支持的同时，更要重视组织间、组织内部要素间以及外部各环境要素间的联系。本节试图从协同学理论的视角，梳理各主体内外部的联系，达成各组织间的协同联动，构建起高校大学生创业孵化平台建设的协同机制，以期对高校大学生创业孵化平台建设和发展提供借鉴与思考。

8.4.1　协同学理论与高校创业孵化平台支持体系的契合

协同学也称“协同论”，是由德国物理学家霍尔曼·哈肯教授在多学科研究的基础上于 20 世纪 70 年代提出的，其研究对象是自组织现象，着力探讨和揭示自组织的形成规律及其发展机制，其理论观点包括：一是协同效应，是指无论任何复杂系统，都蕴含着协同作用，促使系统由无序变有序，由混沌而后达到某种稳定结构，协同作用是系统不断形成有序结构的内驱力；二是伺服原理，是指“快变量服从慢变量、序参量支配子系统”的行为，即系统在接近不稳定点或临界点时，系统其他变量的行为是由这些序参量来支配或规定的；三是自组织原理，是指一个系统在外部能量流、信息流、物质流输入的情况下，会通过内部子系统间的协同作用从而形成新的有序结构。

协同学理论的实质就是探讨一个系统从无序到有序的过程与规律，揭示了研究对象所表现出来的开放与非平衡态、竞争与协同以及序参量等特征。高校大学生创业孵化平台作为培育和提升大学生创业能力的实践实训平台，是高校实施创新创业教育的重要载体，决定着创业教育的质量。但是，高校创业孵化平台并不是一开始就自然形成的，而是随着经济社会的发展、政府宏观政策的引导、创新创业型人才培养的亟须，才引起政府与高校的重视，经历了一个自我培育、自我发展、自我完善的成长过程；同时，随着“双创”时代的到来、高校综合改革的深化以及大学生创业教育的深入推进，高校创业孵化平台支持体系也会不断打破现有平衡，扩充内涵和外延，促进由量变到新的质变，由无序实现新的有序。由此可以看出它所蕴含的开放与非平衡特征。同时，我国高校的组织结构还是一种金字塔式的组织结构，采取自上而下的集权式管理方式，高校创业孵化平台的建设与运行过程是一个自组织过程，无论学校内部的教学管理、学生教育、财务管理、后勤服务等部门之间，还是高校外部的政府、企业、学校之间，都表现非线性的相互作用，呈现出竞争与协同的特征。另外，高校创业孵化平台的建设与运行需要内外部政策、资金、信息以及人力等资源的支持。但是，这些资源要素与校园创业文化、创业环境和氛围相比来讲，较为容易获得，具有快变量特性。而一所大学在长期的历史进程中积淀、在现实实践中的政校企协同，所熔铸成的大学创业文化，具有较大的稳定性，在高校创业孵化平台的建设与运行过程中发挥着主导和支配作用，由此可以看出它所蕴含的序参量特征。

8.4.2 协同学视角下高校创业孵化平台建设存在的问题

协同学作为新的科学理论，丰富和发展了系统论，同时，也为解决现代社会中政治、经济、科学等方面的各类复杂问题提供了方法论基础。近年来，在国家宏观政策引导、政府扶持推动、学校落实跟进下，高校大学生创业孵化平台得到大力发展，基本实现校校覆盖、一校一园区的目标。但是在园区规模数量迅速扩大的同时，也伴随着许多现实问题，我们从协同学理论的视角来审视，高校创业孵化平台建设主要存在以下问题。

1. 价值功能定位不清

随着经济社会的不断发展，创业孵化平台的特征、功能和表现形态等，正逐步向着多样化、多元化的方向发展。特别是在“大众创业、万众创新”上升为国家战略的大背景下，大学生创业教育融入高校人才培养方案，高校大学生创业孵化平台作为大学生创业教育的实训实践平台，得到整体推进。各高校逐步探索建立起了初具规模的大学生创业园、大学生创业孵化基地、创业孵化中心等大学生创业孵化平台。在这一过程中，政府始终发挥着主导作用，无论是国家的宏观政策，还是各级政府的扶持措施，紧锣密鼓，步步跟进；而个别高校则表现出认识上的被动、行动上的迟滞，究其原因是创业教育的主体意识不强，对大学生创业孵化平台缺乏明确的价值认同。高校没有从人才培养的高度来认识创业教育和创业实践，对创业教育另眼相看，认为创业孵化平台无足轻重，甚至是可有可无。

纵览现有的高校创业孵化平台，大学科技园、大学生创业园、大学生创业孵化园、大学生创业孵化基地、创业孵化中心等，各具形态，层次不一。整体而言，各高校是根据自身的学科专业特点、办学特色优势、人才培养需要相应成立的，已经发挥着研发创新、企业孵化、创业人才培养的功能，但也程度不同地存在着功能认识上的偏差。一是层次上统一，缺少差异性。不同院校学科优势、办学层次、办学定位不同，创业孵化平台功能定位自然有所区分，研究型高校应偏重于研发创新，以孵化技术企业为主，应用型高校应偏重于创业人才培养，注重孵化企业，侧重技术性兼具服务性。二是类型上同型，缺少多元性。不同院校功能定位不同，创业孵化平台必定形态各异。研究型高校以大学科技园、创业园为主，应用型高校以创业孵化基地、创业孵化园为主。三是属性上同质，缺少针对性。创业孵化平台是高校创业教育的重要组成部分，具有公益性、创新性、服务性的特征，也蕴含着虚拟性、协同性、市场化的特性。但不能一把尺子、一个标准，要因校而宜，“一园一策”。创业园就要强化市场化、服务性，创业孵化基地就要虚拟性、公益性多一些。

2. 高校内部协同不畅

协同学理论揭示，系统能否发挥协同效应取决于系统内部各子系统或组成要素是否协同作用，如若协同顺畅，系统的整体性功能就能得到发挥。一个管理系统内部，如果人员、组织、环境等各子系统内部以及他们之间相互协调配合，围绕共同目标有效联动深度合作，就必定能形成“1＋1＞2”的协同效应。但从高校的现实情况来看，对创业孵化平台建设职能定位不一，职能主体分散，或由部门承担，如招生就业处、就业指导中心、团委、学生处，或由专业学院承担，如商学院、管理学院，或由专门的创业学院承担，各有优势，但共同的问题是校内各要素资源得不到协同整合，尚未形成畅通有效的运行机制，严重制约了发展。

3. 高校外部协同缺失

协同学理论告诉我们，一个管理系统若要由不稳定的无序状态达到稳定的有序状态，实现自我发展、自我完善，自组织是实现这一目的的根本途径。而要实现管理系统的自组织过程，就必须推进该系统的开放性，实现与外界的物质、能量和信息的交流，确保系统拥有生存和发展的活力。从高校创业孵化平台建设和运行的现实情况来看，外部资源整合能力不足是其严重缺陷。政府拥有其优势性的政策制定与环境营造资源，企业拥有其丰富的机会资源、平台资源以及资金资源，但是由于体制与机制，导致政府、高校、企业三方资源相互分离，自行其事而重复建设，难以协同而低效使用。

4. 创业文化氛围不浓

协同学理论揭示，不是所有参量在整个协同演化进程中都发挥着同样的作用，只有序参量才是决定因素，支配着子系统的行为，决定着系统整体演化的过程，它是短期内难以形成的，是难以模仿和复制的。对高校创业孵化平台建设来讲，物质、资金、信息等资源固然重要，若从协同学的视角来看，这些资源要素还是相对容易获得的，是快变量，而大学以及整个社会的创业文化，是一所大学、一座城市、一个社会长期积淀不断凝炼而起的，一旦形成，呈现出很强的稳定性，具有显著的序参量特征。但是从目前高校创业环境来看，虽然近几年创业文化环境大为好转，在全社会逐渐形成了通过创新创业实现个人价值、创造社会财富的新理念。但与创新创业型社会需求相比：一是创业文化氛围不足，鼓励创业、宽容失败的社会文化、校园文化以及家庭观念仍差距甚远；二是创业协同文化缺失，就是高校缺少一种开放合作的思维、一种多主体参与的态度和互信共赢的体制机制，而当良性的协同文化一旦形成，就会由学校内部局域协同推及到社会协同，由局域协同文化衍射到社会协同文化形成。由此，将助力于政府、高校、企业间的深度合作，助力于高校对社会、企业优质资源引进渠道的畅通，助力于高校内部资源协同融合的效度。

8.4.3 高校创业孵化平台协同机制的探索

高校创业孵化平台在建设和运行中所存在的上述问题，归根结底是忽视了高校创业孵化平台自身所蕴含的较强的协同性、开放性和市场化特性，导致高校创业孵化平台支撑链条中校内相关主体的缺失、校外相关主体的关系断裂。高校创业孵化平台作为创业教育的重要组成部分，同样是一项复杂的系统工程，需要来自校内职能部门等相关主体的内部协同，更需要来自校外政府、企业等相关主体的高校外部协同。在校内校外多方协作合作中，整个系统形成协同效应，促进这一系统整体加强。

1. 构建高校内部协同机制

实现校内教学协同。修订人才培养方案，强化课程教学设计的融入性、渗透性原则，将创业元素融入专业教学中，促进创业教育与专业教育相融合。完善教学计划，强化实践环节，调整实训实践学分，促进创业课程教学与创业实训实践相融合。完善教师教学评价体系，改进评价方式，增加企业挂职锻炼专项考核、学生创业胜任素质能力提升的发展性考核，促进专业师资与创业指导师资相融合。

实现校内资源协同。在全校特别是决策层对创业孵化平台进行充分的价值认同和明确的功能定位的基础上，用系统化顶层设计的理念来梳理和构建创业教育，特别是创业孵化平台的管理体系和运行机制，对原有分散在教务处、学生处、团委、招生就业处等部门的职能进行整合，将创业课程教学、实训实验、创业赛事、孵化平台等职能统一归口在教学系统，实现由分散管理到集中管理的转变，体现教育教学的一致性、连贯性，实现校内教育教学资源的充分共享。

2. 构建高校外部协同机制

高校在大学生创业这个复杂而开放的系统中处于重要的位置，同时担负着协同周边环境的关键作用。面向高校创业孵化平台建设的高校外部协同主体包括政府、企业以及会计事务所、律师事务所、风险投资等社会机构。高校在构建内部协同的同时，要以开放的思维将高校创业孵化平台建设植根于社会大环境中，主动吸纳外部协同主体互动参与，催化高校与社会支持元素的融合，形成高校与政府、企业以及社会各界力量的联通共振。

(1) 组织互联

促进创业孵化平台与社会资源的充分链接，政校企职能部门之间的互联互通是关键。一是政府发挥主导作用，联合高校、企业以及社会组织，成立服务组织联盟，形成定期联席会议制度，发挥指导、协调作用，承担牵线搭桥、引导推介功能。二是政府要充分发挥各级创业指导中心的统筹能力，将资源整合范围拓展到政府系统以外，延伸到企业、社会组织，特别是高校。

(2) 信息互通

信息资源是大学生创业成功的基础，也是创业孵化平台服务的核心。首先，高校管理者要充分认识到创业孵化平台是个信息平台，优化信息资源，完善信息服务功能。其次，通过互联网络，将各级政府、金融机构、中介服务企业等与高校创业孵化平台对接，实现网网联通，信息共享。

(3) 师资互聘

创业导师是创业园的“软资产”和“真实力”，直接决定着创业园的孵化水平。但在目前，创业师资缺乏与胜任素质不足是制约我国高校创业孵化平台建设的重要因素。因此，要建立一支具有较高理论水平和一定创业经验的师资队伍，在充分挖掘校内资源的基础上，要积极争取校外协同，聘请校外既有实际工作经验，又有管理理论的企业家、咨询师、法律专家等，担任兼职创业导师。同时，支持校内创业导师、专业教师到企业挂职，到其他创业园、创业孵化基地担任兼职导师，在师资互聘中提升创业指导水平，提高创业孵化能力。

(4) 服务互助

专业化的服务是项目孵化的保障，是评价创业孵化平台建设水平的标尺。要提高服务的专业化，就必须强化服务的社会性、市场化，这是由创业的特性决定的。将工商、税务等部门、会计事务所、律师事务所等中介组织引入校内设立工作站，建立创业信息互联平台，实现信息互通、资源共享，在服务主体的协同互助中，提高专业化，提升服务水平。

(5) 融资共享

大学生融资能力不足，创业孵化平台的核心支持是资金支持。平台的运营主要是资源的运营，尤其是资金的协同。一是“园企共建”，将各种社会资源引入校园，设立各类创业扶持基金，支持学生创业，支援平台建设。二是“园区共建”，与政府、企业主办的创业孵化平台联合共建，实现信息互通、资源共享。三是优化学生个人信用系统，提升学生的信贷能力，拓展信贷空间。

(6) 文化共建

创业文化是创业环境的重要组成部分，是促进创业活动发展的精神动力。高校是先进文化的引领者，创业文化建设责无旁贷。政府要站在创新创业型社会建设的高度，来认识创业文化“以文化人”的功能，纳入整个精神文明建设的总规划中来部署，作为文化建设的重要内容来建设。各级政府应制定明确的目标任务、具体的考核奖惩制度，建设创新创业城市，构建创新创业型社会。企业是创业文化建设的主体，更是创业文化建设的受益者，要引导和鼓励企业承接社会责任，担当历史使命，主动做创业文化的创造者、传播者。

案例与阅读材料

2015年中国创新型孵化器发展报告

“大众创业、万众创新”的春风吹暖了万千创业者的心，也吹火了“众创空间”的市场。在创新创业逐渐成为中国新常态经济“新引擎”的背景下，孵化器作为离创业者最近的平台发挥着重要的作用。目前，我国正面临经济结构转型，在寻求新的经济增长点，举国推动创业创新的大环境下，孵化器正日益兴起并快速迭代更新，并已站在了“创新创业”的风口上。在此背景下，清科研究中心特推出《2015年中国新型孵化器发展报告》，回顾了我国孵化器的发展历程，并参考欧美发达国家创业孵化器的特点及优势，以期为国内新型孵化器提供一份挑战及趋势的分析，以飨业界。

1. 中国孵化器飞速发展，成为带动地方经济发展的新窗口

孵化器在中国早已不是新生事物。早在1987年6月7日，中国第一家企业孵化器“武汉东湖新技术创业者中心”就宣告成立。

1988年8月，中国决定开始实行专门为发展中国高新技术产业而设立的“火炬计划”。在该计划中，国家把建立孵化器——科技创业服务中心——列为重要的内容。时至今日，中国科技企业孵化器数量超过1 600家，国家级孵化器超过600家，非国家级超过1 000家，在孵企业8万余家，累计孵化企业约6万家，各项数据均在逐年稳步增长。

根据科技部火炬中心的统计，自2011年起国家大力推动孵化器建设，目标是为创业者降低创业成本，推动创业创新建设，为创业者提供优质的创业环境，以创业带动就业。在火炬中心最新的数据统计中显示，中国2013年科技型企业孵化器面积已超过5 379.3万平方米，同比增加22.93%。在孵企业从业人数也突破158.3万人，同比增加10.16%。在政策的鼓励下，2014年的面积将达到6 496.6万平方米，就业人数将突破178.4万人。科技型企业孵化器成为带动各地就业的新窗口。此外，根据火炬中心的统计，截至2013年中国科技型孵化器

共有 77 677 家企业进驻孵化，同比增加 10.62%。累计孵化企业 52 146 家，同比增长 15.47%。

中国科技企业孵化器区域分布明显，主要集中在风险投资较为密集的东南部沿海区域。按密度划分，北京、上海、天津、广东为最主要的四大省市，除此之外，江苏省、浙江省、山东省也同样聚集了大量的科技企业孵化器。该现象直接印证了目前发布的《中国区域创新能力报告 2014》。报告称我国总体上还未进入创新型国家阶段，多数省份仍未投资驱动的发展模式。报告显示，除了京、津、沪、浙、苏、粤 6 个地区已基本进入创新驱动发展阶段外，其他省份仍处于投资和要素驱动的阶段。其中，鲁、鄂、辽、粤、闽、川、陕 6 个省份正从投资驱动向创新驱动过渡。东部仍然是我国创新能力较强地区；中部地区排名稳步上升；东北老工业基地创新活力不足；西部地区整体创新能力仍然偏弱，呈现周期性波动。

2. 中国孵化器更新迭代，孵化器 3.0 打造创业新环境，但仍存在明显短板

中国孵化器经过了 20 多年的发展演变，正逐步端正角色，向创业者的服务供应商方向前进。虽说中国企业孵化器起步较早，但是第一代孵化器针对解决创业企业办公场所问题，仅仅依靠提供物理空间支持创业已然满足不了广大创业者的需求。但伴随着中国市场化经济的发展和创业生态的日益完善，孵化器逐渐向创业投资、多元化服务迈进。并且从服务形态上提高了自身质量，同时也加大了对创业项目的审核力度。而入孵门槛、资产配置、服务质量、盈利模式等方面都有了实质性的创新，呈现出第三代创新型孵化器的新景象。

从区域上来看，创新型孵化器主要聚集在创业投资极为活跃的京、沪、深三地，尤以中关村居首。自 2011 年以来，中关村在科技部的指导下，以打造“全球最具吸引力的创业中心”为目标，培育形成了以创新工场、车库咖啡、创客空间等创新型孵化器为代表的“众创空间”。与传统的孵化器相比，创新型孵化器呈现出“新服务、新生态、新潮流、新概念、新模式、新文化”的六新特征，不仅为创业者提供创业活动的聚集交流空间，而且为其按需提供个性化的创业增值服务，推动中关村兴起了新一轮科技创业热潮，形成了“大众创业、万众创新”的良好氛围，引领中国创业进入新时代。

目前，国内孵化器行业已然在创新创业的大潮中站立在风口上，但对比美国孵化器的模式和特点，国内的孵化器在模式、导师、资源等方面仍存在明显的短板。以导师资源短板为例，孵化器的导师机制源于美国，美国成功的孵化器案例给中国创新型孵化器做出了许多成功的示范。因此，在国内也掀起了一阵导师入驻孵化器的潮流。而实际上，国内的孵化器导师机制并不健全，或者说并不成熟。在导师机制的起源地美国，在创业孵化器的孵化过程中基本要求创业者与导师共同经历至少一个月的透明接触，让导师全程参与创业起步，或者与导师群体可在线实时交流。与美国孵化器的导师相比，国内创业导师与学员之间的交流大部分仅限于每周一次或两次的创业沙龙。由于导师基本上都是兼职形式在孵化器提供教学，学员私下与导师交流的机会其实并不多，导师的孵化灵活性也受到很大的局限。

总体上，国家支持“大众创业、万众创新”的政策出台，为国内的孵化器模式带来了新一轮的发展。2015 年创业大浪潮将最直接表现为创业孵化器拼项目、拼资源、拼服务的时代。在这股浪潮中孵化器的核心竞争模式如何能够迸发出新的火花？创业者如何从孵化器中获得最实质的服务？换言之，如何将孵化器考虑做一个创业项目，如何解决用户需求痛点，建立自身的“护城河”，将是新一代孵化器发展的重要课题。

湖南科技大学：创业孵化基地纵览

1. 基本情况

(1) 基本定位

湖南科技大学创业孵化基地是经湘潭市政府批准成立，在省人社厅、教育厅和湘潭市创业领导小组的领导下，专门为大学生创办企业提供含有中小企业生存与成长所需的共享服务项目和系统空间的孵化器组织。

(2) 核心目标

湖南科技大学创业孵化基地以扶持大学生创业为核心目标，以公益性、示范性、专业性为主要特征，以信息产业和现代服务业为主体，搭建集政策理论研究、创业指导培训和综合服务为一体的创业孵化平台。

(3) 主要功能

孵化园由校级孵化基地、学院孵化基地和基地实体企业构成。其主要功能为：

① 为孵化企业提供综合服务

a. 提供创业孵化场地和孵化企业基本办公条件。

b. 协助孵化企业办理成立公司事宜及其他业务。

c. 为创业带头人提供政策咨询、资金筹措、项目管理咨询服务等。

d. 搭建科技信息网络平台，提供科技和产业信息。

e. 创业项目的开发和对接，引进融投资服务。

f. 提供管理咨询、法律、会计、评估、专利、企业管理、市场策划等咨询服务；为入驻企业进行行业研究、项目投资分析等。

g. 积极协助孵化企业申请各级科技扶持资金和创业基金。

② 开展创业教育和指导培训

a. 构建孵化体系，指导学院建立新的创业孵化和培训基地。

b. 在校内普遍开展创业教育，建立创业指导教师队伍。

c. 积极开展创业带头人培训和师资培训。

d. 协助成立湖南科技大学大学生创业社团，协助开展社团活动。

e. 进行大学生创业理论与实践性课题研究。

（4）机构设置及职责

设立“湖南科技大学大学生创业孵化基地管理委员会”。管理委员会为孵化基地的领导决策机构。其主要职责是为孵化基地的重大决策提供依据，执行孵化基地决议，负责组织实施孵化基地的各项措施，负责孵化基地内高新技术企业和中介机构、风险投资、孵化基地建设等其他市场主体的引进、管理及服务，协调各项优惠政策的贯彻落实。

（5）管理办法

孵化基地依照自身职责，做好孵化基地的管理和服务工作。对进入孵化基地的企业和项目，经孵化基地管理委员会对其功能、资质、资金状况进行审核，经孵化基地管理委员会同意并签署意见后按程序和规定时限办理。

（6）运行模式

① 每年各学院上报毕业生中的创业带头人名单和创业项目相关材料，经审核批准后，优先进入湖南科技大学大学生创业培训班学习，考核合格者，择优选拔进入孵化基地。

② 原则上孵化期最长为两年，每年对孵化的企业进行评估，满两年的企业，离开孵化基地独立经营。对重点扶持的创业带头人和重点项目，可以在双方自愿的前提下，适当延长孵化时间，孵化基地不收取任何租金和服务费。

2. 湖南科技大学创业孵化基地管理办公室功能简介

（1）介绍

湖南科技大学创业孵化基地是经湘潭市政府批准成立，在省人社厅、教育厅和湘潭市创业领导小组的领导下，专门为大学生创办企业提供含有中小企业生存与成长所需的共享服务项目和系统空间的孵化器组织。湖南科技大学创业孵化基地以扶持大学生创业为核心目标，以公益性、示范性、专业性为主要特征，以信息产业和现代服务业为主体，搭建集政策理论研究、创业指导培训和综合服务为一体的创业孵化平台。湖南科技大学孵化基地管理办公室成立于 2015 年，孵化基地管理办公室人员主要由湖南科技大学大学生就业创业协会组成，协助老师完成孵化基地的日常管理工作，培训活动的组织、管理。

（2）孵化基地管理办公室部门简介

宣传部：主要负责活动对外宣传，活动书写，新闻的采集、报道，活动摄影及对外宣传，宣传海报的设计、制作及收集就业信息和发布等工作。

办公室：主要负责日常事务、上呈下达，做好文件的收发、登记、传阅、催办、整理及归档工作，综合协调、监督各部门工作，协助综合科进行日常工作。

培训部：主要负责组织各个部门进行内部的培训以及公务员培训、就业创业讲座、就业指导课等活动及负责对外联络、交流工作和社会赞助。

综合实践部：主要负责协会、就业与服务中心大中小型活动的策划、组织、协调、实施及推进。

3. 湖南科技大学创业孵化基地建设规划方案

大学生创业孵化基地是大学生创业实习实训与成果孵化的基地，是开展创业教育、创业实习、创业服务，促进大学生自主创业的重要实践平台。其主要任务是以基地为载体，整合和利用校内外各种资源，开展创业指导和创业培训，接纳大学生创业实习实训，提供创业项目信息和创业项目孵化的软硬件支持。

为加快湖南科技大学创业建设进度，进一步优化校园创新创业环境，吸引优秀人才创新创业，达到智育与德育的完美结合，培养大学生思想道德品质和强化大学生实践能力，我校在校内建立湖南科技大学校园大学生创业孵化基地，为同学们提供实践锻炼的广阔舞台。现根据学校实际情况，制订湖南科技大学大学生创业孵化基地建设方案如下。

(1) 指导思想

孵化基地建设按照“整合资源、规范运作、突出重点、分步推进”的要求，以“激发创业热情，提高创业能力”为指导思想，积极引导在校大学生开展创业工作，形成上下贯通、功能完善、管理规范、服务高效的创业服务机构体系。

(2) 基本原则

大学生孵化创业基地建设坚持科学规划、科学建设、科学管理的原则，紧紧围绕产业发展，统筹考虑，合理布局；突出重点，突出专业化创业基地，适当发展综合性创业基地建设；整合资源，充分发挥市场作用，引导社会资金投入创业基地建设、运作与管理。

(3) 责任分工

湖南科技大学大学生创业孵化基地规划、建设与管理的综合协调工作由湖南科技大学招生就业处负责。其中包括综合性创业基地与专业化创业基地的规划、建设与管理。

招生就业处要研究制订湖南科技大学大学生创业孵化基地管理指导意见，基地负责人要结合各自实际研究制订具体的大学生创业孵化基地管理办法。

(4) 建设方案

① 近期建设方案

用约一年时间，在湖南科技大学校区建设总面积约为 3 000 平方米的布局合理、环境优雅、设施齐全、功能完备、管理科学、服务高效的校内大学生创业孵化基地，同时积极与湘潭市就业局共建校外创业孵化基地。

鼓励和扶持大学生创业，建立良好的创业氛围，吸引有创新创业意识和能力的优秀人才到我校创业孵化基地创新创业，为孵化知识型产业和新经济形态、促进产业发展、培育新的经济增长点、培养高素质人才提供支撑。

a. 专业化创业基地

按照专业化的原则，有序地创造电子商务、计算机、广告、软件开发、课件设计、影视、网页制作、会计、新能源等专业化大学生创业孵化基地。

b. 综合性创业基地

综合性创业基地各专业人才共同组合成一个团队，按照专业进行团队成员分工，一个团队可以做多项工作，决定了公司的业务方向比较广。但这也要求多个同专业或者同类专业的学生互助，在一个领域做得好，从而保证工作的质量。

c. 扶持政策

- 向政府申请凡经批准入创业孵化基地的企业优先享受湘潭市各项鼓励和扶持创业的优惠政策。
- 大学生创业孵化基地要为入园企业提供一定的办公场地和设备，其中租用园区办公用房和生产经营用房（用地）的，给予租金减免或优惠。
- 大学生创业孵化基地要安排专项资金用于重点扶持入驻基地企业的项目启动。
- 对入驻创业孵化基地企业工作的高校毕业生给予学分奖励。

② 中长期建设方案

依托校内外创业基地，经过 3～5 年的努力，培养一批大学生创新创业人才，孵化一批创业成果，建成一批大学生自主创业实体。建设一批具有产业特色、配套功能完善、承载能力强的大学生创业孵化基地，将湖南科技大学大学生创业孵化基地建设成为成果显著、示范辐射效应明显的大学生创业示范基地。

a. 硬件设施配套

大学生创业孵化基地应拥有一定规模的厂房及办公场地，建筑面积不低于 3 000平方米，具备吸引一定数量大学生创办企业入驻的条件。具有适应大学生创新创业特点和需要，科研、孵化、生产、办公、生活服务一体化和多功能的基础设施及配套环境。

b. 服务功能完善

具有完善的创业培训、创业项目评估、创业指导，具有完善的公共政策咨询、各类扶持资金申请、企业工商税务登记、人事代理等“一站式”公共服务平台，具有完善的商务信息、投资融资、咨询培训、市场拓展、公共研发以及IT企业服务等专业化服务平台。

c. 管理运作规范

具有专门的服务机构和较高素质、较强业务水平的管理、服务人员，具有规范的创业项目审核流程、创业孵化管理程序、创业管理制度体系以及完善的创业园管理和运作机制。

(5) 机构设置与管理体制

① 孵化基地管理委员会是孵化基地的领导决策机构。其主要职责是为孵化基地的重大决策提供依据，执行孵化基地决议，负责组织实施孵化基地的各项措施，负责孵化基地内高新技术企业和中介机构、风险投资、孵化基地建设等其他市场主体的引进、管理及服务，协调各项优惠政策的贯彻落实。

② 孵化基地实行主任负责制。孵化基地管理委员会设主任、副主任，由学校创业工作领导小组办公室领导同志担任；孵化基地管理团队由学校创业工作领导小组办公室工作人员组成。

③ 孵化基地设顾问委员会，邀请有关教育、金融、法律、工商管理、企业营销、风投机构等方面的专家，以及相关部门同志为顾问委员会成员。

④ 孵化基地管理委员会下设孵化基地管理委员会办公室、指导培训、项目开发与服务等部门（岗位）。

⑤ 孵化基地各部门应当依照各自职责，做好孵化基地的管理和服务工作。对涉及孵化基地高新技术企业和开发建设项目的行政审批事项和其他相关经济管理事项，必须经孵化基地管理委员会对其功能、资质、资金状况进行审核，经孵化基地管理委员会同意并签署意见后按程序和规定时限办理。

(6) 功能与运行模式

孵化基地具有下列功能。

① 为孵化企业提供综合服务

a. 提供创业孵化场地和孵化企业基本办公条件，并在最大程度上给予一定的优惠。

b. 协助孵化企业办理成立公司事宜及其他业务。

c. 搭建科技信息网络平台，提供科技和产业信息。

d. 创业项目的开发和对接，引进融投资服务。

e. 提供管理咨询、法律、会计、审计、评估、专利、企业管理、战略设计、市场策划、国际行销等咨询服务；为入驻企业进行行业研究、项目投资分析等。

f. 积极协助孵化企业申请各级科技扶持资金和创业基金及贷款事宜。

② 开展创业教育和指导培训

a. 学校可定期邀请专家，教授对学生进行创业培训与指导。

b. 积极开展创业带头人培训和师资培训。

c. 由大学生就业与职业发展协会组织全校内的创业成员进行创业活动的理论学习与提升。

d. 进行大学生创业理论与实践性课题研究。

e. 营造创业文化与氛围，帮助创业者提高科技创业能力。

参考文献

普通图书：

[1] 马克思，恩格斯．马克思恩格斯全集(第 3 卷)[M]．北京：人民出版社，1960.

[2] 马克思，恩格斯．马克思恩格斯全集(第 37 卷)[M]．北京：人民出版社，1971.

[3] 列宁．列宁选集(第 1～4 卷)[M]．北京：人民出版社，1995.

[4] 毛泽东．毛泽东选集(第 1～4 卷)[M]．北京：人民出版社，1991.

[5] 邓小平．邓小平文选(第 2 卷)[M]．北京：人民出版社，1994.

[6] 邓小平．邓小平文选(第 3 卷)[M]．北京：人民出版社，1993.

[7] 江泽民．江泽民文选(第 2 卷)[M]．北京：人民出版社，2006.

[8] 胡锦涛．论构建社会主义和谐社会[M]．北京：中央文献出版社，2013.

[9] 中共中央文献研究室．十七大以来重要文献选编(上)[M]．北京：中央文献出版社，2009.

[10] 中共中央文献研究室．十八大以来重要文献选编(下)[M]．北京：中央文献出版社，2014.

[11] 彭钢．创业教育学[M]．南京：江苏教育出版社，1995.

[12] 张耀灿．现代思想政治教育学[M]．北京：人民出版社，2010.

[13] 林嵩，谢作渺．创业学：原理与实践[M]．北京：清华大学出版社，2008.

[14] 张俊亮．创业教育[M]．北京：科学出版社，2015.

[15] 张国庆．现代公共政策导论[M]．北京：北京大学出版社，1997.

[16] 鲁洁．德育新论[M]．南京：江苏教育出版社，2000.

[17] 徐志远．现代思想政治教育学范畴研究[M]．北京：人民出版社，2009.

[18] 陈敬良，魏景赋，李琴．创新与创业教育：理论与实践探索[M]．北京：复旦大学出版社，2012.

[19] 马小辉．大学创业教育的生态转型[M]．北京：经济科学出版社，2015.

[20] 丁欢，汤程桑．创新与创业教育指导[M]．南京：南京大学出版社，2015.

[21] 李正风，胡钰．建设创新型国家[M]．北京：人民出版社，2007.

[22] 金爱国,孙启香．专业创业教育创新育人新模式[M]．北京:中国文史出版社,2015.
[23] 李时椿,常建坤．创新与创业管理[M]．南京:南京大学出版社,2006.
[24] 何平．管理学通论[M]．北京:高等教育出版社,2012.
[25] 陈炜煜．创业学[M]．北京:中国物资出版社,2010.
[26] 吴学兵．思想政治理论课程学习研究[M]．北京:中央编译出版社,2012.
[27] 刘志阳．创业学[M]．上海:格致出版社,2008.
[28] 冯松青．北京青年文化现象透视[M]．北京:九州出版社,2012.
[29] 麦可思研究院．2010 年中国大学生就业报告[M]．北京:社会科学文献出版社,2010.
[30] 麦可思研究院．2011 年中国大学生就业报告[M]．北京:社会科学文献出版社,2011.
[31] 麦可思研究院．2012 年中国大学生就业报告[M]．北京:社会科学文献出版社,2012.
[32] 曹占东．大学生就业指导[M]．北京:北京师范大学出版社,2012.
[33] 杜俊峰．扬帆职场创业启航[M]．天津:南开大学出版社,2012.
[34] 骆守俭．创业精神导论[M]．北京:高等教育出版社,2012.
[35] 卢福财．创业通论[M]．北京:高等教育出版社,2012.
[36] 孔莉．创新创业管理[M]．北京:高等教育出版社,2012.
[37] 陈烈强．高职创业教育与实践[M]．广州:华南理工大学出版社,2014.
[38] 葛海燕．新时期大学生就业创业教育研究[M]．北京:海洋出版社,2014.
[39] 姜荣国．创业意识与创业家精神[M]．北京:电子工业出版社,2010.
[40] 杨一波．战胜职场——大学生就业指导[M]．北京:清华大学出版社,2007.
[41] 杨晓慧．大学生就业创业教育研究[M]．北京:经济科学出版社,2015.
[42] 葛玉辉,李肖明．大学生创业测评[M]．北京:清华大学出版社,2010.
[43] 马小辉．大学创业教育的生态转型[M]．北京:经济科学出版社,2015.
[44] 李贤伯,喻科,程新平．创业学[M]．重庆:重庆大学出版社,2009.
[45] 董青春,吴金秋．大学生创业教程[M]．北京:北京航空航天大学出版社,2010.
[46] 黄才华．就业指导与创业教育[M]．北京:教育科学出版社,2007.
[47] 高岩,李红伟．大学生创业教育——让梦想照进现实[M]．北京:中国人民大学出版社,2015.
[48] 马鸣萧．创业者与创业战略[M]．西安:西安电子科技大学出版社,2010.
[49] 武春友．创业管理[M]．北京:高等教育出版社,2008.

[50] 钟晓红．大学生创业管理[M]．北京:北京理工大学出版社,2010.
[51] 边慧敏．大学生职业生涯规划[M]．长沙:湖南财经大学出版社,2007.
[52] 刘均民,王金剑．大学生就业指导教程[M]．济南:山东友谊出版社,2008.
[53] 李永峥．就业指导与创业教育[M]．北京:清华大学出版社,2014.
[54] 白逸仙．创业教育与专业教育融合研究[M]．北京:社会科学文献出版社,2015.
[55] 陈新亮．大学生创业教育研究[M]．长沙:湖南人民出版社,2015.
[56] 唐亚阳．大学生生涯规划与辅导[M]．北京:中国林业出版社,2007.
[57] 冀学锋．大学生职业生涯规划[M]．长沙:湖南师范大学出版社,2006.
[58] 凯恩斯．就业、利息和货币通论[M]．宋韵声,译．北京:华夏出版社,2012.
[59] 施拉姆．创业力[M]．王莉,译．上海:上海交通大学出版社,2007.
[60] 卡普兰,沃伦．创业学[M]．冯建民,译．北京:中国人民大学出版社,2009.
[61] 弗雷德里克,库洛特克,霍杰茨．创业学[M]．蒋春燕,译．北京:中国人民大学出版社,2011.

期刊中析出的文献:

[62] 范志毅．高校创业教育的现状及发展思路[J]．商业时代,2006(35):7-8.
[63] 吴金秋．创业教育的目标与功能[J]．黑龙江高教研究,2004(11):99-101.
[64] 刘帆,徐林,刘川．中国创业教育的兴起发展和挑战[J]．中国青年研究,2007(9):5-9.
[65] 向东春,肖云龙．美国百森创业教育的特点及其启示[J]．现代大学教育,2003(2):79-82.
[66] 张月．大学生创业教育问题思考[J]．吉林工商学院学报,2009,25(3):100-101.
[67] 张玉利,杨俊．国外企业家精神教育及其对我们的启示[J]．中国地质大学学报(社会科学版),2004,4(4):22-27.
[68] Bandura A. Self-efficacy: the exercise of control[M]. New York:W. H. Freeman,1997:89.
[69] Johannisson B. University training for entrepreneurship: Swedish approaches[J]. Entrepreneurship & Regional Development, 1991, 3(1): 67-82.
[70] Jamieson I. Schools and enterprise[J]. Education for Enterprise, 1984, 1(1): 7-18.
[71] Sexton D L,Kasarda J D. The state of the art of entrepreneurship[J]. Thomson South-Western, 1992,38(1):99-113.

[72] White R E, Thornhill S, Hampson E. Entrepreneurs and evolutionary biology: the relationship between testosterone and new venture creation[J]. Organizational Behavior and Human Decision Processes, 2006, 100(1): 21-34.

[73] 欧阳晓．关于大学生创业教育的几个问题[J]．中国高教研究，2002，8：72-73.

[74] 罗良忠．中国大学生创业环境与政策问题[J]．未来与发展，2007，28(7)：58-61.

[75] 李朝旭．社会助长研究的历史与现状：从内驱力说的发展谈起[J]．社会心理科学，1998(1)：15-21.

[76] 夏江敬，樊薇．论大学生社团在和谐校园文化建设中的作用[J]．理论月刊，2008(9)：110-112.

[77] 褚永杰．从众效应在学生教育中的反思[J]．文教资料，2012(28)：156-157.

[78] 夏江敬，张昌勇．校园文化重在建设[J]．理论月刊，2001(5)：59-60.

[79] 孟益宏．高校共青团工作与大学生创业教育[J]．青少年研究，2004(3)：43-44.

[80] Solomon G T, Duffy S, Tarabishy A. The State of Entrepreneurship Education in the United State: A Nationwide Survey and Analysis[J]. International Journal of Entrepreneurship Education, 2002(1): 65-86.

[81] 上官敬芝．分层次创业教育培养模式下课程体系的构建[J]．教育与职业，2009(3)：22-24.

[82] 朱敬，齐存田，王向芳．大学创业教育的缺失及其对策——从毕业生创业实践的视角分析[J]．教育理论与实践，2010(12)：18-20.

[83] Kourilsky M L, Walstad W B. The Early Environment and Schooling Experience of High-Tech Entrepreneurs : Insights for Entrepreneurship Education[J]. International Loumal of Entrepreneurship, 2014, 12(1): 1-1.

[84] 蔡元培．教育独立论[J]．新教育，1922(3).

[85] 李涛．论高校创业教育与专业教育的融合[J]．科技创业月刊，2010，23(3)：37-38.

[86] 袁贵仁．深入学习实践科学发展观不松懈不动摇全力以赴做好 2010 年普通高校毕业生就业工作——在 2010 年全国普通高等学校毕业生就业工作网络视频会议上的讲话[J]．中国大学生就业，2009(21)：4-9.

[87] 范爱兰．论高校大学生创业教育系统的建立[J]．教育评论，2014(8)：29-31.

[88] 黄书光．实用主义教育思想在中国的传播与再创造[J]．教师教育研究，

2000(5):2-12.

[89] 姚霞,何临春. 国际视角下的创业教育模式研究[J]. 高教探索,2014(2):159-162.

[90] 殷朝晖,雷丽. 学术资本主义对美国大学创业教育的影响及其启示[J]. 江苏高教,2014(4):40-42.

[91] 袁小平. 高校思想政治教育与创新创业教育的协同育人模式研究[J]. 教育评论,2014(6):100-102.

[92] 曾尔雷. 基于二维结构的大学生创业技能提升的创业教育策略[J]. 教育发展研究,2013(11):63-68.

[93] 张冰,白华."高校创新创业教育"概念之辨[J]. 高教探索,2014(3):48-52.

[94] 蒲清平,吕鹏. 基于大学生创业胜任素质的培养对策研究[J]. 中国成人教育,2011(5):49-51.

[95] 木志荣. 创业困境及胜任素质研究——基于大学生创业群体的考察[J]. 厦门大学学报(哲学社会科学版),2008(1):114-120.

[96] 张卫民,母小勇. 美国高校创业教育课程建设路径[J]. 教师教育研究,2014,26(5):94-99.

[97] 张务农. 我国学校创业教育发展:形态、问题及路径[J]. 教育发展研究,2014(3):49-55.

[98] 张新. 美国高校创业教育的新趋向[J]. 中国高等教育,2013(10):61-63.

[99] 钟卫东,张伟. 创业者受教育程度与在校表现对创业绩效的影响——基于小微企业样本的实证研究[J]. 教育研究,2014(6):58-66.

[100] 陈子彤,李娟. 大学生创业胜任素质模型的构建[J]. 经济研究导刊,2011(16):292-294.

[101] 李明章,代吉林. 我国大学创业教育效果评价——基于创业意向及创业胜任素质的实证研究[J]. 国家教育行政学院学报,2012(5):79-85.

[102] 胡博. 高等教育视角下的创业胜任素质研究综述[J]. 吉林省教育学院学报(学科版),2012,28(10):39-40.

[103] 苏海泉,邵良杉,姜勇. 基于胜任素质结构的大学生创业活动研究[J]. 学校党建与思想教育,2011(1):20-21.

[104] 张鑑民. 高职创业教育的内在逻辑、体系构建和深化路径[J]. 教育发展研究,2013(19):16-17.

[105] 张静. 构建大学生就业、创业教育一体化理论[J]. 南开学报(哲学社会科学版),2013(3):139-144.

[106] 张玲. 创业学习、创业意愿与创业知识的关系——基于远程教育学生的实证研究[J]. 福建师范大学学报(哲学社会科学版),2014(3):157-161.

[107] 刘卓聪,朱永跃. 大学生创业胜任素质及教育对策研究[J]. 中国高校科技,2012(7):66-67.

[108] 张敏. 基于ERP沙盘模拟的大学生创业胜任素质比较研究[J]. 中国现代教育装备,2012(11):65-67.

[109] 伍满桂,骆骏. 社会网络胜任素质对创业绩效影响的实证研究[J]. 经济与管理,2008,22(4):35-39.

[110] 封伟令,梁迎春. 当代大学生创业胜任素质模型构建[J]. 科技信息,2011(23):178-179

[111] 王辉,张辉华. 大学生创业能力的内涵与结构——案例与实证研究[J]. 国家教育行政学院学报,2012(2):81-86.

[112] 向辉,雷家骕. 大学生创业教育对其创业意向的影响研究[J]. 清华大学教育研究,2014(2):120-124.

[113] 徐兰香,徐毅华. 地方政府对高校创业教育外部性内化责任研究[J]. 开发研究,2014(2):158-160.

[114] 徐小洲,李娜. 印度创业发展学院开展创业教育的经验与启示[J]. 高等工程教育研究,2014(5):147-152.

[115] 张文辉,胡蓓. 创业者核心创业力的实证研究[J]. 中国科技论坛,2010(5):91-95.

[116] 王沛,杨景峰. 大学生创业者胜任特征模型建构及其启示[J]. 集美大学学报(教育科学版),2010,11(3):50-55.

[117] 孙波,杨延生. 曹玉洁. 大学生创业胜任素质的内涵特征与提升路径[J]. 出国与就业(就业版),2010(19):15-16.

[118] 张振华,刘文超. 创业团队胜任能力测评量表开发与质量检验的实证研究[J]. 税务与经济,2013(1):50-55.

[119] 胡文静. 创业胜任素质特征的研究进展及其趋势[J]. 广西青年干部学院学报,2009,19(1):65-68.

[120] 吴孝颖,罗鄂湘,周懿. 大学生创业胜任素质结构与创业绩效的关系研究[J]. 科技与管理,2010,12(5):126-128.

[121] 杨乃鹏. 大学生创业胜任素质实证研究[J]. 继续教育研究,2012(4):114-115.

[122] 李杰,何运. 基于胜任素质方法的大学毕业生成功创业的胜任特质研究[J]. 科技与经济,2012,25(4):81-85.

[123] 喻怡. 我国高校创业教育模式研究述评[J]. 群文天地,2011(12):195-196.

[124] 王华锋,黄亚超. 我国大学创业教育评价和创业教育模式研究[J]. 中国

成人教育,2012(7):83-87.
[125] 谢志远.农业高职“点、线、面”三维度创业教育的实践探索[J].教育研究,2013(12):149-152.
[126] 熊华军.美国专职创业教育教师队伍建设的经验与启示[J].比较教育研究,2014(2):47-52.
[127] 傅梅烂,赵月峰.基于实证分析的大学生创业教育模式研究[J].教师教育学报,2012,10(5):237-238.
[128] 黄文光,俞金波.地方高校创业教育模式的调查研究——以宁波市为例[J].当代教育科学,2009(1):47-49.
[129] 朱媛玲.高等学校创业教育人才培养模式研究[J].长春大学学报,2007,17(9):65-67.
[130] 方晓冬.中英创业教育模式比较研究[J].新课程学习(学术教育),2010(9):156-157.
[131] 赖晓桦.大学生创业教育社会支持体系研究[J].当代教育科学,2012(9):37-39.
[132] 李宇,汤明.高校学生创业自我效能感及其培养途径探究[J].创新创业教育,2010,1(6):37-39.
[133] 周红云.自我效能感对高校创业教育的启示[J].学理论,2010(6):134-135.
[134] 冯华,杜红.创业胜任力特征与创业绩效的关系分析[J].技术经济与管理研究,2005(5):17-18.
[135] 王重鸣,陈民科.管理胜任力特征分析:结构方程模型检验[J].心理科学,2002,25(5):513-516.
[136] 张玉利,杨俊.国外企业家精神教育及其对我们的启示[J].中国地质大学学报(社会科学版),2004,4(4):22-27.
[137] 熊花.大学生心理品质培养机制探析[J].安徽广播电视大学学报,2009(1):68-71.
[138] 王彩华.我国创业教育运行机制与体系的构建研究[J].煤炭高等教育,2008,26(3):28-31.
[139] 李瑜.我国高校创业教育实践体系改革探索[J].现代商贸工业,2012,24(9):135-137.
[140] 朱爱胜,许敏,俞林.高职院校创新创业教育优化策略研究[J].江苏高教,2014(6):120-121.
[141] 邹良影,李秀红.在高校人才培养中实施创业教育[J].教育评论,2014(1):27-29.

[142] 朱晓芸,梅伟惠,杨潮．高校创业教育师资队伍建设的困境与策略[J]．中国高教研究,2012(9):82-85.

[143] 朱飞．协同学视域下的高校多元协同创业教育研究[J]．高等工程教育研究,2016(5):39-43.

[144] 魏斌．复合型人才培养模式下的高校复合型教师胜任素质特征[J]．成才之路,2015(6):94-96.

[145] 马永斌,柏喆．创新创业教育课程生态系统的构建途径——基于清华大学创业教育的案例分析[J]．高等工程教育研究,2016(5):137-140.

[146] 黄盈盈．论工匠精神视角下的大学生创业教育[J]．当代教育科学,2016(17):49-51.

[147] 兰华,杨宏楼．高校大学生创业园建设现状与对策[J]．教育与职业,2016(10):74-76.

[148] 钱辉,范晓清,王皓白．基于大学创业孵化过程的创业教育研究[J]．高等工程教育研究,2012(5):103-107.

[149] 刘刚,李强治．创业孵化的本质及其组织模式创新:基于价值网络的视角[J]．中国科技论坛,2014(4):45-50.

[150] 王涛,顾瑀佶．高校大学生创业园建设现状和对策[J]．教育评论,2015(8):82-85.

[151] 张鲁彬,柳进军,刘学．基于生命周期的创业孵化模式研究[J]．科技进步与对策,2016,33(5):104-110.

[152] 王俊,黄快生．基于协同学理论的大学生创业支持体系的构建与运行[J]．中国大学生就业,2010(20):48-50.

[153] 任泽中,左广良．大学生创业资源协同模式研究[J]．高校教育管理,2017,11(2):49-56.

[154] 张宝强．高校创业教育系统的构建——基于协同学视角[J]．郑州航空工业学院学报,2014,32(6):136-139.

[155] 李月云,杨文艺．强化协同:新建本科高校创新创业教育改革的路径选择[J]．国家教育行政学院学报,2016(2):56-60.

[156] 蒋开东,朱剑琼．大学生创业导向的高校协同机制研究[J]．中国高教研究,2015(1):54-58.

[157] 于跃进．高校大学生创业园运行策略研究[J]．教育评论,2015(4):113-115.

[158] 肖陆军．创业文化及其建设论析[J]．科技创业刊,2016(1):123-127.

[159] 教育部．关于加快研究型大学建设增强高等学校自主创新能力的若干意见．2007.

[160] 教育部,财政部．关于“十二五”期间实施“高等学校本科教学质量与教学改革工程”的意见．2011-07-01.

[161] 教育部,财政部．教育部财政部关于做好高等学校本科教学质量与教学改革工程工作的指导意见．2014-05-07.

学位论文:

[162] 吴东晓．创业社会胜任素质结构模型与绩效关系研究[D]. 浙江:浙江大学,2005.

[163] 林文伟．大学创业教育价值研究[D]. 上海:华东师范大学,2011.

[164] 贾社丽．小企业者创业学习内容结构及其相关研究[D]. 河南:河南大学,2010.

[165] 张振华．创业团队胜任素质结构与创业绩效关系的机理研究[D]. 吉林:吉林大学,2009.

[166] 郭维维．基于行动理论的创业者差错取向与创业绩效的关系[D]. 浙江:浙江大学,2008.

[167] 毛翠云．创业胜任素质测评研究[D]. 江苏:江苏大学,2011.

[168] 李国军．企业家创业精神的结构和效应机制:人与创业匹配的视角[D]. 浙江:浙江大学,2007.

[169] 简利君．科技企业孵化器的发展原理与管理绩效评价研究[D]. 武汉:武汉理工大学硕士论文,2005.

附录一　应用型院校大学生创业胜任素质调查问卷

亲爱的同学：

您好！首先为您的创业成功鼓掌。欢迎您参加此次问卷调查，调查会占用您几分钟宝贵的时间。

为了更好地了解大学生成功创业所必须具备的能力与素质，以便为同学们提供更有效的创业教育，为更多的同学创业成功提供帮助，我们组织了本次调查。请您认真对问卷中的项目做出评价，非常感谢您的参与！

1. 基本信息。

姓名：______________　性别：______________

学校：______________　专业：______________

年级：______________　创业成功前的创业次数：______________

成功的创业项目：____

2. 请评价表 A-1 中各项能力与素质在您成功创业的过程中的重要程度，请根据您的判断，在相应的等级后面的括号内打勾(√)。

表 A-1　各项能力与素质在创业过程中的重要程度

能力与素质	您认为对成功创业的重要程度				
人脉广泛	非常重要（　）	重要（　）	不确定（　）	不重要（　）	完全不重要（　）
不畏困难挫折	非常重要（　）	重要（　）	不确定（　）	不重要（　）	完全不重要（　）
市场分析能力	非常重要（　）	重要（　）	不确定（　）	不重要（　）	完全不重要（　）
注意力	非常重要（　）	重要（　）	不确定（　）	不重要（　）	完全不重要（　）
开放态度	非常重要（　）	重要（　）	不确定（　）	不重要（　）	完全不重要（　）
市场敏感性	非常重要（　）	重要（　）	不确定（　）	不重要（　）	完全不重要（　）
道德品质	非常重要（　）	重要（　）	不确定（　）	不重要（　）	完全不重要（　）
坚持不懈	非常重要（　）	重要（　）	不确定（　）	不重要（　）	完全不重要（　）
责任心	非常重要（　）	重要（　）	不确定（　）	不重要（　）	完全不重要（　）
融资与资金运用能力	非常重要（　）	重要（　）	不确定（　）	不重要（　）	完全不重要（　）

续表

能力与素质	您认为对成功创业的重要程度				
奉献精神	非常重要（ ）	重要（ ）	不确定（ ）	不重要（ ）	完全不重要（ ）
协调能力	非常重要（ ）	重要（ ）	不确定（ ）	不重要（ ）	完全不重要（ ）
创新思维	非常重要（ ）	重要（ ）	不确定（ ）	不重要（ ）	完全不重要（ ）
意志坚定	非常重要（ ）	重要（ ）	不确定（ ）	不重要（ ）	完全不重要（ ）
勇于挑战	非常重要（ ）	重要（ ）	不确定（ ）	不重要（ ）	完全不重要（ ）
知识应用能力	非常重要（ ）	重要（ ）	不确定（ ）	不重要（ ）	完全不重要（ ）
自信	非常重要（ ）	重要（ ）	不确定（ ）	不重要（ ）	完全不重要（ ）
市场营销能力	非常重要（ ）	重要（ ）	不确定（ ）	不重要（ ）	完全不重要（ ）
开朗性格	非常重要（ ）	重要（ ）	不确定（ ）	不重要（ ）	完全不重要（ ）
思考习惯	非常重要（ ）	重要（ ）	不确定（ ）	不重要（ ）	完全不重要（ ）
交往能力	非常重要（ ）	重要（ ）	不确定（ ）	不重要（ ）	完全不重要（ ）
学习主动性	非常重要（ ）	重要（ ）	不确定（ ）	不重要（ ）	完全不重要（ ）
法律法规意识	非常重要（ ）	重要（ ）	不确定（ ）	不重要（ ）	完全不重要（ ）
专业知识技能	非常重要（ ）	重要（ ）	不确定（ ）	不重要（ ）	完全不重要（ ）
时间观念	非常重要（ ）	重要（ ）	不确定（ ）	不重要（ ）	完全不重要（ ）
洞察能力	非常重要（ ）	重要（ ）	不确定（ ）	不重要（ ）	完全不重要（ ）
学习机会把握能力	非常重要（ ）	重要（ ）	不确定（ ）	不重要（ ）	完全不重要（ ）
决策能力	非常重要（ ）	重要（ ）	不确定（ ）	不重要（ ）	完全不重要（ ）
预见性	非常重要（ ）	重要（ ）	不确定（ ）	不重要（ ）	完全不重要（ ）
应变能力	非常重要（ ）	重要（ ）	不确定（ ）	不重要（ ）	完全不重要（ ）
记忆力	非常重要（ ）	重要（ ）	不确定（ ）	不重要（ ）	完全不重要（ ）
自制力	非常重要（ ）	重要（ ）	不确定（ ）	不重要（ ）	完全不重要（ ）
团队协作	非常重要（ ）	重要（ ）	不确定（ ）	不重要（ ）	完全不重要（ ）
意志坚定	非常重要（ ）	重要（ ）	不确定（ ）	不重要（ ）	完全不重要（ ）
战略眼光	非常重要（ ）	重要（ ）	不确定（ ）	不重要（ ）	完全不重要（ ）

附录二　应用型院校大学生创业教育现状调查问卷

亲爱的同学：

您好！欢迎您参加此次问卷调查，调查会占用您几分钟宝贵的时间。

为了更好地了解当前山东省大学生对自主创业的态度和大学生创业的基本情况，促进高校进一步开展创业教育，我们组织了本次调查。请您认真填写与选择，非常感谢您的参与！

1. 基本信息(带 * 号的为必填项)。

姓名：________________　性别*________　年龄：____________

学校*：________________________________　年级*：____________

专业*：________________________________　专业方向：___________________

您的家乡*：_____省_____市_____(区)县__________(路)街________号____________(乡)镇________村

2. 需要您做出选择的问题(请在您认为的选项后面打“√”)。

(1) 您认为大学生创业需要什么?

A. 个人强烈的创业志向

B. 学校提供的各类创业能力培育和服务

C. 个人或团队研究成果或专利

D. 大学生创业基金支持

E. 得到社会化专业化的指导和服务

(2) 您认为大学生要获得创业知识和创业技能可以通过哪些途径?

A. 老师课堂讲授

B. 成功人士经验分享

C. 参加创业大赛或者模拟创业训练

D. 亲身创业尝试

(3) 您参加过创业教育的课程吗?

A. 参加过很多课程

B. 接触过一些

C. 没有接触过

(4) 您认为大学里需要系统开设创业教育课程吗?

A. 非常必要

B. 必要

C. 不太必要

D. 没必要

(5) 您因为哪些原因才会选择自主创业?

A. 准备创业的朋友的带动

B. 毕业压力大

C. 家庭或学校的支持

D. 有资金或项目

(6) 您想自己创业吗?

A. 非常想

B. 想

C. 想,但是还在犹豫

D. 不怎么想

E. 一点也不想

(7) 您认为您要创业会有哪些因素阻碍到您?

A. 没有创业机会

B. 没有资金和技术

C. 不太懂企业管理

D. 缺乏人脉

E. 缺乏团队领导能力

(8) 如果您要创业,您认为自己成功的可能有多大?

A. 一定能成功

B. 成功

C. 部分成功

D. 可能会成功

E. 不会成功

附录三　应用型院校大学生创业胜任素质获得的影响因素调查问卷

亲爱的同学：

您好！首先为您的创业成功鼓掌，欢迎您参加此次问卷调查，调查会占用您几分钟宝贵的时间。

为了更好地揭开大学生成功创业路上学习获得相关创业能力与素质的奥妙，让更多的同学们共享成功的经验，也让我们的创业教育更好地为同学们创业成功提供帮助，请您回想您的成功之路，认真对问卷中的项目做出评价，非常感谢您的参与！

1. 基本信息。

姓名：______________　性别：__________

学校：______________　专业：__________

年级：______________　创业成功前的创业次数：__________

成功的创业项目：____

2. 请评价表 C-1 中的各个项目对您是否能获得或提升创业能力与素质的影响程度，请根据您的判断，在相应的等级后面的括号内打勾(√)。

表 C-1　各个项目对获得或提升创业能力与素质的影响程度

评价项目	对获得或提升创业能力与素质的影响程度
个人才华	非常重大(　)　重大(　)　不确定(　)　没影响(　)　完全没影响(　)
创业意图	非常重大(　)　重大(　)　不确定(　)　没影响(　)　完全没影响(　)
个人性格	非常重大(　)　重大(　)　不确定(　)　没影响(　)　完全没影响(　)
个人爱好	非常重大(　)　重大(　)　不确定(　)　没影响(　)　完全没影响(　)
已有技能	非常重大(　)　重大(　)　不确定(　)　没影响(　)　完全没影响(　)
已有经验	非常重大(　)　重大(　)　不确定(　)　没影响(　)　完全没影响(　)
家庭成员	非常重大(　)　重大(　)　不确定(　)　没影响(　)　完全没影响(　)
朋友	非常重大(　)　重大(　)　不确定(　)　没影响(　)　完全没影响(　)
同学	非常重大(　)　重大(　)　不确定(　)　没影响(　)　完全没影响(　)

续表

评价项目	对获得或提升创业能力与素质的影响程度
投资者	非常重大（ ） 重大（ ） 不确定（ ） 没影响（ ） 完全没影响（ ）
客户	非常重大（ ） 重大（ ） 不确定（ ） 没影响（ ） 完全没影响（ ）
学校的创业教育	非常重大（ ） 重大（ ） 不确定（ ） 没影响（ ） 完全没影响（ ）
学校的创业政策	非常重大（ ） 重大（ ） 不确定（ ） 没影响（ ） 完全没影响（ ）
社会经济发展	非常重大（ ） 重大（ ） 不确定（ ） 没影响（ ） 完全没影响（ ）
社会技术条件	非常重大（ ） 重大（ ） 不确定（ ） 没影响（ ） 完全没影响（ ）
创业文化氛围	非常重大（ ） 重大（ ） 不确定（ ） 没影响（ ） 完全没影响（ ）
社会价值观	非常重大（ ） 重大（ ） 不确定（ ） 没影响（ ） 完全没影响（ ）
企业文化	非常重大（ ） 重大（ ） 不确定（ ） 没影响（ ） 完全没影响（ ）
国家经济结构调整	非常重大（ ） 重大（ ） 不确定（ ） 没影响（ ） 完全没影响（ ）

后　记

本书的完稿标志着针对应用型院校大学生创业教育的研究告一段落，内心有一份难得的轻松与欣慰。选择这项课题进行研究基于两方面的动因。一是时代的感召。当前，我国正处于以自主创新促经济社会转型发展的历史节点，努力培养大学生的创业意识、创业能力和创业精神，造就一代符合未来挑战要求的高素质人才，已经成为实现中华民族伟大复兴“中国梦”的时代要求。创业教育已经写入《国家中长期教育改革和发展规划纲要（2010—2020）》中，教育部发布的《普通本科学校创业教育教学基本要求（试行）》，要求各高校面向全体学生开设“创业基础”必修课，对各高校创业教育的教学目标、原则、内容、方法和组织都作了明确的规定，必将有力推动高校创业教育的科学化、制度化和规范化。二是教育教学工作的需要。笔者自2007年始，通过培训获得KAB课程讲师资格，在全校探索开设了“大学生创业基础”公选课，指导学生获得多项“挑战杯”全国大学生创业计划大赛国家、省级奖励，指导学生进行多项全国大学生创业训练计划项目。面对令人振奋的国家政策，面对孜孜以求的年轻学子，笔者产生了结合教育教学经历思考创业教育，通过理论思考促进创业教育有效实施的想法。

紧跟创业教育实践的脚步，一同思考，一同成长。一路走来，有太多的艰辛值得铭记，有太多的感触值得回味。在创业教育大力推进的当下，感觉到从多个角度去反思、思考创业教育是一项十分有意义的工作。王金剑同志共同参与了本书的写作，在此致以诚挚的谢意！

由于时间有限、资源有限、能力有限，本书还有很多不足，有待进一步完善，诚恳读者斧正。本书在完成过程中借鉴和引用了不少同仁的研究资料，以使本书更加丰满，有的已经在书中列出，有的因种种原因未能在书中列出，在此一并致谢！

陈春晓